Beate Teresa Hanika • Vom Ende eines langen Sommers

Beate Teresa Hanika

Vom Ende eines langen Sommers

Roman

btb

Für meine Schwestern Sanne und Stift

Prolog

Bei vielen Dingen ist es einem nicht klar, dass man sie zum letzten Mal erlebt. Der letzte Blick auf den Liebhaber, der nie wiederkehrt, das letzte Wort, das man mit jemandem spricht, der einen für immer verlässt. Mir war nicht klar, dass es der letzte Sommer mit meiner Mutter werden sollte. Ich weiß nicht, ob manche Dinge mit diesem Wissen anders gewesen wären. Ob sich die Reise mit meiner Mutter nach Italien anders entwickelt hätte. Diese letzte Reise, von der ich zu diesem Zeitpunkt noch gar nicht wusste, dass es die letzte sein sollte.

Wir erreichten das Meer in der Dämmerung. Der Fahrer hatte die Route über La Spezia gewählt, entlang der Küste, weil es Mutter sowieso egal war, auf welchem Weg wir in die Toskana kamen, zu dem Ort, der ihr immer schon so viel bedeutet hatte. Ich hatte nur mit den Achseln gezuckt. Wir saßen zusammen auf der Rückbank und schwiegen. Wir schwiegen schon an die drei Stunden. Davor hatte meine Mutter einmal das gleißende Licht über den Alpen erwähnt und dann den Blick auf die Poebene. Ich lehnte meinen Kopf gegen die Scheibe, schloss die Augen und dachte daran, dass es immer unmöglicher wurde, diese Reise zu überstehen, den zusammengekniffenen Mund meiner Mutter, die Erinnerungen an zurückliegende Sommer, heiß und unendlich, mit der flimmernden Luft über den italienischen Bergen, dem Dorf und dem Gut meiner Verwandten.

Der Chauffeur hielt in einer kleinen Haltebucht, von der aus man zum Meer hinuntergehen konnte, und öffnete die Wagenverschläge. Ich ließ ihn Mutter hinaushelfen und stieg alleine die Treppe zum Strand hinab. Die Wellen rollten träge ans Ufer. Die meisten Badenden waren schon zurück in ihren Hotels, nur vereinzelt saßen Paare nebeneinander im noch warmen Sand und blickten auf die Stelle, an der die Sonne im Meer versunken war. Und während sie den silbrigen Glanz der Wellen sahen, sah ich mich selbst, damals als Kind mit den Muscheln spielen. Neben mir meine Kinderfrau Martha und meine Mutter hinter uns. Sie stand an der Uferpromenade, die Hand über die Augen gelegt, und hatte den Blick auf irgendetwas in der Ferne fixiert, das ich nicht wahrnehmen konnte.

»Was tut sie da?«, hatte ich Martha immer wieder gefragt.

»Sie denkt wichtige Dinge«, gab sie zur Antwort.

»Welche Dinge?«

»Dinge, die nur in den Köpfen von großen Frauen vorgehen.«

»Auch in meinem?«

»Natürlich. Irgendwann einmal.«

Ich steckte mir eine besonders große Muschel in die Rocktasche und hüpfte an Marthas Hand ein paar Schritte Richtung Meer.

»Was soll das?«, sagte sie und lachte, und das salzige Wasser umspülte unsere Füße, bis Mutter energisch in die

Hände klatschte, so laut, dass sie das Kreischen der Möwen übertönte. Schnell zog Martha mich zurück zum Wagen und klopfte mir den Sand von meinem dunkelblauen Rock und der Bluse.

Wenn Martha jetzt bloß hier wäre, dachte ich, dann wäre alles leichter. Vielleicht auch nicht.

Der Fahrer führte Mutter die Treppen hinunter, aber als ihre Füße den Sand berührten, blieb sie stehen, klein und zerbrechlich, ihr weißes Haar leuchtete hell in der schnell einsetzenden Dämmerung.

Marielle
Amsterdam, April 2004

Es sind die Tulpen, die mich nach Amsterdam gebracht haben. Die Tulpenfelder vor Haarlem, schnurgerade mit nickenden Blütenköpfen, die Märkte mit ihren Ständen, kübelweise Blumen, dicht an dicht gedrängt. Ganze Tage könnte ich dort zubringen. Mit einem Arm voller Tulpen komme ich vom Bloemenmarkt zurück. Rote und blassrosa gefüllte Tulpen. Es ist April, und ich kann den Frühling förmlich riechen. Er liegt in meinem Arm und macht mich seltsam froh und mein Herz leicht. Mit einer Hand sperre ich die Tür zu dem roten Backsteinhaus auf, dessen Dachgeschoss ich bewohne. Die Katze zwängt sich mit einem Schnurren und steil aufgestelltem Schwanz vorbei und schießt die Treppe nach oben.

»Ella ohne Tulpen, das ist wie …« Roos, die in der kleinen Wohnung im Erdgeschoss wohnt, steckt den Kopf zur Tür heraus und überlegt. Ihr fällt nichts ein, dafür lächelt sie breit und winkt mich zu sich. »Hast du fünf Minuten?«

Vorsichtig stelle ich meinen Korb vor ihre Wohnungstür und lege den Strauß Tulpen darauf ab.

»Es gibt was zu feiern.«

Ich folge ihr durch einen kleinen, dunklen Gang, der mit Schuhregalen und Klamotten vollgestopft ist, in eine quadratische Küche ohne Herd, mit zwei Stühlen, einem Tisch. An der Wand lehnen diverse Gitarren nebeneinander. Roos öffnet das Fenster und holt eine Flasche Sekt herein, die neben der Butterdose auf der Fensterbank steht. Ganz schön früh für die Tageszeit.

»Was ist passiert?«

»Du kennst doch die Bar in der Slappersteeg, diese kleine Spelunke mit den Jazzkonzerten.« Sie lässt den Korken gegen die Decke fliegen, und der Sekt perlt über ihre Finger. Sie schenkt sich Sekt ein und mir Mineralwasser. »Du wirst es nicht glauben.«

»Dort, wo du kellnerst.«

»Gleich gegenüber. Per, der Typ aus der Bar, hat mich gesehen.«

»Gesehen.«

»Na ja, ein paarmal war er auch schon hier bei mir.« Roos macht ein verlegenes Gesicht, was ihr ziemlich schwerfällt. Sie drückt mir das Glas in die Hand. Ich mag Roos sehr. Sie ist groß und schlank, mit rotem gelockten Haar und Sommersprossen. Ihr Vater ist Afroamerikaner und ihre Mutter Holländerin. Ihre Mutter hat sich optisch durchgesetzt. »Er meint, ich wäre langsam zu alt für den Job. Kellnern ist echt ein Knochenjob. Schließlich bin ich bald fünfunddreißig. Und er mag mich.«

Roos schleppte ständig irgendwelche Kerle an, die sie mochten und die meinten, sie wüssten, wie sie ihr Leben zu führen hatte.

»So.«

»Ich will mit fünfundvierzig ja nicht aussehen wie ein Wrack.«

Ich sehe sie fragend an.

»Per meint, ich könnte in seiner Bar singen. Statt zu kellnern.«

»Das wolltest du doch schon immer.«

»Meine Gebete wurden erhört!« Wir prosten uns zu und nehmen beide einen beherzten, großen Schluck. »Das ist bislang noch nie passiert.«

»Alles wird gut«, prophezeie ich ihr, »irgendwann ändert sich immer alles. Es kann nur besser werden, weißt du.«

»Stimmt. Warum soll das nur bei mir nicht so sein?«

»Man muss nur daran glauben.«

»Red keinen Scheiß. Du weißt, dass ich an so was nicht glaube.«

»Solltest du aber. Eines meiner Bilder ist nämlich verkauft worden. Das mit der Augenklappe.«

»Na gut. Dann glaube ich es eben. Wenn du es sagst.«

Wir trinken die Gläser leer und Roos bringt mich zur Tür.

»Kommst du heute Abend?«

»Mal sehen.«

»Um Mitternacht. Mein erster Auftritt. Du musst kommen und mich sehen.«

»Du weißt doch, dass ich nicht mehr so gerne ausgehe.«

»Was ein Fehler ist. Ach ja, bevor ich es vergesse …«, sie deutet auf ein Paket, das vor der Tür auf dem Boden steht. »Das hat der Postbote für dich dagelassen. Hat ganz schön geflucht, weil's so schwer war. Der Arme.«

Ich bücke mich und sehe auf den Absender. *Maria di Renzi. Farnocchia.*

Marielle
Farnocchia, August 2003

Früher gab es eine lange Tafel, an der wir zum Essen bei meiner Tante Maria di Renzi zusammenkamen. Da waren Maria und Emilia und ihre Männer Mario und Silvio, die Kinder Margarethe, Ricardo und Anna, meine Mutter und ich. Und ab und zu stahl ich mich davon, kletterte auf ihren Schoß und stibitzte eine Scheibe Weißbrot ohne Salz und ein Stück Käse und diese kleinen runden Tomaten, die noch warm von der Sonne waren. Marthas Rock war wie eine Schaukel. Breitbeinig saß sie auf dem Holzstuhl. Ich zog die Beine an und spielte mit den Zipfeln ihrer Schürze. Ich spürte Marthas Finger auf meinem Scheitel, dann und wann fiel ein Krümel von ihrem Brot auf meine Stirn oder meinen Nacken. Der Tisch war klein geworden, klein und rund. Mehr Platz wurde nicht benötigt. Emilia, Silvio und Mario lebten nicht mehr, und die Kinder waren nach Rom und Florenz gezogen.

Fast jedes Jahr waren wir hierhergekommen, hatten im Sommer ein paar Wochen auf dem Landgut »Castelmonioni« in der Nähe von Lucca verbracht. Nun saß meine Mutter etwas verloren am Fenster, Zia Maria saß mit dem Rücken zu der großen Flügeltür, die zur Terrasse hinausging. Auch meine Tante hatte sich an den Tisch angepasst, klein und rund, ihr weißes Haar adrett geschnitten, kurz im Nacken mit leichten Wellen um ihr faltiges Gesicht.

»Marielle ist am Tag unserer Abreise erst nach München gekommen. Gerade noch rechtzeitig. Keinen Tag früher. Mit dem Flugzeug von Amsterdam nach München«, erzählte meine Mutter ihrer alten Freundin

»Und warum seid ihr nicht gleich zusammen hierher weitergeflogen?«

»Fliegen ist immer eine Strapaze. Ich werde nicht mehr fliegen. Nicht mehr in diesem Leben. Dafür bin ich zu alt.« Mutter tupfte sich mit der Serviette über die Lippen. »Dieses Fliegen ist doch kein Reisen. War es noch nie.«

»Da muss ich dir recht geben, Franka. Und doch ist es die einfachste Möglichkeit für Marielle, hier bei uns zu sein.«

Meine Mutter schnaubte durch die Nase und legte ihre Gabel neben den Teller, sagte aber nichts.

»Nun, Marielle, was macht die Kunst?«, wandte Zia Maria sich an mich.

Ich ignorierte Mutter, die ihre Gabel wieder in die Hand nahm, um das Stück Saltimbocca auf ihrem Teller hin- und herzuschieben.

»Gut. Ich habe ein schönes Atelier. Ich kann sogar die Sint Nicolaaskerk von dort aus sehen. Die Türme. Und die Glocken kann ich auch läuten hören. Im Hinterhof ist eine Werkstatt ...« Ich merkte, wie brüchig meine Stimme klang, und brach ab.

»Das freut mich.« Zia Maria lächelte mich herzlich an und ich fühlte mich wie ein dummes, kleines Mädchen. Ich kann von dort aus die Sint Nicolaaskerk sehen. Was für einen Blödsinn redete ich da? Mutter zog eine Augenbraue missbilligend nach oben.

»Entschuldigt mich bitte.« Hastig stand ich auf, ließ mein Abendessen stehen, nahm mein Glas Wein und trat auf die Terrasse hinaus.

Die Grillen zirpten, ich lehnte mich an die Brüstung, von der aus man bis nach Farnocchia sehen konnte, dem kleinen Dorf, das nur einen kurzen Fußmarsch entfernt lag. Mitten in den rauen toskanischen Bergen, die auch heute noch schlecht mit Autos zu durchqueren waren. Aber wenn man sich zu Fuß auf den Weg machte, entdeckte man wilde kleine Flüsse, Berghänge voller Geröll und einsame Täler. Die kleinen Lichter leuchteten in der Ferne, dazwischen Weinberge und hinter mir die kargen Felsen der Apuanischen Alpen. Die Luft fühlte sich warm und weich an. Als wollte sie mich umarmen. Ich konnte mich erinnern, wie ich hier mit Ricardo, meinem Cousin, über die Brüstung geklettert war und mir beim Hinunterfallen den Fuß verstaucht hatte. Vorsichtig stemmte ich mich nun hoch und schwang meine Beine über den Stein und ließ sie auf der anderen Seite hinunterbaumeln. Vor mir lag der quadratische Innenhof, fein gekieselt, mit dem Brunnen in der Mitte. Um das ganze Grundstück zog sich eine Mauer mit einem ovalen Torbogen, an dem sich die Rosen hochrankten.

Wenn es früher auch der ganze Sommer gewesen war, den wir hier verbrachten, so waren es nun nur drei Wochen. Es war auszuhalten. Mutter war auszuhalten. Es fiel mir schwer, mir die Zeit mit ihr vorzustellen, doch ich beschloss, zuversichtlich zu sein.

»Verkauft sie die Skulpturen denn?«, hörte ich Zia Maria sagen.

»Komm. Sei nicht albern. Sie lebt von ihrem Erbe, vom Verkauf der Fabrik, genau wie ich. Sie hat noch nie eine einzige Skulptur verkauft.«

»Vielleicht sollte sie es lieber mit Malerei versuchen. Schon als Kind hat sie ganz bezaubernd gezeichnet. Kannst du dich an ihre Bilder erinnern?«

»Dunkel.«

»Franka, ich bitte dich. Die Sonnenblumen. Die Kirche von Farnocchia. Den kleinen Rocco, Rocco Mantovani ...«

Mantovani. Rocco Mantovani war zwei oder drei Jahre jünger als ich gewesen, ein hübscher Junge, perfekt zu malen. Das Bild hatte ich im hinteren Teil des Gartens verbrannt und die Asche unter den Olivenbäumen verstreut. Nicht wegen des Jungen. Nein, es war mein Perfektionismus, der mich das Bild in kleine Stücke hatte reißen lassen. Ich fand, es war ihm nicht ähnlich genug, die Proportionen stimmten nicht und das Leuchten in Roccos dunklen Augen fehlte.

»Schon gut. Sie würde auch da nichts verkaufen.«

Ich nahm einen großen Schluck Wein. Was machte es schon?

»Das kommt vielleicht noch.«

»Dein Herz war schon immer zu groß, Maria.«

Zia Maria lachte. Kurz und hell. Als hätte sie sich verschluckt.

»Du musst ihr sagen, dass sie mehr essen soll. Sieh dir ihren Teller an. Sie hat das Essen nicht angerührt. Frauen in ihrem Alter dürfen nicht so dünn sein. Sie sollte mehr

Pasta essen. Überhaupt. Frauen ab vierzig brauchen ein paar Kilos mehr auf den Rippen.«

»Sie ist erwachsen.«

»Sie sieht aus wie eine dieser furchtbaren Frauen aus diesen Zeitschriften. Knochige Schultern, nichts an den Hüften. Ich mache mir ernsthaft Sorgen um sie.«

Meine Mutter antwortete etwas, das ich nicht verstehen konnte, und ich legte den Kopf in den Nacken. Der Nachthimmel hing voller Wolken, so tief, als könnte ich danach greifen, sie streiften die Bergspitzen hinter mir. Die Blätter der Olivenbäume und Steineichen flüsterten im Wind.

Marielle
Amsterdam, April 2004

Die Geschichte ist die: Meine Mutter und ich waren uns, seitdem ich denken kann, auf seltsame Weise fremd. Vielleicht war es aber auch gar nicht so seltsam, schließlich ist sie nicht meine leibliche Mutter. Franka Fellner ist 1964 von München nach New York gezogen. Damals war sie 37 Jahre alt. Sie wohnte in einem Apartment gleich beim Central Park, das schon seit den 1920er Jahren unserer Familie gehörte. Sie verbrachte dort das ganze Jahr 1964, während meine Großmutter daheim schier durchdrehte, weil sich jemand dringend um die Handschuhfabrik der Familie kümmern musste und Franka die Einzige war, die dafür infrage kam. Als sie nach einem Jahr nach München zurückkam, hatte sie mich. Ein Baby von gerade vier Wochen. Sie hatte mich in New York adoptiert. Bis heute verstehe ich nicht, warum sie das getan hat. Meine Mutter ist niemand, der etwas aus reiner Nächstenliebe tut. Wenn ich sie fragte, sagte sie, ich wäre das uneheliche Kind einer ihrer Hausangestellten gewesen. Ein Baby, das mir nichts, dir nichts ein so junges Leben komplett ruiniert hätte.

Ich kannte die Frau, die meine richtige Mutter gewesen war, nicht, aber ich rätselte darüber. Wenn wir in New York waren, sah ich mir die Frauen genau an, die bei uns putzten, kochten, auf mich aufpassten. Ich studierte ihre Gesichtszüge, ihr Haar, ihren Ausdruck, wenn sie lachten, irgendetwas, das sie verriet, sie als meine Mutter zu erkennen gab. Sie flochten mir das Haar zu Zöpfen, badeten mich in der großen Badewanne mit den goldenen Armaturen, die in der Mitte des Badezimmers stand, und lasen mir Gute-Nacht-Geschichten vor. Danach huschten sie davon, und wenn ich aus dem Fenster sah, konnte ich sie unten auf der Straße sehen, wie sie eilig ihre Mäntel zuknöpften, Männern flüchtig auf die Wange küssten oder den Arm hoben, um ein Taxi anzuhalten. Sie gingen mit mir im Central Park spazieren, wir drehten Runden um den See, an dessen Ufer ich Enten fütterte und kleine Steine springen ließ, im Winter fuhren wir mit dem Pferdeschlitten und ich versuchte mich unter den Decken an die Frau zu kuscheln, die ich für meine Mutter hielt.

Doch die Frauen mochten keine Berührungen und schoben mich weg, und so saß ich auf der anderen Seite und sah den Schneebrocken zu, die von den Hufen der Pferde aufwirbelten. Die Frauen wechselten schneller als ich schauen konnte. Mal waren sie jung und hübsch, zart und blond. Mal waren sie alt und ruppig und behandelten mich nur freundlich, weil sie es mussten. Manche zeigten mir kleine, ausgeschnittene Fotos von ihren Kindern. Kleine Mädchen, die vielleicht meine Schwestern waren und in den Vororten wohnten. Manchmal waren es auch Jungen, die ich dann nicht als Brüder haben wollte. Ich dachte, irgendwann würde mich eine von diesen Frauen mit hinausnehmen, hinaus in eine andere Welt, und es wäre mir egal gewesen, welche Welt das war. Sie würde mich abends in mein Zimmer begleiten und vorsichtig die Tür hinter uns schließen, damit niemand uns hören könnte, und dann würde sie sagen, dass ich das packen sollte, was mir am wichtigsten war.

»Mir ist nichts wichtig«, würde ich sagen, und schließlich würde sie eine Puppe, den Bären, der Geräusche machen konnte, und die Spieldose mit den tanzenden Pferdchen in einen kleinen Koffer packen.

»Ab jetzt heißt du nicht mehr Marielle Fellner.«

Ich würde nicken.

»Du heißt nun Ella. Nur noch Ella. Und du wirst vergessen, woher du kommst.«

Es passierte nie.

Als Martha dann auftauchte, war ich mir völlig sicher, sie musste es sein. Sie kam am Morgen meines sechsten Geburtstages. Sie sagte irgendetwas wie: »Alles Gute, meine kleine Prinzessin«, und ich flog in ihre Arme und weinte.

Ab diesem Tag war Martha immer da. Sie begleitete uns nach New York und nach Italien zu Zia Maria und Zia Emilia, und wenn wir in München waren, in dem riesigen Stadthaus in Bogenhausen, da wohnte Martha dann in dem Zimmer am Ende meines Gangs, und nachts, wenn es dunkel war und ich mich fürchtete, lief ich auf nackten Füßen zu ihr und schmiegte mich an ihren warmen, weichen Körper.

Mutter ahnte davon nichts. Weder davon, dass ich Martha innig liebte, noch davon, dass ich sie für meine Mutter hielt. Was Martha dachte, weiß ich nicht. Sie war da, wenn es nötig war. Sie brachte mich zum Lachen und tröstete mich, wenn ich traurig war.

Marielle
Farnocchia, August 2003

Der erste Morgen in dem alten Gutshaus meiner Tante war immer besonders. Auch dieses Mal schlief ich in einem Zimmer, von dem aus man die Berge sehen konnte. Das Bett war riesig und die Matratze eigentlich zu weich, und doch schlief ich darin so tief und traumlos wie in keinem anderen Bett. Die Bettwäsche war aus Leinen und etwas kratzig, vor allem, wenn man am Tag davor zu lange in der Sonne gewesen war und sich die Haut auf Schultern und Armen verbrannt hatte. Aber sie war auch kühl und schmiegte sich federleicht an den Körper, und am Morgen, als ich aufwachte, schlug ich mir das Bettlaken einfach um den Körper und trat hinaus auf den Balkon.

Von oben sah ich Mutter und Zia Maria auf der Terrasse frühstücken. Sie saßen nebeneinander und schienen nicht zu sprechen. Mutter trug einen breitkrempigen Strohhut mit weißem Band, damit die Sonne sie nicht blendete, und Zia Maria eine riesige Sonnenbrille, die sie aussehen ließ wie eine verwirrte Hummel. Ich setzte mich auf den Korbstuhl, der in einer Ecke des Balkons stand, legte meine nackten Füße auf das Geländer und zündete mir eine Zigarette an. Ich rauchte fast nie, doch nun vermissten meine Hände ihre Beschäftigung.

Zuhause ging ich frühmorgens in meine Werkstatt, zog meinen zerschlissenen Overall an, setzte mir die Schweißbrille auf und begann, Eisenteile aneinander zu löten. Eine Woche zuvor hatte ich eine Frau entworfen. Sie war klein und buckelig und trug eine Weltkugel auf ihrem Rücken. Sie sah furchtbar aus. Alt, hässlich und ausgemergelt. Ich dachte, dass ich bald genauso aussehen würde. Aber ich mochte sie irgendwie, und als Roos mich besuchen kam, zuckte sie zuerst zusammen, doch dann sagte sie:

»Verdammt, Ella? Aber eigentlich hast du recht, wir Frauen tragen die ganze Welt auf unseren Schultern. Nur kein Mensch kapiert es.«

Hier waren meine Hände nutzlos. Ich klemmte mir die Zigarette zwischen die Lippen und knetete meine Finger. Die Sonne stand schon über den Bergen und wärmte bereits mein Gesicht. Es würde ein heißer Tag werden. So heiß, dass Mutter und Zia Maria sich spätestens um elf Uhr ins Haus zurückziehen und Patiencen legen würden. Der ganze Tag würde vergehen, ohne dass sie nennenswert miteinander sprechen würden. Vielleicht war das meiste zwischen ihnen gesagt. Nur das leise Geräusch der Karten auf dem runden Mahagonitisch würde zu hören sein. Als ich klein war, war dies der ideale Augenblick gewesen, um sich zu verdrücken und etwas zu tun, was nicht erlaubt war.

Es war der Moment, in dem ich mir die drückenden Schuhe von den Füßen gestreift hatte und hinter dem Gutshaus in den Olivenhain gelaufen war. Ich kletterte damals auf die knorrigen Bäume und pflückte die kleinen grünen Oliven, steckte sie in meine Rocktasche, um sie später Martha in der Küche zu zeigen. Ich fand einen verletzten Hund zwischen den Felsen am Ende des Grundstücks und pflegte ihn den ganzen Sommer, brachte ihm Wurst und Reste vom Braten, bis er eines Morgens davonlief, hinein in die Berge, und niemals wiederkam. Das undankbare Tier. Manchmal versteckte ich mich in einem von Zia Marias Lieferwagen, mit denen die Fahrer das Olivenöl an die Geschäfte und Märkte lieferten. Auf den Serpentinenstraßen fuhr ich mit, hinunter nach Partigliano, Pastino, Lucca, nach Vecchiano und ans Meer, roch das Salz und den Fisch, und wenn Stefano, einer der Fahrer, den Wagen abstellte, hüpfte ich hinaus und sprang mit all meinen Kleidern ins Wasser.

Ich glaube, Stefano wusste, was ich tat, doch er sprach nie darüber. Aber ich hatte den Eindruck, dass er oft den Motor länger laufen ließ, bis ich wieder hinaufgeklettert war auf die Ladefläche und gut zwischen den Kisten mit den klirrenden Ölflaschen versteckt war.

Daran dachte ich, als ich meine Finger knetete und Zia Maria und Mutter schweigsam nebeneinander auf der Terrasse saßen und ihre Kaffeetassen mit einer Hand balancierten. Ein dreirädriger, roter Piaggio Ape 50 kam die geschwungene Auffahrt hinaufgefahren und vor dem Lieferanteneingang zum Stehen.

Ich kannte den Mann nicht, der mit sichtlicher Mühe aus seinem viel zu kleinen Gefährt stieg. Es sah irgendwie aus, als müsste er sich auseinanderfalten. Dann lehnte er sich an die Seite des Piaggio und legte seine Finger an die Lippen und stieß einen schrillen Pfiff aus. Die Hunde begannen wie rasend zu bellen und schossen hinter dem

Haus hervor, drei Cirneco dell'Etna, braune Jagdhunde mit absurd riesigen Fledermausohren, und Davide, der seit einigen Jahren den Handel mit Olivenöl von Zia Maria übernommen hatte, eilte hinterher. Ich hörte ihn mehrmals *basta* brüllen, doch die Hunde stürzten sich trotzdem auf den Fremden und begrüßten ihn überschwänglich.

Ich drückte meine Zigarette aus und beugte mich über das Geländer. Die Männer begannen eine Unterhaltung, wobei Davide wild gestikulierte und der andere nur ab und zu nickte. Er erinnerte mich schwach an jemanden, doch mir wollte nicht einfallen, an wen. Er sah auf eine raue Art gut aus, so, wie einen ein Wolf fasziniert oder ein Steppenlöwe. Man möchte ihn ansehen, ihm aber nicht zu nahe kommen, geschweige denn ihn streicheln. Mehrmals strich er sich seine schwarze Haartolle zurück und irgendwann zuckte er mit den Schultern, worauf Davide eine Flut von Schimpfwörtern ausstieß.

»Das ist doch verrückt«, konnte ich verstehen. »Du hast sie doch nicht mehr alle!«

Davide schlug mit der flachen Hand auf das Dach des Piaggio, dann wandte er sich um und blickte unvermittelt zu mir herauf. Kurz erwog ich in meinem Zimmer zu verschwinden und so zu tun, als hätte ich sie nicht bemerkt. Stattdessen blieb ich wie angewurzelt stehen. Ich zog noch einmal an der Zigarette und drückte sie dann am Geländer aus.

»Ah. *Principessa Marielle*«, er lächelte mir zu, »gut geschlafen?«

Er nannte mich *principessa*, nur um mich zu necken.

»Wie immer.«

Der andere runzelte die Stirn und warf mir einen undefinierbaren, kurzen Blick zu.

»Ein herrlicher Morgen!«

Ich nickte.

»Besser könnte er nicht sein.«

»Sonnig, klar. Perfekt.«

»Da hast du recht, Davide.«

»Solange einem niemand die Laune verdirbt, wird aus einem wunderbaren Morgen bestimmt ein wunderbarer Tag.«

»Man darf sich die Laune einfach nicht verderben lassen«, gab ich zurück, und Davide schüttelte nur den Kopf.

»*Madonna mia*«, sagte er.« *Principessa*, du hast keine Ahnung!«

Ich schwieg, und der Fremde ging um den Piaggio herum, faltete sich wieder zusammen und startete den Motor. Wir sahen ihm beide nach, wie er in einer Staubwolke den Hügel hinunterschoss.

Marielle
Amsterdam, April 2004

Ich schließe die Tür hinter Roos und höre, wie sie die Holztreppen hinunterpoltert.

»Das Ding da, das kannst du unmöglich allein nach oben tragen. Das mach ich für dich«, hatte sie gesagt.

Und ich muss ihr recht geben. Es ist viel zu schwer.

Mit dem Fuß schiebe ich das Paket in die Mitte des Zimmers, dann packe ich meine Einkäufe aus und stelle die Tulpen in eine Vase. Sie sehen wunderschön aus. Rosa und hellrot, die Ränder zierlich ausgefranst, wie ein altmodisches Stück Stoff. Ich platziere die Blumen auf dem Küchentisch und lasse die Katze zum Fenster herein. Sie tritt von einer Pfote auf die andere und stellt ihr Fell auf.

Die Glocken der Sint Nicolaaskerk beginnen Mittag zu läuten, und ich setze mich auf einen der Holzstühle und betrachte das Paket. Es sieht aus, als wäre es ins Wasser gefallen, das Papier ist an manchen Stellen dunkel und wellig. Die Katze streicht herum und reibt ihre Nase an den Kanten.

Seit dem Sommer habe ich nichts mehr von Zia Maria gehört. Dann und wann hatte ich mich dabei ertappt, wie ich ihre Nummer in mein Telefon tippte, aber ich hatte sofort wieder aufgelegt. Erst letzte Woche noch hatte ich ihre vertraute Stimme hören wollen und mir vorgestellt, wie sie mit dem Telefon im Kaminzimmer saß, die drei Jagdhunde zu ihren Füßen. Das Feuer knisterte und sprühte Funken. Die Hunde winselten im Traum, ihre Pfoten bewegten sich, als würden sie laufen, einen Hasen hetzen oder die Spur eines Wildschweins aufnehmen. Doch was sollte ich mit ihr reden? Was wollte ich von ihr hören? Ich wusste es nicht, und deswegen hatte ich es bleiben lassen.

Vorsichtig gehe ich vor dem Paket in die Hocke und versuche, die Verschnürung mit den Fingern abzubekommen. Zia Maria hat kein Klebeband benutzt, sondern Schnur, die sie an die hundert Mal um das Paket gewickelt hat. Sie hat ein geradezu starrsinniges Faible für altmodische Dinge. Sie benutzt keinen Computer und kein Telefon mit Tasten. Sie nennt den Kühlschrank Eisschrank und gratuliert einem zum Namenstag.

Als ich die Schnur und das wellige Papier entfernt habe, kommt eine Kiste aus dunklem Holz zutage. Der Deckel sieht glatt und abgenutzt aus. Ein Briefumschlag liegt darauf. Meine Hände zittern, als ich ihn öffne.

»*Mein Kind*«, lese ich, »*deine Mutter wollte, dass ich sie verbrenne. Vor vielen Jahren habe ich ihr versprochen, dass ich es tun werde. Ich hatte es mir auch fest vorgenommen, doch dann, als ich mit der Kiste vor dem Kamin saß und der Zeitpunkt gekommen war, konnte ich es nicht tun. Ich dachte, sie sollten bei dir sein, und somit auch die Entscheidung, was damit geschehen soll. Ich bin eine schlechte Freundin. Vielleicht die schlechteste.*«

Mein Herzschlag und das Schnurren der Katze sind die einzigen Geräusche im Raum. Ich setze mich auf meine

Fersen, das Knien fällt mir seit ein paar Wochen schwer. Die Katze springt auf die Kiste und macht einen behaglichen Buckel. Meine Mutter hat mir einiges hinterlassen. Aktien vom Verkauf der Fabrik. Die Wohnung in München. Grundstücke und Wald in der Nähe von Herrsching. Aber nichts, was mir eine Erinnerung an sie gewesen wäre.

Als ich im Herbst zurück in das Haus am Herzogpark kam, den Ort, an dem sie die letzten dreißig Jahre verbracht hatte, waren ihre persönlichen Dinge fort gewesen. Ich konnte es nicht fassen. Die Möbel standen an ihrem Platz. Alles war sauber und aufgeräumt, kein Stäubchen war zu sehen. Der Hausmeister hatte mich hineingelassen und mir die Schlüssel übergeben. Ich konnte mich nicht erinnern, wann ich zum letzten Mal dort gewesen war, denn im Sommer, vor unserer Reise nach Italien, hatte mich der Chauffeur am Flughafen abgeholt und danach meine Mutter, die schon unten im Foyer auf uns wartete.

Doch dort, im Haus, konnte ich nichts finden, keine Papiere, keine Aufzeichnungen, keine Briefe. Ich ließ die Schlüssel auf dem zierlichen Biedermeiertisch neben der Wohnungstür liegen und strich durch die Zimmer. Spürte den Holzboden unter meinen nackten Füßen und die Zeit, die vergangen war, in meiner Brust. In meinem alten Zimmer drehte ich mich einmal um mich selbst. Sie hatte nicht viel verändert.

Die cremefarbene Überdecke meines Betts war noch da, der Schreibtisch vor dem Fenster und der Schrank, in den ich früher meine Kleidung gestopft hatte. Ich bückte mich und sah unters Bett. Öffnete die Schubladen des Schreibtisches, ein dunkelblauer Fleck erinnerte an die ausgelaufene Tinte meines Füllfederhalters, sonst war der Schreibtisch leer. Im Zimmer meiner Mutter bot sich mir der gleiche Anblick. Alles war aufgeräumt, unberührt, beinahe steril. Als wäre das ganze Haus mit seinen vielen unbewohnten Zimmern, den schweren samtroten Vorhängen, den Lüstern an der Decke, den Büchern in den Regalen, die sie vermutlich nie gelesen hatte, den hohen Wänden mit Stuckleisten rundherum mir auch so vertraut von den Jahren, in denen ich hier gewesen war.

Selbst ihre Kleidung war nicht mehr da. Nur ganz fein hing ihr Geruch noch in den Schränken. Ich musste stundenlang in Mutters Schlafzimmer auf dem Boden gesessen haben, auf diesem wunderschönen Kelim wie aus Tausendundeiner Nacht, bis mir klar wurde, dass sie mir nichts von sich geben wollte oder vielleicht nicht konnte.

Die Katze sagt mir, ich soll die Kiste öffnen. Sie macht ein Gesicht, als müsste eine Maus in der Kiste sein oder ein zappelnder Fisch, etwas, womit man spielen und sich die Zeit vertreiben kann. Ich befürchte, sie enthält nichts, was ihr oder mir gefällt. Trotzdem ziehe ich sie näher an mich heran. Der Deckel ist mit einem einfachen Haken verschlossen, ich lasse ihn aufschnappen und beuge mich über die Kiste. Als ich den Deckel aufmache, steigt mir ein holziger, herber Geruch in die Nase. Dicht an dicht drängt sich ein Buch an das andere. Jedes mit einem dunkelroten Ledereinband. Ich nehme das oberste heraus und öffne das Tagebuch meiner Mutter.

Franka
Farnocchia, Mai 1944

Sie weiß nicht, was sie von mir verlangt. Sie kann es noch nicht einmal erahnen. Mutter macht sich Sorgen um mich, schreibt sie, ich solle nach Hause kommen, zu ihr und meinen Schwestern, Vater wird ihr immer unerträglicher. Der Krieg hat ihn zu einem anderen Menschen gemacht, und die Einzige, die ihr bleibt, bin ich. Helene, die brave Helene, geht ihr auf die Nerven, und Grete wird bald heiraten und für immer fortgehen. Ich solle so schnell wie möglich nach München zurückkommen. Sie würde es nicht ertragen, noch ein Kind an den Krieg zu verlieren. Sie weint wohl jeden Tag und jede Nacht um Gustav, meinen Bruder, der gefallen ist, bis Vater sie anschreit, sie solle sich beruhigen. Es sei nun mal der Lauf der Dinge. Der Lauf der Dinge, schreibt sie, soll das sein? Der Lauf der Dinge? Dass man den Krieg überlebt und das eigene Kind nicht?

Ich verstehe sie.

Aber ich kann nicht zurück. Ich denke an München, das Haus in Bogenhausen und die Fabrik, an Mutter und Vater, und der Hals schnürt sich mir zu. Mich interessieren Handschuhe nicht. Haben sie noch nie. Ich kann nicht zurück. Ich werde hier gebraucht. Zia Anna sagt es jeden

Tag. Ohne Maria und mich wüsste sie nicht, wo ihr der Kopf steht. Wir helfen ihr im Haus und im Garten und mit den Deutschen, die seit kurzem bei uns ein und aus gehen. Zia Anna sagt, wir sollten höflich und zurückhaltend sein, wegschauen, wenn sie uns ansehen, und unser Haar mit einem Kopftuch bedecken und lange Röcke tragen. Selbst wenn es heiß ist. Das gilt mehr für Maria als für mich. Sie ist viel mehr im Haus, bringt ihnen das Essen und macht ihre Betten. Sie ist sehr hübsch, mit ihrem schwarzen, lockigen Haar und der hellen Haut, und mir entgeht nicht, wie die Offiziere sie anstarren.

»*Mia cara*«, sagte Zia Anna gestern, »du musst mir helfen, auf Maria aufzupassen, sie ist doch erst fünfzehn. Zwei Jahre jünger als du. Und die Männer sind wie hungrige Wölfe.«

Zwei Offiziere beherbergen wir gerade. Sie bewohnen das ganze obere Stockwerk. Dorthin ziehen sie sich zurück, breiten Landkarten auf dem großen Tisch aus, der in Zia Annas ehemaligem Zimmer steht, und beugen sich darüber. Woher ich das weiß? Ich bin auf die Remise gestiegen, abends, und habe hinübergesehen. Es war so dunkel, dass mich niemand bemerkte, auch Zia Anna nicht, sie hätte mich umgebracht, denn alles, was wir tun, ist verdächtig. Und ich kann sagen, sie beugen sich über Karten und rauchen Zigarren und trinken von Zia Annas Limoncello, bis sie glasige Augen bekommen. Dann putzen sie ihre Gewehre, nehmen sie auseinander und ölen sie ein.

Ich verabscheue sie.

Wenn Maria die Zimmer macht, dann nur, wenn die

Männer weg sind, sonst muss ich mit hinauf, dann stecke ich mir Zia Annas Beretta unter die Schürze und bleibe im Gang stehen, bis Maria fertig ist.

»Was soll ich mit der Beretta tun?«, flüsterte ich.

»Du musst schießen, wenn sie Maria etwas antun.«

»Und dann?«

»Dann gnade uns Gott.« Zia Anna bekreuzigte sich mehrmals. Der Schweiß stand ihr auf der Stirn und lief ihr über die Schläfen in den Kragen ihrer karierten Bluse. Sie sah aus, als hätte sie Fieber.

Maria war schon auf dem Weg zur Treppe, da hörten wir die Männer oben. Sie unterhielten sich. Leise. Im Krieg kann man niemandem trauen. Er verändert alles und jeden, sagt Zia Anna. Er macht aus Freunden Feinde. Ich blieb an der Zimmertür stehen, während Maria die Betten aufschüttelte. Die Männer lehnten sich in ihren Stühlen zurück und sahen ihr zu.

»Sie spricht kein Deutsch, he?«, sagte der eine an mich gewandt, der immer für alle redet. Sie nennen ihn Wittig. Nur Wittig. Der andere macht kaum den Mund auf. Glotzt nur.

Ich schüttelte den Kopf. Obwohl das nicht stimmte. Maria spricht Deutsch, genauso gut wie ich.

»Du bist aus Deutschland, nicht wahr?«

Ich nickte und spürte die Beretta unter der Schürze.

»Woher genau?«

»München.«

»Sehr gut. Das ist ein gutes Haus hier. Wir haben Glück gehabt, Kunz.«

Maria ging von Zimmer zu Zimmer und sammelte den

Müll der Männer ein, die dreckige Wäsche stopfte sie in einen Sack. Ich begann zu schwitzen.

»Wie heißt sie?«

»Maria.«

»Wie noch?«

»Maria di Renzi.«

»Hübsches Ding. Und du?

»Franka Fellner.«

»Siehst du? Ein gutes Haus. Dein Vater ist doch Fabrikant für Handschuhe, oder? Ist doch so.«

Maria kam mit dem Sack zurück und gab mir mit einer fast unmerklichen Kopfbewegung zu verstehen, dass sie fertig war, und wir zogen uns zurück. Mein Herz schlug seltsam ruhig.

»Alles gut«, sagte Maria.

Seit General Badoglio den Waffenstillstand mit den Westalliierten unterzeichnet hat und Italien mit Deutschland im Krieg ist, ist nichts mehr sicher. Wir haben gehört, dass es Erschießungen gibt. Dass die Deutschen selbst vor Frauen und Kindern nicht haltmachen, wenn sie sie für Aufständische halten. Die Berichte sind lückenhaft, sie werden nur hinter der Hand weitererzählt und sind voller grauenhafter Details.

Die Wände haben Ohren bekommen. Wir können nur froh sein, dass wir hier so abgeschieden in den Bergen leben, und müssen zusehen, nicht zwischen die Fronten zu geraten. Deswegen sind wir freundlich und höflich zu den Offizieren. Wir bringen ihnen von unserem Wein und kochen ihnen das beste Essen, wir schweigen, wenn sie im Haus sind. Kopfbewegungen, ein verstohlenes Nicken, ein lautlos mit den Lippen geformtes Wort – mehr wagen wir nicht. Dann bleiben wir zusammen in der Küche. Zia Anna, Maria, die Köchin Giulia und ihr kleiner Sohn Mio, der immer auf dem Steinboden herumkrabbelt, und ich.

Zia Anna betet. Und oft wispert sie:

»Wenn doch Zeno zurück wäre.«

Dann beginnt Maria zu weinen, und ich streiche über ihren Rücken. Ich kenne Onkel Zeno nicht. Zu lange ist er schon im Krieg.

Natürlich weiß Mutter von alledem nichts. Wie sollte ich ihr davon erzählen, wo sie durch Gustavs Tod schon zerrüttet ist. Meine Briefe halte ich knapp. Ich erzähle vom herrlichen Wetter – das wirklich herrlich ist, mit meist strahlend blauem Himmel und kleinen Zirruswolken, so hoch, dass man sie für feinen Nebel halten könnte. Die Sonne scheint schon morgens heiß und ausdauernd, und der laue Wind, der manchmal Salz vom Meer bis zu uns heraufträgt, bringt kaum Kühlung.

Ich schreibe ausführlich von meinen Spaziergängen in die Berge hinein, von den Hunden, die mich begleiten. Ich werde ihr von Valentinas Kräutergarten schreiben, der ihr mit Sicherheit gefallen würde, vom Rosmarin, der hier in so prächtigen Stauden wächst, dass man Hecken daraus schneiden kann. Vom violett blühenden Oregano – Valentina trocknet ihn und streut ihn großzügig über Bruschetta und Fleisch. Ganze Hänge sind von Majoran und Thymian bewachsen wie duftende Polster, die unter den Füßen kitzeln. Ich werde die dicken, samtigen Blätter des Salbeis beschreiben und den bittersüßen Geruch des Lavendels, in der Hoffnung, dass meine Zeilen sie so weit beruhigen, dass sie nicht auf meine Rückkehr nach Deutschland besteht.

Ich kann Zia Anna und Maria nicht verlassen. Was sollen sie denn ohne mich tun?

Marielle
Amsterdam, April 2004

Ich lege das Buch aufgeschlagen zurück in die Kiste. Die Handschrift meiner Mutter hat sich in den vielen Jahren, die vergangen sind, kaum verändert. Steil und eckig, schräg zur rechten Seite geneigt. Sie war Linkshänderin, was sie immer maßlos geärgert hat. Mühsam stehe ich auf und trete ans Fenster. Ich liebe den Blick über Amsterdam. Die Heiterkeit, die diese Stadt ausstrahlt, mit all ihren bunten Häusern und den noch bunteren Menschen, die darin leben. Wie konnte ich im letzten Sommer auch nur mit dem Gedanken spielen, nicht hierher zurückzukommen und in Farnocchia zu bleiben?

Ich nehme mein Telefon in die Hand und wähle Zia Marias Nummer. Ich muss mit ihr sprechen. Warum schickt sie mir gerade jetzt Mutters Aufzeichnungen? Warum lässt sie mich nicht einfach vergessen und in eine neue, andere Zeit aufbrechen? Warum hat sie die Bücher nicht einfach verbrannt? Ich will sie nicht. Vielleicht will ich sie noch nicht einmal lesen und wissen, was darin steht, was meine Mutter bewegt hat, was sie angetrieben hat. Das Telefon klingelt, und nach nur wenigen Sekunden ist das Hausmädchen am Apparat.

Aber ich wisse doch, sagt sie, dass Signora di Renzi um

diese Uhrzeit immer den Friedhof besuche. Davide habe sie hingefahren, und es werde noch geraume Zeit dauern, bis sie zurückkäme.

Ihre Stimme klingt leicht verärgert. Natürlich. Der Friedhof. Ich lege auf. Jeden Tag fährt Zia Maria hinunter nach Farnocchia, um die Gräber zu besuchen, die Blumen zu gießen und hier und da ein welkes Blatt abzuzupfen. Sie setzt sich dort auf die Bank gleich beim Eingang und faltet die Hände. Ob sie betet, weiß ich nicht. Wie konnte ich das vergessen?

Wenn ich die Augen schließe, sehe ich wieder Mutter und Zia Maria vor mir, wie sie auf der Terrasse sitzen, beide in ihren perfekt geschnittenen Kleidern, die Füße auf zierlichen Fußschemeln.

Marielle
Farnocchia, August 2003

Das Hausmädchen spannte den großen weißen Sonnenschirm auf, als ich zu ihnen auf die Terrasse trat. Ich hatte mir das weiße Sommerkleid mit dem flatternden Rock angezogen und mein blondes Haar zu einem losen Zopf gebunden.

»Wer war das eben?«, fragte ich. Ich meinte den Mann in dem roten Piaggio. »Der Mann, mit dem Davide eben im Hof gesprochen hat?«

Im Vorbeigehen nahm ich ein Cornetto con crema und biss vorsichtig eine Spitze ab. Ich hatte mir abgewöhnt, süßes Gebäck zu essen. Nur manchmal konnte ich nicht widerstehen.

»Setz dich doch erst einmal«, fuhr mich meine Mutter an. Hinter den dunklen Brillengläsern konnte ich ihre Augen nicht erkennen. Sie sah bleich aus, was ich aber auf das Morgenlicht schob. Auch ich selbst hatte im Spiegel viel zu blass ausgesehen, nach zu wenig Sonne und zu vielen Tagen alleine in der Werkstatt, an denen ich hauptsächlich mein Gesicht hinter der Schutzbrille verborgen hatte, während ich mit rostigem Eisen hantierte. Vielleicht war dies doch keine Beschäftigung für eine Frau, wie Mutter es oft ausdrückte.

»Ach so. Entschuldige, Mutter«, ich rückte mir einen Stuhl zurecht und setzte mich. Ich lebte schon so lange nicht mehr in ihren Kreisen, dass mir die Gepflogenheiten fremd geworden waren.

»Ein herrlicher Tag, nicht wahr, Marielle?« Zia Maria schob die Kaffeekanne etwas näher zu mir hin. »Erkennst du ihn denn nicht?«

»Wie sollte ich, ich habe ihn noch nie gesehen.«

Das Cornetto schmeckte köstlich nach Butter, und die cremige Vanillefüllung zerging förmlich auf der Zunge. Es musste aus dieser kleinen Pasticceria in Farnocchia sein, in der Zia Maria schon ihr ganzes Leben Brot und Gebäck besorgte. Wenn man den winzigen Laden betrat, überwältigte einen die Vielfalt an Köstlichkeiten, und man kaufte unweigerlich viel mehr ein, als man eigentlich wollte. Wenn man die Pasticceria verließ, hatte man beide Hände voll mit braunen Papiertüten, bis zum Überquellen gefüllt mit Cornetti und Pasticciotti, Mandorlini und der legendären Torta della Nonna. Seit Jahren vermied ich es, den Laden zu betreten.

»Falsch. Du hast ihn nur schon lange nicht mehr gesehen. Etwas über fünfundzwanzig Jahre. Ihr wart noch Kinder. Was waren das damals für schöne Zeiten. Ich fand, es waren die schönsten überhaupt. So friedlich. Aber im Nachhinein betrachtet ist fast alles schön.«

»Wie?«

»Er war einer von Ricardos besten Freunden. Ging hier ein und aus. So ein lieber Junge. Verträumt. Träumte immer vom Meer. Er redete von nichts anderem, als dass er zur See fahren wolle. Das war auch kein Wunder. Sein Vater war Comandante. Und sein Großvater. Und sein Urgroßvater. Eine Familie mit Salzwasser im Blut. Das sagt man nur so.« Sie lachte über mein verständnisloses Gesicht.

Aus den Augenwinkeln sah ich, wie Mutter ihren Kopf nach hinten legte und dabei seufzte. Sie war immer sehr schnell gelangweilt. Von Unterhaltungen, von Ausflügen, von Einkäufen, von langen Autofahrten. Immer reagierte sie mit der gleichen genervten Herablassung. Ich nahm mir vor, ihr Verhalten zu ignorieren. Die Sonne und der Geruch nach Rosmarin, der vom Kräutergarten herüberwehte, machten mir überraschend gute Laune.

»Nun spann mich nicht auf die Folter. Ich kenne ihn wirklich nicht.«

»Es ist Rocco. Er ist lange Jahre zur See gefahren. Jetzt ist er wieder hier, seit Anfang des Jahres. Nun nimm dir doch Kaffee, mein Kind.«

Ich schenkte mir eine Tasse ein, er war heiß und unglaublich stark. Ich verbrannte mir fast die Zunge und den Gaumen.

»Und warum ist er wieder da?«

Zia Maria zuckte mit den Schultern. Ich war mir sicher, sie wusste immer mehr, als sie erzählte.

»Ich weiß auch nicht genau. Er hatte einen Unfall. Rocco hat dabei seinen rechten Arm verloren und fährt seitdem nicht mehr zur See. Davide ist sein Cousin. Er sagt, es ist kaum auszuhalten mit ihm. Der Arme muss sich völlig verändert haben.«

»Kann man denn mit einem Arm nicht mehr zur See fahren?«

»Ich weiß es nicht, Marielle. Ich weiß nur, dass er wieder

hier lebt und Davide am Rande eines Nervenzusammenbruchs ist.«

Sie griff sich eines der Sudokuhefte und begann darin zu blättern. Als ich zu Mutter hinüberblickte, war ihr Kopf auf ihre Schulter gesunken. Sie schien zu schlafen.

Am Nachmittag ging ich mit den Hunden in die Berge. Sie waren außer sich vor Freude und schossen vor mir den kleinen, steinigen Pfad bergan. Zia Maria nannte sie Cosi, Fan und Tutte. Ich konnte sie kaum auseinanderhalten, hellbraun, pfeilschnell und mit diesen riesigen Fledermausohren. Ich nahm den Pfad, der sich parallel zur Bergkante oberhalb von Farnocchia entlangschlängelte. Steine rollten unter meinen Füßen weg und sprangen hinunter ins Tal. Um mich vor der Sonne zu schützen, hatte ich mir ein großes, buntes Tuch um den Kopf geschlungen und mir eine von Zia Marias Sonnenbrillen geschnappt.

Als ich klein war, war ich oft mit Martha diese steinigen Pfade entlanggewandert. Ich war das einzige der Kinder, das gerne in die Berge ging, stundenlang, ohne zu wissen, wo wir uns befanden. Martha trug einen Korb und sammelte wilde Beeren und Kräuter, sie erzählte mir von den Tieren, die hier lebten, Wölfen und Bären. Bären sahen wir nie, obwohl ich die Hoffnung nie aufgab, doch ein Wolf kreuzte einmal unseren Weg, weit oben, zwischen den kargen Felsen. Martha nahm meine Hand, und wir gingen hinter einem abgestorbenen Baum in die Hocke.

»Pssst«, sagte sie, »nicht, dass er sich noch vor uns erschrickt.«

Er stand am Rande eines Bergkamms etwa fünfzig Meter

über uns. Der Wind zauste sein Brustfell, und ich konnte deutlich seine goldbraunen Augen und die schwarze Färbung seiner Vorderbeine sehen.

»Die Menschen jagen sie«, flüsterte Martha, »sie haben Angst vor ihm, doch das musst du nicht. Sieh nur, wie schön er ist.«

Ich hielt die Luft an und mein ganzer Körper kribbelte vor Ehrfurcht. Er streckte seine lange schlanke Schnauze in den Wind, und irgendwann drehte er sich unvermittelt um und verschwand mit ein paar geschmeidigen Sätzen zwischen den Felsen. Martha stand auf und klopfte sich die Erde von den Knien.

»Erzähl deiner Mutter besser nichts davon«, sagte sie.

Mein Pfad führte mich stetig bergan, ich pfiff nach den Hunden, wenn sie sich zu weit entfernten, und blickte zurück ins Tal hinunter, zu Zia Marias Olivenhainen, die sich eng an den Berg schmiegten, und zu dem Gutshaus, sandfarben mit grünen Fensterläden, zu der angebauten Remise und den Stallungen, in denen sie früher ihre drei Murgesenstuten untergebracht hatte. Dem Hausgarten mit den vielen verschiedenen Kräutern, Tomatenstauden und Sonnenblumen, die ihre schweren Köpfe gegen die Mauer lehnen mussten.

Ich legte mir die Hand über die Augen. Die Sonne stand hoch, doch der Wind hier oben vertrieb die Hitze und blähte mein weißes Kleid wie ein Segel. Ich beschloss, noch ein Stück weiterzugehen, bis sich der Pfad so um den Berg wand, dass ich ins nächste Tal sehen konnte. Mutters Worte gingen mir im Kopf herum.

Sie hat noch nie auch nur eine Skulptur verkauft. Leider hatte sie damit recht. Roos meinte, meine Skulpturen seien nicht schlecht, das Problem wäre nur, dass sie als Dekoration absolut nicht zu gebrauchen waren, und die meisten Leute wollten keine Kunst, sondern etwas, womit sie ihre Wohnung verschönern konnten. Ich weigerte mich, Deko-Objekte herzustellen. Es war schwer zu erklären, doch ich konnte es einfach nicht. Selbst wenn ich mir vornahm, etwas Hübsches zu entwerfen, bekam es etwas Hässliches, Monströses, ich hatte keinerlei Einfluss darauf. Wenn Roos mir beim Schweißen zusah – was sie oft tat, wenn sie zu Hause war und Langeweile hatte –, seufzte sie und sagte, ich hätte es lieber so gelassen, wie es am Anfang war. Und dann schämte sie sich, wenn sie mir in die Augen sah, und drückte mir schnell einen Kuss auf die Wange. Umarmte mich und kitzelte mich mit ihren roten Locken in der Nase.

»Ach, vergiss, was ich gesagt habe«, sagte sie dann, »es ist ja richtig so. Vorher war es nur hübsch. Und jetzt hat es etwas zu sagen. Jetzt spricht es.«

Der Pfad wurde immer enger, und die Hunde liefen hechelnd mal vor mir, mal hinter mir. Manchmal wischten sie so nah an meinen Beinen vorbei, dass ich mit ihnen schimpfte, weil sie mich aus dem Gleichgewicht brachten, doch dann sahen sie mich nur verständnislos an, als hätte die Natur nicht vorgesehen, dass sie jemals einen Fehler begingen. Ich liebte diese schroffe Landschaft, die Felsen auf der einen Seite und dann die jäh abfallenden Täler mit den eiskalten Bächen des Apennin, die sanften Hügel in der Ferne, mit kleinen, hingestreuten Ortschaften zwischen den hohen Kastanien und knorrigen Olivenbäumen. Der Schweiß lief mir zwischen den Schulterblättern hinab, und mein Haar ringelte sich feucht an den Schläfen, war ich doch weder die Hitze gewohnt noch die Anstrengung einer Wanderung in den Bergen. Ich hatte die nächste Biegung erreicht und konnte nun auf das Panorama des Monte Sagro blicken.

Hier wollte ich umkehren. Nicht weit unter mir entdeckte ich das kleine Haus aus grauem Stein, in dem früher ein alter Mann alleine mit seinen Ziegen gelebt hatte. Martha und ich hatten ihm oft von hier oben gewunken, hatten uns auf die Felskante gesetzt und mit den Beinen gebaumelt, während der Mann unten vor seiner Hütte saß und sich die Ziegen an den Bäumen aufrichteten, um an den Zweigen zu knabbern. Seit der Mann nicht mehr da war, war das Haus unbewohnt.

Doch nun waren die Fensterläden offen und vor dem Haus, auf der schmalen Schotterstraße, stand der rote Piaggio Ape 50. Die Tür des Hauses wurde geöffnet, und Rocco trat heraus. Er hob den Kopf, und kurz kreuzten sich unsere Blicke, dann wandte er sich jäh ab und verschwand wieder im Haus. Den ganzen Rückweg hatte ich ein seltsam schales Gefühl auf der Zunge und ärgerte mich über mich selbst, dass ich innegehalten hatte, um zu Rocco hinunterzublicken.

Franka
Farnocchia, Mai 1944

Ich erzähle nicht gern, was passiert ist. Doch ich muss es wenigstens aufschreiben, um meine Gedanken zu ordnen. Sie springen wild in meinem Kopf umher. Maria würde es nicht glauben, wie ängstlich diese Gedanken sind. Voller Sorge. Ich kann kein Auge zutun deswegen. Und deswegen muss ich es aufschreiben, um dann eine Lösung zu finden für all diese Dinge, die mir im Kopf herumgehen.

Immer mittwochs fahren wir hinunter nach Farnocchia. Ich holte also die junge Stute aus dem Olivenhain und spannte sie vor die Carrozza. Die Alte wird bald wieder ein Fohlen bekommen und wieherte unglücklich, weil sie alleine zurückbleiben musste. Wir fuhren zu dritt, Zia Anna, Maria und ich. Zia Anna setzten wir am Friedhof ab, wo sie das Grab ihres Sohnes besuchte, der kurz nach der Geburt gestorben war. Maria und ich fuhren weiter zum Dorfplatz und erledigten die Einkäufe. Sobald Zia Anna aus dem Wagen gestiegen war, schnalzte ich mit der Zunge, und die Stute lief so schnell sie nur konnte. Ihr pechschwarzes Fell glänzte in der Sonne. Maria meinte, ich könne fahren wie ein Mann. In den Kurven rutschte Maria an meine Seite und krallte sich an meiner Taille fest. Der Stute tropfte Schaum aus dem Maul, sie warf den Kopf hoch, und manchmal scheute sie vor irgendetwas, nur zum Jux.

Gestern scheute sie kurz vor Farnocchia, aber nicht zum Spaß, sie scheute vor Emilia Angelotti, die sich uns in den Weg warf. Die Carrozza geriet ins Schleudern und schrammte gegen einen Felsblock neben der Straße. Nur mit Mühe konnte ich die Stute zügeln, etwa hundert Meter weiter brachte ich sie erst zum Stehen, drückte Maria die Zügel in die Hand und sprang vom Wagen. Ich stemmte meine Hände in die Hüften und wartete, dass Emilia die hundert Meter bis zu uns den Weg hinunterlief. Staub wirbelte unter ihren nackten Füßen, sie hatte ihren Rock gerafft und stolperte mehr, als dass sie lief. Die Worte, die ich ihr entgegenschleudern wollte, blieben mir irgendwo in der Kehle stecken.

»Was ist los?«

»Ihr müsst mich hinauf nach Val di Castello bringen!« Sie blieb schweratmend vor uns stehen und strich sich das Haar aus der Stirn.

»Bist du verrückt?«

»Ich bitte euch!«

»Es ist viel zu weit. Wir haben Zia Anna eben am Friedhof abgesetzt und sollen sie in einer Stunde dort wieder abholen.«

Emilia begann zu weinen und Maria drehte sich ungeduldig auf dem Kutschbock um. Die Stute tänzelte auf der Stelle.

»Was willst du da?«

»Ich muss eine Nachricht überbringen.«

»Welche Nachricht?«

Emilia schwieg.

Dazu muss ich sagen, wir kennen uns nur flüchtig. Ab und an begegnen wir uns im Dorf und grüßen uns. Emilia ist siebzehn, so alt wie ich, und ihre Familie ist eine der ärmsten im Dorf. Ihr Vater ist im Krieg geblieben. Ihre Mutter ist krank, man sagt, sie lebe wohl nicht mehr lange. Meine Meinung ist, lasse dich nicht mit den Schwachen ein, sondern such dir die Starken heraus. Damit fährt man besser. Kurz, ich wollte sie nicht in die Berge bringen.

»Franka. Vielleicht können wir sie den halben Weg bringen.« Maria konnte die Stute kaum bändigen, immer wieder machte die Carrozza einen Ruck, während die Räder blockierten, weil Maria mit aller Kraft in die Bremsen trat. Ich wusste, wie sehr sie es hasste, wenn sie die Zügel in der Hand hatte. Selbst wenn der Wagen nicht in Bewegung war.

»Ja. Den halben Weg.«

»Ich werde niemanden irgendwo hinbringen, schon gar nicht, wenn ich nicht weiß, warum ich das tun soll.« Ich lief um die Carrozza herum. »Ich werde nach Farnocchia fahren und Kartoffeln und Mehl kaufen. Und dann werde ich Zia Anna abholen und nach Hause bringen.«

Emilia hielt mich am Arm fest.

»Ich bitte dich. Bring mich ein Stück«, flüsterte sie eindringlich, Tränen liefen über ihre Wangen. »Sei nicht hartherzig. Ich weiß, ihr Deutschen seid hartherzig, doch du lebst in unserem Land. Du sprichst unsere Sprache. Du bist keine Fremde mehr.«

»Wir haben keine Zeit. Selbst wenn ich wollte, ich könnte nicht.«

Ärgerlich wollte ich ihren Arm abschütteln, doch Maria kam mir zuvor.

»Steig ein.« Sie streckte Emilia Angelotti die Hand hin und half ihr hinauf. »Die Stute braucht Bewegung.«

Ich beeilte mich, auf den Kutschbock zu springen, riss Maria die Zügel aus der Hand und wendete den Wagen. Den ganzen Weg sprachen wir kein Wort. Die Stute lief in scharfem Trab. Der Schweiß lief ihr über die Flanken, obwohl die Sonne ihren höchsten Punkt schon verlassen hatte, wir uns dem Abend näherten und ein erfrischender Wind unsere Gesichter kühlte. Emilia saß wie erstarrt zwischen uns, und ich dachte unentwegt an Zia Anna, die vor Sorge umkommen würde, wenn wir nicht rechtzeitig zurück wären. Ich dachte auch an Mutter, die sofort tot umfallen würde, wenn sie wüsste, was ich in diesem Moment tat. Nach zwanzig Minuten schneller Fahrt hob Emilia die Hand und bedeutete mir, langsamer zu fahren und dann anzuhalten.

»Wartet hier«, sagte sie und sprang von der Carrozza.

Wir sahen ihr zu, wie sie zwischen den Steineichen verschwand.

»Was hast du dir bloß dabei gedacht?«, fuhr ich Maria an, »wenn sie in fünf Minuten nicht wieder da ist, fahre ich.«

»Ist ja gut.«

»Nichts ist gut«, zischte ich, »du weißt, was das alles bedeutet. Geheime Nachrichten in die Berge bringen. Das bedeutet, dass sie sich der Resistenza …«

»Pssst! Sag dieses Wort nicht!«

»Es stimmt aber. Und du weißt, was die Deutschen mit denen machen …«

»Hör auf damit. Du machst mir Angst.«

»Die solltest du auch haben!«

»Uns ist nichts vorzuwerfen.«

»Ach so. Na dann. Wieso mache ich mir dann Sorgen?«, fragte ich böse. Der Leib der Stute hob und senkte sich schnell. »Hörst du das auch?«

Wir lauschten, und Maria nahm meine Hand. Ein Motorengeräusch. Es näherte sich vom Berg her, ein Wagen musste aus dem Val di Castello kommen. Wir starrten auf die Stelle, an der die enge Straße einen Knick machte. Zwei Kastanienbäume streckten hier ihre ausladenden Äste über den Weg. Ihre Blätter zitterten im Wind.

»Wende das Pferd«, flüsterte sie.

»Wenn wir jetzt davonfahren, machen wir uns noch verdächtiger.«

»Wir könnten vorne an der Kapelle abbiegen.«

»Das schaffen wir nicht mehr.«

»Vielleicht ist es nur ein …«, ihr fiel nichts ein. Unsere Blicke trafen sich. »Vielleicht ist es ein Freund von Emilia.«

Ich nickte.

»Vielleicht.«

Ein Geländewagen tauchte in der Biegung auf, holperte die Straße bis zu uns hinunter und hielt, als er auf gleicher Höhe mit uns war.

»Wittig«, wisperte Maria.

Das sah ich auch. Er und der andere deutsche Offizier, die bei uns wohnen. Ich lächelte ihm zu, und er stellte den Motor ab.

Er stieg aus dem Wagen und trat an die Carrozza heran.

»Das hier ist kein guter Ort für junge Mädchen«, sagte er, »was habt ihr denn hier oben zu suchen?«

»Die Stute braucht Bewegung.«

»Es ist gefährlich, in die Berge zu fahren.«

»Für uns nicht, Hauptmann Wittig, wir sind hier aufgewachsen.« Marias Stimme hörte sich seltsam hoch an. »Wir fahren gerne abends noch etwas herum. Wenn wir mit der Arbeit fertig sind. Und sehen uns den Sonnenuntergang an. Von einer Stelle aus kann man sogar in der Ferne das Meer sehen.«

»Ab heute unterlasst ihr das.« Wittigs Augen bohrten sich in meine.

Er hat einen schmalen Mund, dieser Wittig, und schlechte Zähne und blondes, im Nacken kurz geschorenes Haar. Ich glaube, er ist so alt wie Vater, vielleicht etwas jünger. Wenn er spricht, bekommt man immer Angst, man habe etwas verbrochen. Meistens fällt mir auch irgendetwas ein, was ich falsch gemacht habe. Mutter würde sagen, er hat einen widerwärtigen Charakter. Ich sage, er ist unberechenbar. Manchmal ist er freundlich, spricht im Hof mit Zia Anna und bietet ihr eine Zigarette an, die sie natürlich ablehnt. Und dann brüllt er plötzlich herum. Ohne Grund. Oder weil ihm das Essen nicht schmeckt. Die Köchin hat zu viel Pepperoncini hineingetan, die Pasta ist zu weich gekocht oder zu hart, die Kartoffeln sind zu mehlig.

Am liebsten würde ich sagen, er kann froh sein, dass er überhaupt etwas zu essen bekommt, die Leute im Dorf hungern, die kleinen Kinder betteln einen an, hohlwangig, mit ihren großen, dunklen Augen, und der Wittig schreit uns an, nur weil es ihm nicht schmeckt.

»Wie Sie wollen«, sagte ich gleichmütig und klatschte

der Stute die Zügel auf den Rücken, damit ich die Carrozza auf der schmalen Straße wenden konnte.

In diesem Moment kam Emilia Angelotti aus dem Wald. Als sie den Deutschen in seiner Uniform sah, blieb sie wie angewurzelt stehen. Ich hätte sie am liebsten angeschrien, so wütend war ich auf sie.

»Wer ist das?«, fuhr er uns an, und Maria wich alles Blut aus dem Gesicht.

»Das ist unsere Freundin Emilia Angelotti, ihr ist während der Fahrt übel geworden. Ich habe die Stute wohl zu schnell laufen lassen. Sie musste sich übergeben.«

Wieder bohrten sich seine Augen in meine, doch ich sah nicht weg. Nichts macht einen verdächtiger, als wenn man den Blick senkt.

»Durchsuch das Gebiet, Kunz. Ihr bleibt hier. Du da, herkommen«, er winkte Emilia heran, und der andere Mann sprang aus dem Wagen und lief in das Wäldchen hinein. Ich wollte nicht wissen, was in Emilia vorging, während sie unter den Augen von Wittig wieder zu uns auf den Wagen kletterte. Maria legte ihr den Arm um die Schultern. Ich betete, dass sie nicht wieder in Tränen ausbrach, doch Emilia sackte nur in sich zusammen, ihr dunkles Haar fiel nach vorne und verbarg ihr Gesicht. Ich war hauptsächlich wütend auf mich selbst und wütend auf Maria, die uns das hier eingebrockt hatte. Natürlich wusste ich, was mit denen geschah, die mit den *partigiani* sympathisierten. Sie wurden hingerichtet. Ich hatte keine Ahnung, wie ich das Zia Anna beibringen sollte. Ich verbot mir, Angst zu bekommen, doch mein Herz klopfte zum Zerspringen. Die Gedanken rasten in meinem Kopf. Wen hatte Emilia getroffen, um ihre Nachricht zu überbringen? Und wo war derjenige?

Nach wenigen Minuten kam Kunz zurück.

»Das Gebiet ist sauber.«

Die beiden Deutschen stiegen wieder in den Wagen und Wittig gab uns den Weg hinunter ins Dorf frei.

Nun hetzte ich die Stute nicht mehr. Gemächlich trabte sie bergab.

»Wen hast du getroffen?«, herrschte ich Emilia an, kaum dass wir außer Sicht waren.

»Ich darf es nicht sagen!«

»Deinetwegen wären wir beinahe gestorben! Wir haben das Recht, es zu erfahren!«

»Ich habe niemanden getroffen. Ich musste die Nachricht an einer bestimmten Stelle zurücklassen.«

Sie weinte nun schon wieder. Ihre Lippen bebten. Mich rührte das nicht.

»Was stand in der Nachricht?«

»Ich weiß es nicht.«

Maria machte ein bestürztes Gesicht.

»Es ist mein Verlobter. Silvio. Er hat sich ihnen angeschlossen. Ich habe ihn angefleht, dass er es lässt, aber er war nicht davon abzubringen.«

»Wer weiß, dass ihr verlobt seid?« Maria hielt sie immer noch im Arm.

»Nur meine Mutter. Und meine Schwestern.«

»Dann sieh zu, dass es niemand erfährt. Verstanden?«

Ich sah sie so böse an, dass sie nicht wagte zu widersprechen. Sie blickte mich nur zornig an, so, als hätte *ich* einen schlimmen Fehler begangen und nicht sie.

Auf dem Marktplatz in Farnocchia ließen wir sie aussteigen, und ich hoffte, dass wir sie nie wiedersehen würden. Maria beeilte sich, das Mehl und die Kartoffeln zu besorgen. Sie meinte, ich solle nicht böse auf Emilia Angelotti sein. Sie habe gehört, dass sie Silvio von Herzen liebe, und wenn man dafür Verständnis aufbringt, könne man auch verstehen, dass sie sich und uns seinetwegen in Gefahr bringe. Ich wollte nicht fragen, woher nun Maria von der Geschichte zwischen Silvio und Emilia wusste, denn ich befürchtete, wenn es Maria wusste, dann wusste es vermutlich die gesamte nördliche Toskana.

Als wir zurückkamen, saß Zia Anna immer noch auf ihrer Bank auf dem Friedhof. Sie war ganz in die Betrachtung der umgestürzten Grabsteine vertieft.

»Ihr Mädchen«, sagte sie liebevoll, »hattet ihr eine schöne Stunde im Dorf?«

Sie bemerkte nicht die Schramme an der Carrozza und auch nicht das schweißverklebte Fell der Stute. Es lockte sich an der Brust und an den Flanken.

Mutter habe ich davon nichts berichtet, ich schrieb ihr, dass es uns gut gehe, Zia Anna aber von einem hartnäckigen Husten geplagt werde und ich nicht abreisen könne, ehe sie ganz gesund sei. Schließlich könne sie nicht alles alleine machen, wenn sie so krank ist.

Ich glaube, Gott verzeiht mir diese Lüge, kann ich doch die beiden nicht dem Wittig auf Gedeih und Verderb ausliefern. Wo ich doch die Einzige bin, die auf diesem Hof Verstand und Entschlusskraft besitzt.

Marielle
Amsterdam, April 2004

Als es an meiner Tür klopft, lege ich das Notizbuch zur Seite. Die Katze springt von meinem Schoß und läuft voraus in den Flur. Ich habe die ganze Wohnung neu gestrichen, als ich nach Mutters Tod hierher zurückkam. Ich wollte, dass sich alles verändert, schlagartig. Ich konnte es nicht aushalten, dass alles weitergehen sollte wie bisher. Eimerweise kaufte ich Farbe. Bunt, hell und leuchtend. Ich grundierte die Wände zuerst, dann ließ ich darauf Blumen wachsen. Tulpen natürlich, aber auch Rosen, Lavendel und Mimosen. Weißen Flieder und Klatschmohn. Der Flur riecht immer noch ein bisschen nach Farbe, aber er ist schön geworden, ein helles, freundliches Grün, das zu den rostroten Türen hübsch aussieht. Im Grunde hat sich aber nichts verändert. Ich bin immer noch ich.

Es ist Roos. Sie hat einen ganzen Armvoll Klamotten dabei und sieht etwas verzweifelt aus.

»Du musst mir helfen, Marielle. Was soll ich heute anziehen? Es ist wichtig, dass ich gut aussehe.«

»Du siehst doch immer gut aus.«

Sie lacht und drückt sich an mir vorbei in die Wohnung, bückt sich und tätschelt die Katze und verliert dabei die Hälfte ihrer Kleider.

»Aber heute. Heute muss ich besonders gut aussehen. Und seriös.«

»Das ist eine Bar und kein Konzerthaus.«

»Aber es wird der Grundstein meiner Karriere gelegt.«

Sie sammelt die Klamotten wieder ein und geht mir voraus in die Küche.

»Ah, das Paket. Sind Bücher drin, wie ich sehe.« Neugierig stupst sie die Kiste ein bisschen mit dem Fuß an. »Von deiner Tante?«

»Von meiner Mutter.«

»Oh. Willst du darüber reden?«

»Muss nicht unbedingt sein.«

»Auch gut. Dann sieh her.« Sie breitet ihre Kleider auf meinem Küchentisch aus, während ich Teewasser aufsetze. Ich bin froh, dass Roos hier ist. Auch wenn ich ihr nicht vom Inhalt der Notizbücher erzähle, tut es trotzdem gut, jemanden hierzuhaben, mit dem man reden kann. Plötzlich vermisse ich meine Mutter. Und Zia Maria.

»Es sollte nicht zu kurz sein, finde ich. Deswegen hab ich das schwarze Kleid mit dem tiefen Ausschnitt dabei, das mit den goldenen Pailletten, das ich immer trage, wenn ich etwas Besonderes vorhabe. Weihnachten oder so. Das rote Kleid ist vielleicht zu gewagt. Was meinst du?«

Im Grunde sind alle zu gewagt, doch das will ich ihr nicht sagen. Roos trägt gerne Kleider, die kaum ihren Po bedecken. Das Wasser beginnt zu kochen, und ich hole die Kanne mit dem goldenen Rand aus dem Regal. Ich habe sie aus der Münchner Wohnung mitgenommen, als ich im Herbst da gewesen war. Die Kanne und Mutters alten Hermelinmantel, obwohl ich Pelz eigentlich verabscheue, aber ich dachte, ich könnte vielleicht eine Art Bettvorleger daraus machen. Das war das Einzige, was noch da war. Und die Spieluhr mit den Pferdchen. Die steht jetzt im Atelier und manchmal ziehe ich sie auf, höre die Melodie »Für Elise« und sehe den zierlichen Pferden zu, wie sie sich im Kreis drehen.

»Also, was meinst du?«

»Das kann ich so nicht sagen. Dazu müsste ich dich drin sehen.«

»Das ist absolut null Problem.« Roos beginnt sofort, sich die Kleider vom Leib zu reißen und steht binnen Sekunden in Slip und BH in meiner Küche. »Also mein Favorit ist eigentlich das mit den goldenen Pailletten. Natürlich kommt da normalerweise kein BH drunter. Aber das schenken wir uns jetzt.«

Sie zieht sich das Kleid über den Kopf. Es ist ein Hauch von Nichts.

»Du guckst so komisch.«

»Ich weiß auch nicht.«

»Jetzt sag schon. Es gefällt dir nicht.«

»Das ist es nicht.« Ich suche nach Worten. »Es sieht nicht wirklich seriös aus.«

»Unsinn. Seriöser geht praktisch gar nicht. Ich war damit schon auf einem Empfang für die Ärztekammer. Mit dem Kerl, du weißt schon, der mich dann sitzen gelassen hat wegen seiner… ach, ich weiß es auch nicht mehr. Ist schon eine Weile her.«

Sie schlüpft wieder heraus und zieht sich das rote Kleid über. Es ist aus schimmerndem, samtigem Stoff.

»Und das?«

»Vielleicht kann ich das nicht wirklich beurteilen. Ich bin bei modischen Dingen immer überfragt.«

»Es sieht billig aus, oder?«

»Hm.« Ich zucke mit den Schultern und Roos lässt sich auf einen Stuhl fallen. Das Teewasser kocht und ich gieße den Tee auf.

»Siehst du. Das ist mein Problem. Ich sehe in allem billig aus.«

»Das stimmt so nicht. Die Kleider sehen so aus. Du brauchst was anderes. Vielleicht solltest du shoppen gehen.«

»Das kann ich mir momentan nicht leisten.«

»Okay. Pass auf. Ich hab mir im Sommer ein Kleid gekauft. Das leihe ich dir. Ist bei dir vielleicht etwas kürzer. Aber sonst könnte es passen.«

Eigentlich habe ich das Kleid nicht gekauft. Ich habe es geschenkt bekommen, aber daran will ich im Moment nicht denken. Ich nehme Roos an der Hand und ziehe sie hinter mir her in mein Schlafzimmer. Die Sonne steht nun schon schräg, es ist später Nachmittag und die rötlich fahlen Strahlen tauchen das Zimmer in ein warmes Orange. Ich muss nicht lange suchen, es ist ganz hinten, dort, wo ich es im Herbst hingehängt habe. Als ich den seidigen Stoff zwischen den Fingern spüre, sehe ich sofort die Straßen von Lucca vor mir, die ockerfarbenen Häuser und das buckelige Kopfsteinpflaster. Energisch ziehe ich das Kleid aus dem Schrank und halte es vor Roos' Körper.

»Probier es an.«

»Oh, das kann ich nicht annehmen. Das ist so edel. Verrückt. Das muss ein Vermögen gekostet haben. So was habe ich in meinem ganzen Leben noch nie besessen.«

»Nun zieh es schon an.«

Zögernd schlüpft Roos in das Kleid. Es ist nachtschwarz und fällt weich um Roos' Körper. Ihre Haut sieht milchig weiß darin aus und ihr Haar leuchtet.

»Es ist wunderschön«, flüstert sie und umarmt mich.

Marielle
Farnocchia, August 2003

Am nächsten Morgen erschien Mutter nicht zum Frühstück. Das Haus fühlte sich seltsam leer an. Das Morgenlicht durchflutete die hohen Räume, und als ich auf die Terrasse hinaustrat, war der Tisch nur für mich gedeckt. Ich fragte das Hausmädchen, und sie erwiderte, dass meine Mutter sich nicht wohlfühle und Signora di Renzi schon frühmorgens mit Davide nach Lucca gefahren sei, um Einkäufe zu erledigen. Die Hunde lagen ausgestreckt auf dem Steinboden und zuckten kaum mit den Ohren, als ich an den Tisch trat und mir das Hausmädchen Kaffee einschenkte. Ich hatte keinen Hunger. Das Hausmädchen sah mich missbilligend an, als ich den Korb mit den Cornetti und dem Weißbrot zur Seite schob, den Kaffee im Stehen trank und danach wieder zurück ins obere Stockwerk ging.

Mutters Zimmer befand sich gegenüber von meinem. Ich blieb davor stehen und lauschte. Manchmal hörte Mutter leise klassische Musik. Meistens abends, wenn sie sich früher zurückzog als Zia Maria und ich. Jetzt war kein Laut zu hören. Vorsichtig klopfte ich an die Tür, aber es kam keine Antwort. Ich fühlte mich wie damals als Kind, als sich meine Mutter ständig in ihrem Zimmer verkroch. Wenn ich klopfte, öffnete sie nie, und wenn ich trotzdem eintrat, fand ich sie schlafend auf dem Bett, oder sie saß an ihrem Schreibtisch, den Kopf auf die Hände gestützt. Wenn ich sie ansprach, schickte sie mich unwirsch hinaus, und meistens lief ich dann zu Martha, die mir Mantel und Mütze anzog und mit mir in den Englischen Garten ging, zum Chinesischen Turm oder nach Hellabrunn in den Zoo.

Ich erinnerte mich an einen Zoobesuch im Frühling, als die Bäume gerade Blätter bekamen. Martha kaufte mir Eis und Limonade, und wir standen endlos an jedem Gehege, sie konnte nicht nein sagen, wenn ich sie bat, noch etwas länger zu bleiben. Als wir zu den Löwen kamen, war die Sonne schon im Begriff unterzugehen und Martha ermahnte mich, dass wir nicht mehr lange bleiben könnten, da der Zoo bald schließen würde. Ich wollte nicht nach Hause. Auf den Felsen im Löwengehege entdeckte ich ein liegendes Weibchen. Sie starrte zum Gitter herüber, minutenlang, ohne auch nur einmal zu zucken. Ohne die kleinste Bewegung.

»Sie ist wie Mutter«, sagte ich zu Martha.

»Oh ja«, erwiderte sie, »deine Mutter ist wie diese Löwin in ihrem Käfig.«

»Aber Mutter kann doch raus. Sie ist doch nicht eingesperrt.«

»Deine Mutter hat ihren Käfig um ihr Herz herum«, sagte Martha, und als ich sie fragte, was sie damit meinte, nahm sie mich nur an der Hand und ging langsam zurück zum Ausgang, wo unser Fahrer auf uns wartete. Im Auto kuschelte ich mich an sie, und Martha wiegte mich ein bisschen und hauchte mir kleine Küsse auf den Scheitel.

Ich überlegte eine Weile vor Mutters Zimmer, dann öffnete ich vorsichtig die Tür. Die bodenlangen Vorhänge waren zugezogen, nur vereinzelte Lichtstrahlen brachen durch den schweren Stoff und malten leuchtende Staubfinger in die Luft. Mutter lag auf der Seite in ihrem Bett. Ihre Augen waren geöffnet.

»Was ist mit dir?«, fragte ich sie.

»Es ist schon in Ordnung. Ich bin nur noch etwas müde.«

»Soll ich dir etwas bringen lassen?«

Ich trat einige Schritte näher an ihr Bett heran, doch sie machte eine unwirsche Handbewegung, die ich nur zu gut kannte.

»Ich brauche nichts.«

»Wenn du meinst.«

Ratlos blieb ich dort stehen, wo ich war, irgendwo zwischen ihrem Bett und der Zimmertür. Ich hätte gerne gesagt, dass ich mir Sorgen mache, doch ihr Blick ließ mich schweigen.

»Geh nur. Geh. Die Sonne scheint. Wenn ich mich besser fühle …«

»Ist gut, Mutter.«

Ich drehte mich um und ging hinaus, schloss leise die Tür und lehnte mich dann mit dem Rücken dagegen.

Am selben Tag fand ich auf der Suche nach einem Fahrrad in der Remise die Farbpigmente. Ich hatte plötzlich den Gedanken, dass es schön wäre, mit dem Fahrrad hinunter nach Farnocchia zu fahren, um etwas Obst oder eine Zeitung zu kaufen. Ich fragte Davide, ob er wisse, ob Ricardos altes Rad noch hier wäre, und er meinte, es würde vermutlich immer noch in der Remise stehen, aber vermutlich verrostet und mit platten Reifen. Er gab mir den Schlüssel für die Remise und wünschte mir Glück bei meiner Suche. Schon als Kind hatte ich die Remise geliebt. Sie war voller Überraschungen. Man konnte Kisten finden, riesige braune Überseekoffer, gefüllt mit Dingen, die im Haus keinen Platz hatten, Bronzefiguren, nackte Frauen, die als Lampenfuß dienten, Klamotten, die nicht mehr gebraucht wurden, die Geschirre und Sättel der Pferde, verstaubt und in den Jahren hart und brüchig geworden.

Manchmal waren da auch junge Kätzchen, getigerte und dreifarbige und einmal ein ganz schneeweißes, die in den dunklen Winkeln bei den Kartoffelsäcken zur Welt gekommen waren. Wir brachten ihnen Milch und Schinken, natürlich heimlich, damit niemand ihre Existenz bemerkte. Tatsächlich lehnte Ricardos Rad an der Wand, als hätte er es gestern erst dort abgestellt. Die Reifen waren platt, und ich öffnete die Torflügel, soweit es ging, damit ich mehr Licht hatte, um nach einer Luftpumpe zu suchen.

Die Farbpigmente standen ganz hinten in einem Holzregal hinter Zia Marias alter Carrozza, und ich konnte mir nicht erklären, warum ich sie nicht schon in all den Jahren vorher entdeckt hatte. Kobaltblau, chromgelb, pararot, titanweiß und manganschwarz. Pulvrig und in große Schraubgläser gefüllt standen sie da, als hätten sie nur auf mich gewartet. Ich hatte schon Jahre nicht mehr gemalt. Behutsam nahm ich die Gläser in die Hand und drehte sie hin und her. Ich stellte mir vor, wie es sich anfühlen würde, im Olivenhain auf den großen Steinplatten neben der Zisterne Farben anzumischen, während der heiße Wind in den Blättern raschelte und die Hunde neben mir im verdorrten Gras lagen. Der Gedanke fühlte sich gut an.

Ich stellte die Gläser zurück ins Regal und lief ins Haus. In der Küche musste es Leinöl geben. Wenn nicht, würde ich es mit Olivenöl versuchen. An der Küchentür streifte ich meine Flip-Flops ab und lief auf nackten Füßen über den kühlen Steinboden. Vom Fenster aus sah ich die Köchin im Hausgarten Tomaten von den Stauden ernten, bedächtig pflückte sie eine nach der anderen vom Strauch. Sie hatte am Tag vorher schon angekündigt, es würde einen Melanzane-Auflauf geben, und ich beschloss, sie nicht zu stören und nach dem Öl zu fragen. Fast spürte ich Martha hinter mir stehen, wie sie mir den Fußschemel zurechtrückte, damit ich an die oberen Fächer der alten, dunklen Holzschränke gelangen konnte.

Oft saß sie tagsüber hier an dem groben Holztisch und nähte oder stickte, und ich spielte mit den Tierfiguren aus dem Puppenhaus oder saß später neben ihr und zeichnete. Ich zeichnete ihre Hände, ihr Gesicht, wie sie sich über ihre Arbeit neigte und ihr eine braune Locke in die Stirn fiel. Ich zeichnete die feinen Falten um ihren Mund herum und ihre gebogene Nase, die fast wie eine Hexennase aussah.

Aber nicht nur Martha war mein Motiv, auch die Pfingstrosen in der Vase, purpurfarben und üppig überhängend, das braune Huhn, das die Köchin vom Markt mitgebracht und bereit zum Rupfen auf dem Küchenblock abgelegt hatte, die noch warmen Eier im Korb, frisch aus dem Nest gestohlen, das Brot in der Holzschale und die bunten Finken im Käfig am Fenster. Der Käfig hing immer noch dort, nun war er leer, doch in meiner Erinnerung flatterten diese winzigenVögel mit der orangeroten Brust von Stange zu Stange und legten ihre Köpfe schief, während die dicke schwarze Katze darunterlag und mit den Schnurrhaaren zuckte. Die Vögel gelangen mir besonders gut. Ihr Gefieder leuchtete vor der Dunkelheit des Raumes.

Martha gefielen meine Zeichnungen. Sie pinnte sie mit Reißnägeln in ihrem Zimmer an die Wand und behauptete, ich wäre die größte kleine Künstlerin der Welt. Mutter dagegen mochte meine Bilder nicht. Ich hörte auf, sie ihr zu zeigen, denn ihre Kritik war hart und oft ungerecht. Sie lachte über meine kindlichen Versuche, ihr zu gefallen. Martha sagte, ich solle mir nichts daraus machen. Es gebe eben Menschen, die verstehen die Kunst nicht. Vielen großen Künstlern sei es so ergangen. Sie seien belächelt worden. Ich dachte mir, Mutter hätte wenigstens meinetwegen sagen können, dass sie ihr gefielen.

Ich trug das Leinöl, die Gläser mit den Farbpigmenten, einen Mörser, den ich nach längerem Suchen in einer der vielen Schubladen gefunden hatte, ein großes stumpfes Messer und mehrere kleine Marmeladengläser zum Aufbewahren in den hinteren Teil des Olivenhains. Von dort aus konnte ich Mutters Zimmerfenster sehen. Die Vorhänge waren noch immer zugezogen, sie bewegten sich im leichten Wind. Ich beschloss, nicht weiter über Mutter nachzudenken. Stattdessen breitete ich neben der Zisterne die Dinge um mich herum aus und beschloss, mit Weiß zu beginnen. Die Sonne hatte nun ihren höchsten

Stand erreicht und färbte den Himmel gleißend hell, der Schatten der Olivenblätter fiel auf meine Schultern und die Hunde trotteten, von der Hitze erschöpft, durch die Bäume zu mir herauf und ließen sich neben mir ins Gras fallen. Das Zirpen der Grillen war ohrenbetäubend.

Ich schüttete etwas von dem weißen Pigmentpulver auf eine der Marmorplatten, die neben der Zisterne aufgeschichtet waren und goss langsam Öl dazu. Dann begann ich die Pigmente und das Öl mit dem Mörser zu bearbeiten. Ich versuchte eine möglichst trockene Paste herzustellen, sie würde später optimal zu verarbeiten sein. Ich könnte die wild wuchernde Kletterrose an der Eingangstür malen oder den Blick über das Tal bis nach Farnocchia hinunter. Dann erschien mir der Gedanke langweilig und ich beschloss, dass das erste Bild ein Selbstporträt werden sollte.

Im Nachhinein fühlte es sich an, als hätte ich Stunden unter den Olivenbäumen zugebracht, die Farbe zerstampft, mit dem Messer von der Platte gekratzt und in die Gläser abgefüllt. Es tat unendlich gut, etwas zu tun, die Hände zu spüren, den Mörser, das Öl an den Fingern und das verdorrte Gras unter den nackten Beinen, eingehüllt in die Hitze eines endlosen toskanischen Tages. Ich kratzte das Purpurrot von der Steinplatte, strich es in das kleine Glas und schraubte den Deckel fest zu, damit die Farbe nicht austrocknete. Ich würde Pinsel besorgen müssen. Und Terpentin. Und Leinwände.

Wenn mich nicht alles täuschte, gab es einen kleinen Laden für Künstlerbedarf in Lucca. Das Sortiment war überschaubar, aber einen Pinsel und eine Leinwand würde ich auftreiben können. Mit dem Handrücken strich ich mir das Haar aus der Stirn und blickte auf. Ich hatte eine Bewegung in den Augenwinkeln wahrgenommen.

Etwa zehn Meter von mir entfernt lehnte Rocco am Stamm eines Olivenbaumes. Er schien mich schon geraume Zeit zu beobachten.

»Suchst du jemanden?« Ich setzte mich auf meine Fersen und versuchte mir nicht vorzustellen, wie ich aussah. Mit Farbe bekleckert, zerzaust und verschwitzt.

»Davide.«

»Er ist mit meiner Tante nach Lucca gefahren.«

»Wann kommt er zurück?«

Ich zuckte mit den Schultern.

»Keine Ahnung. Sie sind schon eine Zeitlang weg.«

Meine Tante liebte es, durch Lucca zu spazieren. Wenn sie erst einmal dort war, konnte sie den ganzen Tag in der Stadt verbringen, hier einen Espresso trinken, dort ein Glas eisgekühlten Weißwein zu Spaghetti Vongole oder einen schönen, kräftigen Rotwein auf der Piazza Pretorio. Rocco runzelte die Stirn, sagte aber nichts. Nun konnte ich sehen, dass er einen Arm verloren hatte. Er trug ein schwarzes Hemd, das am linken Arm aufgekrempelt war. Der rechte Ärmel war nach innen geschlagen. Ich versuchte mir vorzustellen, wie man auf einem Boot den Arm verlieren konnte. Vielleicht war er von einem Hai angegriffen worden, dachte ich.

»Aber ich glaube, es macht keinen Sinn, dass du wartest«, fügte ich hinzu.

Rocco verengte die Augen und kam ein paar Schritte näher.

»Sonst noch was?«

»Was tust du da?«

»Ich mische Farbe an. Ölfarbe.«

»Wozu soll das gut sein?«

Der harte Tonfall in seiner Stimme ließ mich zusammenzucken.

»Das braucht man, wenn man Bilder malen will«, sagte ich.

»Hast du nichts anderes zu tun?«

Ich hätte schreien können, so wütend war ich. Doch ich biss mir auf die Lippen, rappelte mich auf und holte eine neue Platte. Zornig ließ ich sie ins Gras fallen und leerte die schwarzen Pigmente auf den Stein und goss viel zu viel Öl dazu. Der Mörser schabte über die Platte, und ich spürte, wie mir der Schweiß zwischen den Schulterblättern hinabrann.

»Nein. Hab ich nicht.«

»Ja, stimmt. Ich hatte es vergessen. Eure Sorte hat ja nichts zu tun. Kann sich den ganzen Tag von Davide herumkutschieren lassen und vor lauter Langeweile Farbe auf Leinwände schmieren. Wie konnte ich das nur vergessen?«

Die schwarze Farbe knirschte unter meinen Händen. Ich sah nicht auf, aufkommender Wind wehte trockene Grashalme über den Stein, die in der Farbe kleben blieben. Ich ignorierte sie einfach und lehnte mich mit meinem ganzen Gewicht auf den Mörser.

»Sag Davide, er soll sich bei mir melden.«

Ich blickte erst auf, als ich hörte, wie Rocco den Motor des Piaggio startete. Meine Hände zitterten. Ich füllte diese letzte Farbe in das Glas und verschloss den Deckel.

Franka
Farnocchia, Mai 1944

In der Nacht hat die alte Stute ihr Fohlen bekommen. Morgens, als ich mit dem Armvoll Heu in den Olivenhain kam, stand es schon neben ihr. Ein großes, kräftiges Stutfohlen. Als ich das gesehen habe, habe ich einen Freudenschrei ausgestoßen, denn das bedeutete, dass Zia Anna es behalten würde. Die Hengstfohlen gab sie weg, die Stutfohlen durften bleiben. Ich rief Maria, die gerade im Kräutergarten die Tomatenpflanzen goss, bevor die Mittagshitze alles Wasser sofort wieder verdunsten ließ. Sie lief zu mir hinauf.

»Es ist ein Stutfohlen«, sagte ich.

»Fantastisch!«

Wir beugten uns beide über das Fohlen, die Alte stupste uns mit dem Maul und erbettelte die Brotrinde, die Maria immer für sie in der Rocktasche hat. Eine Weile betrachteten wir andächtig das ungelenke, langbeinige Tier, wie es noch wackelig auf den Beinen neben der Alten stand. Die Augen von einem milchigen Schleier überzogen, als käme es von weit, weit her gereist.

»Wie soll es denn heißen?«, wollte ich wissen.

Die Alte hieß eigentlich Bella und die Junge Nera.

»Rivoluzione«, flüsterte Maria.

Kurz war es totenstill zwischen uns beiden. Sie strich dem Fohlen sanft über die samtige Nase, während ich sie nur fassungslos anstarren konnte.

»Was soll das?«

»Was meinst du?«

»Du kannst das Pferd nicht Rivoluzione nennen.«

»Warum denn nicht?«

»Das ist kein Name für ein Pferd«, behauptete ich, obwohl wir beide wussten, dass dies nicht der wahre Grund war. »Ein Pferd braucht einen Namen, den man gut rufen kann. Wie Chiara oder Nora oder ...«

Ich überlegte.

»Rivoluzione kann man gut rufen.«

»Unsinn.«

»Rivoluzione!« Marias Schrei hallte in den Bergen, das Fohlen versteckte sich erschrocken hinter der alten Stute. Ich presste meine Hand auf Marias Mund. Ihre Augen lachten mich aus. Sie wand sich unter meiner Hand, doch ich hielt sie fest. Mehr Kraft als sie habe ich immerhin.

»Bist du vollkommen wahnsinnig geworden?«, fuhr ich sie an. »Die stellen uns an die Wand und Zia Anna gleich dazu, du dummes Ding.«

Maria verdrehte die Augen, und ich nahm vorsichtig die Hand wieder weg. Sie ist so ein Kind. Manchmal ist sie dümmer als meine Schwestern zu Hause. Was sage ich. Manchmal ist sie so bodenlos dumm, dass ich sie dafür umbringen könnte.

»Beruhige dich. Die Deutschen sind heute schon ganz früh weg. Es ist keiner da. Und jetzt siehst du, dass man Rivoluzione sehr wohl rufen kann.«

»Ich verstehe nicht, was mit dir los ist!«

Seit wir Emilia Angelotti hinauf in die Berge gefahren hatten, hatte sich Maria verändert. Sie sagte komische Dinge, von wegen, dass sie Emilia verstehen könne und dass die Partisanen wenigstens etwas tun würden, während wir nur herumhockten und auf das Ende des Krieges warteten. Zum Glück sprach sie darüber nur mit mir und nicht mit Zia Anna. Die hätte der Schlag getroffen.

»Ich meine, du solltest auch darüber nachdenken.«

»Über was?«

»Über das, was hier passiert.«

»Es ist Krieg.«

»Dass sie wahllos Leute töten, ohne Beweise, dass sie zu den Partisanen gehören.«

»Psst!« Am liebsten hätte ich ihr wieder den Mund zugehalten.

»Partisanen soll ich also auch nicht sagen.« Maria verschränkte die Arme vor der Brust. »Wegschauen soll ich, und ducken soll ich mich. Wie kann man nur so blind sein wie du?«

Ich drehte mich um und ließ sie einfach unter den Bäumen stehen. Ich schwöre, ich hätte sie beinahe geschlagen. Mit den Händen zu Fäusten geballt ging ich schnellen Schrittes zum Haus hinunter.

Was soll ich denn tun?

Sie holte mich auf Höhe des Kräutergartens ein und hielt mich am Arm fest.

»Sei nicht böse, Franka!« Sie umarmte mich stürmisch, so wie sie es oft tat, wenn sie gute Laune hatte oder sehr traurig war. Ich stand nur mit hängenden Armen da.

»Du darfst mir nicht böse sein. Wir sind doch im Herzen Schwestern. Mehr als die eigenen.«

»Du hast gar keine Schwester.«

»Doch. Du bist meine Schwester. Also sei nicht böse. Ja? Wir können das Fohlen auch Chiara nennen. Wenn du es willst.«

»Es geht doch nicht um das Fohlen«, sagte ich und erwiderte dann doch ihre Umarmung. Sie fühlte sich so weich und jung an. Sie drückte mir viele kleine Küsse auf die Wange.

In diesem Moment sah ich Emilia Angelotti den Weg vom Dorf heraufkommen und schob Maria von mir.

»Was will die denn schon wieder?«

Maria beschattete ihre Augen mit der Hand.

»Emilia.«

»Sag mir, was sie will.«

Wir blieben Hand in Hand stehen und warteten, bis Emilia die letzten Meter zu uns gegangen war. Oben im Haus hörte ich Zia Anna, sie ging durch die Zimmer der Offiziere und öffnete die Fenster. Ich wünschte mir, sie würde den Kopf herausstrecken und Emilia Angelotti zum Teufel schicken. Aber dazu hatte Zia Anna ein zu mitleidiges Herz.

»Franka. Maria.« Emilia Angelotti stellte ihren Korb vor uns ab und legte das grobe Schultertuch ab. »Es ist heiß heute. Und das schon so früh am Morgen.«

»Kein guter Tag, um sich auf den Weg zu uns zu machen.«

»Willst du mir keinen Schluck Wasser anbieten?«

»Wenn du dann wieder verschwindest.« Ich nickte Maria

zu und sie lief los, um die Schöpfkelle aus der Küche zu holen.

»Ich bin nicht zum Vergnügen den weiten Weg zu euch gegangen.«

»Der Rückweg wird auch keines werden. Das nächste Mal solltest du dir vorher genau überlegen, wen du bei dieser Hitze besuchen willst. Am besten, du kommst nicht mehr zu uns hinauf. Nie wieder.«

»Franka, ihr habt mir geholfen. Ich möchte dir dafür danken.«

»Das ist nicht nötig.«

»Und ich möchte dich noch einmal um einen Gefallen bitten.«

Maria kam zurück und reichte Emilia Angelotti das Wasser. Sie trank in großen Schlucken. Mein Herz begann laut in meinen Ohren zu schlagen. Was wollte sie?

»Was willst du?«

»Die Leute hungern in den Bergen.«

»Damit habe ich nichts zu tun.«

»Maria, sag du es ihr.«

Ich warf Maria einen schnellen Blick zu, doch die senkte nur die Augenlider.

»Die Leute hungern in den Bergen«, wiederholte Maria leise Emilias Worte, und ich spürte, wie traurig es mich machte, dass sie mich hinterging und sich auf Emilias Seite schlug. Es war nicht richtig. Egal was der Krieg tat, es war nicht richtig, dass Maria und Emilia Geheimnisse teilten und ich nur dabeistand und zusehen konnte, was für ein Unglück sie gemeinsam heraufbeschworen.

»Jemand müsste Reis und Mehl hinaufbringen. Maria

hat gesagt, dir kann man vertrauen. Du bist nicht wie die anderen. Du hast keine Angst vor den Deutschen, und du willst auch keine Vergünstigungen von ihnen. Es gibt Verräter unter uns. Frauen, die mit den Offizieren gehen, so bist du nicht. Das sehe ich. Und du hast ein Pferd.«

»Es ist nicht mein Pferd.«

Zia Anna streckte den Kopf aus dem Fenster.

»Ah, Emilia Angelotti. Wie geht es deiner Mutter?«, fragte sie.

»Sie liegt mit Fieber im Bett, ist fürchterlich schwach. Wahrscheinlich ist es die Schwindsucht«, entgegnete Emilia leichthin.

Zia Anna schüttelte bedrückt den Kopf.

»Maria, geh hinein und gib Emilia etwas Fleisch und ein paar Eier. Davon kochst du deiner Mutter eine Brühe.«

»Herzlichen Dank, Signora di Renzi.« Sie wandte sich an mich und senkte die Stimme. »Was ist nun?«

Zia Annas Kopf verschwand wieder. Sie jammerte etwas vom Krieg und der Zeit und dann schüttelte sie die Betten aus, kräftig und voller Zorn, so wie sie es immer macht, wenn sie böse ist.

Ich schwieg hartnäckig und verschränkte die Arme vor der Brust. Ich mag sie nicht einmal, diese Emilia Angelotti. Ich kann sie nicht leiden. Sie riecht nach alten Decken und dem Gestank ihrer Hütte, und auf ihrem Haar, auf diesen dicken, schwarzen Zöpfen laufen Läuse. Maria sagt, dafür könne sie nichts. Es ist, weil sie arm ist. Und ich mag sie trotzdem nicht. Soll sie arm sein. Soll sie den Reis selber in die Berge bringen. Es ist nicht meine Sorge, ob die Leute in den Bergen verhungern.

»Der Reis und das Mehl sind bei der alten Riccarda. Du weißt, wo ihre Hütte ist. Auf halbem Weg nach Farnocchia hinunter. Du triffst Sporco dort, bei den Kastanien. Er wird dich ins Lager bringen. Hör zu, Franka. Man hat nicht oft die Gelegenheit, etwas Gutes zu tun. Vielleicht kommt sie nie wieder.«

Sie sah mich unentwegt an, während Maria Fleisch und Eier in ihren Korb packte. Ich sah, wie Maria noch ein Stück Seife dazulegte. Ich hasste Emilia.

»Ich habe nicht gesagt, dass ich es mache«, flüsterte ich.

Mittags, als die Hitze uns alle ins Haus trieb, saßen wir in der Küche zusammen. Maria wiegte den kleinen Mio auf den Knien, Giulia schrubbte derweil den Boden mit Seifenwasser, Valentina kochte Tomatensuppe, und Zia Maria und ich saßen am Küchentisch und hatten den Kopf in die Hände gestützt. Draußen zirpten die Grillen. Zia Maria blickte hinaus, zu der Stelle, wo die alte Stute unter den Bäumen döste und träge mit dem Schweif die Fliegen vertrieb. Das Fohlen lag flach ausgestreckt in ihrem Schatten.

»Ein schönes Fohlen hat die Stute bekommen«, sagte sie, »wie soll es heißen?«

»Luz«, sagte ich.

Maria warf mir einen überraschten Blick zu.

»Luz, das ist ein schöner Name«, sagte Zia Anna und lächelte.

»Rivoluzione«, formten Marias Lippen lautlos.

»Ich werde es nicht tun«, formten meine.

Marielle
Farnocchia, August 2003

Ich wusste, dass mich Roos mit der begründeten Sorge anrief, mir würde in Italien die Decke auf den Kopf fallen. Nicht regelmäßig, aber ab und zu. Wenn sie mal Zeit hatte, wenn in der Kneipe nichts los war oder am Sonntagmorgen, wenn sie die Katze gefüttert hatte oder auf eine Tasse Kaffee hinunter ins Lot Sixty One ging.

Sie rief mich an, gerade als ich die Farben zurück ins Haus schleppte. Ich hatte sie in einen großen Deckelkorb gepackt und unter die Treppe zum ersten Stock gestellt. Ich sah Mutter im abgedunkelten Wohnzimmer sitzen und Patiencen legen, ihr Gesichtsausdruck war konzentriert und ihre Hände zitterten.

»Wie läuft es in *bella Italia*?«

Ich seufzte.

»Roos.«

»Was ist los, ärgern sie dich?«

»Nein, nein, es ist alles gut.«

Ich ging in die Küche und schloss die Tür leise hinter mir, um Mutter nicht zu stören. Auch hier war es dämmrig, die Fensterläden waren verschlossen, und auf dem Küchentisch stand eine große Karaffe mit Wasser, in dem Zitronenstücke schwammen. Ich schenkte mir ein großes

Glas ein. Meine Kehle brannte vom Staub des Olivenhains, von der aufgewirbelten Erde und der heißen Luft.

»Schön.« Sie wusste, dass eigentlich nie alles gut sein konnte, wenn ich mit Mutter unterwegs war. »Ich habe den Typ getroffen, mit dem du zuletzt zusammen warst, gestern auf der Straße. Ich hab seinen Namen vergessen. Du weißt schon, der große Blonde, der dann wieder zurück ist zu seiner Exfrau. Der Idiot. Er hat nach dir gefragt. Ich hab ihm gesagt, du hast einen Neuen und machst gerade eine Kreuzfahrt.«

Sie lachte.

»Er hat ein Gesicht gemacht, als würde er mich töten wollen. Und weil ich gerade auf dem Weg zur Arbeit war, hab ich ihn gefragt, ob ich ihn mit ein paar Schnäpsen trösten soll. Aufs Haus. Er hat abgelehnt. Ansonsten wird die Katze fett. Sie geht kaum raus, außer ich packe sie am Genick und setze sie vor die Tür.«

»Sei nett.« Ich legte mich nicht fest, ob zu der Katze oder zu dem Typ, dessen Namen ich auch vergessen hatte.

»Du hörst dich komisch an.«

»Unsinn. Es ist heiß. Ich muss mich in der Küche einsperren, weil Mutter im Wohnzimmer ist, und wenn sie Patiencen legt, darf man sie nicht stören.«

»Du hörst dich wütend an.«

»Ich bin wütend«, gab ich widerstrebend zu.

»Lass mich raten, es hat mit einem Mann zu tun. Wütend machen einen nur Männer, und du hast ein spezielles Händchen für Männer, die einen wahnsinnig machen. Im Gegensatz zu mir. Ich hab mich damit abgefunden und ertrage ihre Dummheit mit Würde.«

Sie hatte leider recht.

»Wer ist es?«

»Niemand, vergiss es einfach.«

»Das klingt nicht gut. Habt ihr euch geküsst?«

Jetzt musste ich lachen. Ich hörte, wie sie irgendwelche Treppen hinauflief und dabei außer Atem kam. Wahrscheinlich ging sie gerade in meine Wohnung.

»Den werde ich nie im Leben küssen. Außerdem bin ich erst seit drei Tagen hier. Etwas kurz, um schon jemanden zu küssen.«

»Ach so. Na dann. Miez. Miez.« Trockenfutter prasselt in die Futterschale. »Sie ist wirklich fett. Und ich glaube dir kein Wort.«

»Er hat mich beleidigt und gekränkt, und ich hoffe, ich sehe ihn nie wieder. Wahrscheinlich sehe ich ihn auch nie wieder. Und wenn nicht, werde ich Davide sagen, dass er ihm verbietet, hier heraufzukommen.«

»Also interessiert er dich, und er hat irgendetwas getan, was dich verletzt hat.«

»Er ist einfach ein Idiot. In erster Linie bin ich über mich selbst wütend, weil ich überhaupt über diesen Mann nachdenke. Ich habe andere Dinge zu tun.«

»Und die wären?«

»Malen.«

»Herrje. Das hört sich langweilig an. Du solltest dir einen netten Kerl suchen und dir einen schönen Sommer machen. Der Winter ist lange genug. Du solltest mit jemandem ins Bett gehen.«

»Es gibt keine netten Kerle.«

»Dann geh mit einem anderen ins Bett.«

»Roos, du bist unmöglich.«

»Wie du meinst. Und er, wie ist er sonst?«

»Er hat nur einen Arm.«

»Mein Gott.«

»Hat vielleicht ein Hai abgebissen. Vermutlich hat er es verdient, weil er etwas sehr, sehr Böses getan hat. Vielleicht hat er seine Frau verlassen.«

Es tat gut, etwas Gemeines über Rocco Mantovani zu sagen. Ich spürte, wie mein Zorn auf ihn etwas nachließ.

»Hm.«

»So etwas passiert schließlich nicht einfach so.«

»Du solltest nicht so wütend sein. Du wirst ungerecht. Ich werfe die Katze jetzt raus. Heute regnet es nicht. Wir hören uns.«

Ich legte auf und ging mit zwei Gläsern von dem Zitronenwasser zu Mutter ins Wohnzimmer hinüber. Ich stellte ein Glas vor ihr auf den Tisch.

»Du solltest mehr trinken.«

Kurz runzelte sie die Stirn und legte dann einen Herz Buben an eine Karo Acht. Ich sah ihr eine Weile zu, wie sie Karte an Karte legte. Ihre Nasenflügel bebten. Die Hunde trotteten herein und ließen sich auf den kühlen Steinboden fallen.

»Geht es dir wieder besser?«

»Ja. Es geht.«

In mir breitete sich eine bleierne Müdigkeit aus. So viele Dinge hätte ich gerne gesagt, aber meine Kehle war wie zugedrückt.

»Macht dir die Hitze zu schaffen?«

»In meinem Alter macht einem alles zu schaffen.«

Ich dachte daran, wie es mit Martha jetzt wohl wäre, ob sie mich noch in den Arm nehmen würde, mit mir lachen und draußen über die abgemähten Felder spazieren würde. Dann verwarf ich den Gedanken, weil er sinnlos war und mich noch müder und trauriger machte. Die Haustür schlug zu, und Zia Maria kam zurück, sie hatte einen ganzen Korb voll Meeresfrüchte auf Eis dabei, die die Köchin abends zubereiten sollte. Sie zeigte mir die Garnelen und die schillernden Muscheln, eine Languste mit langen, dünnen Fühlern und kleine graublaue Krabben, die erstarrt auf dem glitzernden Eis lagen. Sie taten mir leid, wie sie so dalagen, so zart und schön und leblos.

Franka
Farnocchia, Mai 1944

Zu Hause habe ich mein Leben gehasst. Ich habe die Tage gehasst und die Nächte auch. Die Fabrik. Vater und Mutter, die nur darum kreisten. Ich hatte die Tage gezählt, bis ich weggehen konnte. Und hier? Hier habe ich angefangen, die Tage zu lieben. Die Sonne, die über den Bergen aufgeht und den Nebel zerpflückt, bis er aufgelöst in Milliarden von Wassertröpfchen auf dem Gras liegen bleibt, durch das ich barfuß laufe. Die Ruhe im Haus. Die Stille im Kräutergarten, nur durchbrochen vom Zirpen der Grillen und vom Schrei des Bussards über den Bergwipfeln. Und dann kam Emilia Angelotti und brachte das Unglück zu uns herauf. Maria sagt, das Unglück sei vorher schon da gewesen. Sie meinte die beiden Offiziere. Und ich sagte ihr: Dieses Unglück hatte ich im Griff. Das andere nicht.

In der Nacht sattelte ich das Pferd. Wir hatten gewartet, bis das Haus ruhig war, bis Wittig das Licht gelöscht hatte und Kunz mit dem Auto weggefahren war und schließlich auch Zia Anna zu Bett gegangen war. Ich kann selbst nicht sagen, warum ich mich dazu erweichen ließ. Vielleicht nur, weil es Maria so wichtig war. Sie stand zitternd neben mir und reichte mir das Zaumzeug. Die Trense klirrte, als ich sie der Stute ins Maul schob.

»Ich werde es mir nie verzeihen, wenn dir etwas zustoßen sollte«, sagte Maria.

»Das ist gut.«

»Wenn du umkommst …«

»Ich komme nicht um«, unterbrach ich sie ungeduldig, »und wenn, dann will ich auf dem Friedhof in Farnocchia beerdigt sein, hörst du, nicht zuhause in München. Und ich will, dass nur du und Zia Anna dabei seid, es soll kein Priester sprechen …«

»Sag nicht so etwas Schreckliches.«

»Ich tu etwas Schreckliches.«

Maria hielt die Stute am Zügel, als ich aufsaß. Das Tier tänzelte und schnaubte und war aufgeregt, weil es dunkel war und nicht die richtige Zeit, um den Hof zu verlassen.

»Es wird schon gut gehen«, fügte ich etwas versöhnlicher hinzu.

»Das wird es.«

Ich drückte der Stute die Fersen in die Flanken und ritt durch den Olivenhain bergan. Die Luft war mild, und es roch intensiv nach dem Rosmarin, den Zia Anna anpflanzte und zu kleinen Hecken zurechtschnitt. Der Weg zur alten Riccarda war nicht weit. Es ging über steinige Geröllfelder, ohne Pfade oder Straßen, ohne Licht und Wegweiser. Ich war froh, denn so würde ich niemanden treffen, vor allem nicht den Kunz, der mit dem Auto unterwegs war. Die Alte wartete schon auf mich, sie warf die Packtaschen hinter den Sattel auf den Rücken der Stute und zurrte sie mit Lederriemen fest.

»Gott segne dich, Kind«, sagte sie. »Du weißt den Weg?«

»So ungefähr.«

Sie drückte mir einen Rosenkranz in die Hand und befestigte ein Büschel Kräuter am Zaumzeug der Stute.

»Die Kräuter hab ich segnen lassen. In Lucca. Sie werden dich beschützen.«

Ich glaube solchen Unsinn nicht. Wer sich in Gefahr begibt, der kommt darin um. Das ist die Wahrheit und sonst nichts. Aber das sagte ich nicht, steckte den Rosenkranz in die Jackentasche und ließ sogar über mich ergehen, dass sie mir Wangen und Stirn küsste. Sie roch säuerlich, nach alter Ziegenmilch und getrocknetem Schweiß.

»Ich werde beten, bis du wieder zurück bist.«

»Ich glaube nicht an Gott.«

Das war gelogen. Die Alte sah mich entsetzt an und bekreuzigte sich.

Auf der Hälfte des Weges in die Berge hinauf erwog ich, die Satteltaschen abzunehmen und den Inhalt über einen Felsen in die nächste Schlucht hinabrieseln zu lassen. Was sollte mir schon geschehen? Vielleicht war ich überfallen worden. Doch irgendetwas hielt mich zurück. Vielleicht waren es Marias Augen, die mich so bittend angesehen hatten. Nach langem Hin und Her hat sie mir anvertraut, dass sie auch in einen jungen Mann verliebt ist. Er heißt Mario und hat sich schon vor Monaten den Partisanen angeschlossen. Ich konnte nicht fassen, zu welchen Heimlichkeiten Maria fähig ist. Sie sagte, dass ich ihn kenne, er sei nur ein Jahr älter als ich und hütete früher die Ziegen oberhalb von Farnocchia. Wenn ich ehrlich bin, möchte ich ihn gar nicht kennen. Alles, was mit dieser Sache zu tun hat, ist mir zuwider, und ich habe Maria auch deutlich gesagt, dass ich es einmal und nie wieder tun werde. Für sie. Damit sie Ruhe gibt, und meinetwegen auch deswegen, dass ihr Mario nicht in den Bergen verhungert.

Ich erreichte die Stelle gegen ein Uhr nachts. Dort waren drei Felsen und drei Kastanienbäume und ein mondbeschienener Pfad, der noch weiter bergauf führte. An diesem Pfad wartete Luigi Mantovani.

»Aha. Du bist also Sporco. Warum wundert mich das nicht?«

Luigi Mantovani kratzte sich verlegen am Hinterkopf. Er war einer der Jungen, die früher in den Gassen von Farnocchia Fußball gespielt und in dem kleinen Laden Brot und Salami gestohlen hatten. Er konnte höchstens dreizehn oder vierzehn Jahre alt sein, dabei war er mindestens einen Kopf größer als ich und tapsig wie ein Bär. Jetzt trug er zerschlissene Hosen, eine Uniformjacke, die selbst ihm zu groß war und offensichtlich einmal einem Deutschen gehört hatte, und eine Lederkoppel um die Hüften, in der eine Pistole steckte.

»Sie nehmen also jeden auf, diese Partisanen. Auch Kinder.«

»Ich bin stolz darauf, Partisan zu sein«, sagte er, drehte sich um und begann den Pfad hinaufzusteigen. Ich ritt einen Meter hinter ihm.

»Und was tut ihr so den ganzen Tag?«

»Darüber darf ich nicht sprechen. Der Coltello wirft mich sonst raus.«

»Der Coltello?«

»Ja. Unser Anführer. Er ist streng mit uns. Wer etwas verrät…«, Luigi Mantovani drehte sich kurz zu mir um und deutete mit der Hand auf seine Kehle. Damit wollte er mir sagen, was Coltello bedeutete. Messer. Aber ich war ja nicht dumm. Das wusste ich auch so. »Daran musst du denken, du bist jetzt auch eine von uns.«

»Ich bin keine von euch, merk dir das, du Trottel.«

»Trotzdem bringt er dich um, wenn du uns verrätst.« Seine Stimme klang trotzig.

Wir gingen um ein Felsmassiv herum, dann schlängelte sich der Pfad an hohen Tannen vorbei, hinunter in ein kleines enges Tal. Steine sprangen unter den Hufen der Stute weg, sie trat vorsichtig über das Wurzelgeflecht und armdickes Geäst, das am Boden lag. Ich bekam feinen Rauchgeruch in die Nase, so leicht, dass man es für eine Täuschung halten konnte, dann versperrte uns ein Mann den Weg.

»Ich bin es, Sporco«, sagte Luigi Mantovani, und der Mann ließ uns vorbei. Zum Lager konnte es nicht mehr weit sein. Ich stieg ab, und wir drückten uns durch eine Wand aus Sträuchern und fanden uns auf einem runden Platz wieder. Männer lagerten am Boden, ich konnte Zigaretten in der Dunkelheit aufglimmen sehen, ein Feuer gab es nicht, nur eine Feuerstelle, in der da und dort die Kohle noch glühte. Einige schliefen, andere unterhielten sich leise.

»Ich bringe die *tedesca*.«

Einer der Männer wandte sich halb um und winkte uns zu sich. Er hatte vor sich ein Sturmgewehr liegen, das er gerade auseinandergenommen hatte und nun einölte. Auf dem Kopf trug er eine seltsame Pelzmütze, die mich stark an die Murmeltiere erinnerte, die wir manchmal am frühen Morgen in den Bergen beobachten konnten.

»Das ist der Coltello«, raunte mir Luigi Mantovani zu.

»Ah. Das Mädchen«, sagte der Coltello, »die Deutsche. Bist ein mutiges Ding.«

»Ich bringe Reis und Mehl. Aber nur dieses eine Mal. Nur damit das klar ist.«

Der Coltello klopfte mit der Hand neben sich auf den Boden.

»Halt das Pferd, Sporco.«

Ich setzte mich nur widerstrebend, doch ich war zu höflich, um Nein zu sagen. Die Männer rückten zur Seite. Ich hatte keine Angst vor ihnen, aber sie ekelten mich an. Sie stanken nach Tabak und Alkohol, ihre Gesichter waren rußig und ihr Haar starr vor Dreck. Die meisten trugen wie Sporco Uniformen, von denen ich nicht wissen wollte, welchem Toten sie sie ausgezogen hatten.

Der Coltello hielt mir eine Blechtasse mit sehr starkem schwarzen Kaffee hin, und ich trank einen Schluck.

»Wir könnten mehr wie dich gebrauchen«, sagte er, »wir kontrollieren den Pass. Die nächsten Tage werden die Deutschen mehrere Divisionen zurück nach Norditalien schicken. Dann erwischen wir sie oben in den Bergen. Sie werden uns unterlegen sein. Sie kennen sich nicht aus. Unsere Männer kennen das Gelände wie ihre Westentasche.«

»Warum erzählen Sie mir das?«

»Warum nicht?«

»Ich könnte eine Verräterin sein.«

»Das könntest du.« Er sah mir in die Augen, bis ich den Blick senkte. »Weißt du, wir wissen um die Gefahr, aber wir müssen sie in Kauf nehmen. Jeder von uns kann ein Verräter sein. Wir hatten einen netten Jungen hier. Er war jedermanns Freund. Und jetzt ist er Freund mit den Deutschen.«

»Ich muss zurück. Und ich werde nicht wiederkommen. Ihr müsst euch jemand anderen suchen.«

Er nickte und ich stand auf. Sporco gab mir die Zügel der Stute. Ich erwartete, dass der Coltello noch etwas sagen würde, doch er hatte sich schon wieder seinem Gewehr zugewandt und drehte bedächtig einen Magazindeckel in den Händen.

Auf dem Rückweg ärgerte ich mich darüber, dass ich nicht mehr gesagt hatte. Dass ich nicht gesagt hatte, dass ich es verabscheute, wie sie andere mit in ihre dreckigen Machenschaften hineinzogen, dass sie selbst vor Kindern nicht haltmachten und nicht vor Frauen. Ich fragte mich, ob er mich eingeschüchtert hatte, ob ich Angst vor ihm gehabt hatte und vor den anderen Männern, doch dem war nicht so. Ich beschloss, diese Episode aus meinem Leben zu streichen und nie wieder darüber zu sprechen. Nicht mit Maria und auch mit niemandem sonst.

Marielle
Amsterdam, April 2004

Es ist später Nachmittag, als ich Mutters Notizbuch zuklappe. Die Sonne hängt wie eine brennende Kugel über der Sint Nicolaaskerk und färbt den milchigen Himmel erst rosa, dann violett und schließlich glühend rot. Ich stecke meine Nase in den Blütenkopf einer der rosa Tulpen, doch sie riecht nach nichts. Ich denke daran, dass ich die Erinnerungen einer völlig Fremden lese, einer Frau, die nicht mit mir verwandt ist, nichts mit mir gemeinsam hat, außer ein Stück Lebensweg, den wir zufällig teilten.

Als ich jünger war, habe ich versucht, meine richtige Mutter zu finden. Vielleicht halbherzig. Vielleicht, weil ich es nicht wirklich wissen wollte. Als ich mit fünfzehn mit Mutter in New York war, suchte ich das Krankenhaus, in dem ich zur Welt gekommen war, das Mount Sinai Hospital, nur einen Steinwurf vom Central Park entfernt. Ich hatte mich den ganzen Tag gelangweilt, hatte den Papagei gefüttert und war auf den riesigen Polstern der Couch, die im Wintergarten stand, eingeschlafen, während Mutter unterwegs war zum Lunch mit Maggi Former und Mildred Ewans, beides furchtbar aufgetakelte Frauen, die – wie ich fand – mitleidig meine Wange tätschelten, wenn sie mich trafen.

Ich wachte auf mit dem unbestimmten Gefühl, dass ich etwas tun musste. Der Papagei trippelte auf seiner Stange hin und her, breitete schließlich die Flügel aus und flog hoch in eine zwei Meter hohe Palme, die fast an das Glas der Orangerie stieß. Er hieß Duke und konnte seinen eigenen Namen sagen, *good morning* und *goodbye*. Er tat mir leid, weil er so alleine sein Leben fristen musste, zwischen all den tropischen Pflanzen und mit Blick auf den Central Park.

Ich schlenderte durch die Wohnung, von Raum zu Raum, über die dicken Teppiche, vorbei an den schweren Ölgemälden, und stand irgendwann vor Mutters Schlafzimmer. Es war mir verboten, ihr Zimmer zu betreten. Jeder brauche einen Ort, der nur ihm gehört, hatte sie mir erklärt. Ich weiß nicht, warum ich mich an diesem Tag über dieses Verbot hinwegsetzte, doch ich tat es. Ich öffnete die Tür und trat ein. Es roch nach Rosenwasser und Mutters Parfüm, das Zimmer war kalt, obwohl draußen schon Frühling war, warm und mit lauen Nächten. Langsam ging ich zum Fenster, unter dem Mutters Schreibtisch stand, und als hätte ich es lange geplant, öffnete ich die erste Schublade.

Ich fand einige Papiere, darunter meine Geburtsurkunde, ausgestellt im Mount Sinai Hospital, New York. Marielle Anna Constanza Fellner. Mutter unbekannt. Vater unbekannt. Ich weiß nicht, wie lange ich auf das Stück Papier in meinen Händen blickte. Erst, als der Papagei ins Zimmer geflattert kam, löste ich mich aus meiner Erstarrung. Er flog auf die Vorhangstange und dann auf den Schrank, wippte mit dem Kopf und sah mich mit schief gelegtem Kopf strafend an. Ich legte die Urkunde zurück und brauchte dann ewig, um den Vogel wieder einzufangen und in die Orangerie zurückzubringen. Er hackte mir dabei in den Unterarm, bis ich ihn packte und die Flügel mit meinen Händen fest an seinen Körper presste. Mein Herz schlug fast so schnell wie seines. Ich wusste, was ich tun wollte.

Irgendwann muss man Gewissheit haben. Bevor ich meinen Entschluss überdenken konnte, zog ich Schuhe an und verließ das Haus. Ich lief den bekannten Weg zum Central Park und bog in die 97th St Transverse ein, die mitten durch den Park hindurchführt. Es war um die Mittagszeit und der Park war voller Menschen mit Lunchpaketen, kleinen Kindern an den Händen ihrer Mütter, Banker, die kurz frische Luft schnappten, und alten Leuten auf Bänken in der Frühlingssonne. Man konnte von dort aus das Mount Sinai Hospital sehen, es sah aus, als wäre es nur einen Steinwurf entfernt.

Wenn ich nun daran denke, kann ich immer noch dieses rastlose Gefühl in der Magengegend spüren. Die Verzweiflung, wissen zu wollen, wo man hingehört und wer zu einem gehört.

Unten tritt gerade Roos auf die Straße, sie dreht sich um, blickt herauf und winkt, als hätte sie gewusst, dass ich hier stehe. Ich öffne das Fenster.

»Ich muss los!«, ruft sie mir zu. Sie fährt sich mit beiden Händen durch das lockige rote Haar. »Ich geh noch zum Friseur und muss mich noch schminken und meine Nägel machen.«

Sie hört sich atemlos an.
»Du schaffst das!«
»Ich bin so aufgeregt, Marielle!«
»Hast du deine Gitarre?«
»Die hole ich später.«

Ich werfe ihr eine Kusshand zu und sehe ihr nach, wie sie die Straße mit wehendem Haar hinunterläuft, Pumps in der einen Hand, ihre Handtasche in der anderen. In der hereinbrechenden Dämmerung breitet sich Ruhe über Amsterdam. Das Licht verschwindet aus jedem Winkel und lässt die Dunkelheit herein. Nicht lange, und die Nachtschwärmer werden durch die Straßen streifen und nach Abenteuern suchen. Aber jetzt ist es noch ruhig. Die Sonne ist fast verschwunden. Geschluckt von einem endlosen, stillen Horizont.

Seit ich hier bin, ist mein Leben in Ordnung. So in Ordnung, wie ein Leben nur sein kann.

Es dauerte eine Weile, bis ich im Mount Sinai Hospital jemanden fand, der mir Auskunft geben konnte. Ich wurde von Zimmer zu Zimmer geschickt, und meistens bekam ich nur ein bedauerndes Schulterzucken. Ich war den Tränen nahe. Eine ältere Dame mit silberblau toupiertem Haar sagte mir schließlich, ich solle mir einen Rechtsanwalt nehmen, wenn ich volljährig bin. Für Adoptivkinder wäre es ein langer, beschwerlicher Weg, die Eltern zu finden, vor allem, wenn sie nicht gefunden werden wollten. Sie saß hinter einem riesigen, kastenförmigen Schreibtisch, irgendwo im Verwaltungsgebäude.

»Schätzchen«, sagte sie, »du hast doch Glück gehabt. Du

bist in einer guten Familie. Wozu an den alten Dingen rühren. Es wird sich dadurch nichts ändern. Deine Mutter hat dich nicht gewollt, oder sie konnte dich nicht behalten. Es ist immer das Gleiche. Die Kinder sind die Leidtragenden.«

»Bitte helfen Sie mir.«

Sie seufzte und begann Aktenordner aus den Schränken zu ziehen, bis der ganze Tisch mit Ordnern bedeckt war. Einen nach dem anderen schlug sie auf und blätterte flüchtig darin, um schließlich mit dem Kopf zu schütteln. Langsam glaubte ich, sie wollte mir gar nicht helfen.

»Sieh mal, ich habe nichts hier, was du nicht wüsstest. Es war eine andere Zeit. Jetzt wird langsam alles archiviert, aber je weiter man zurückgeht, desto schwieriger wird es. Was auch gut so ist. Man muss die Vergangenheit manchmal ruhen lassen. Deine Geburtsurkunde wurde deiner Adoptivmutter ausgehändigt.«

»Ich will es trotzdem wissen.«

»Junge Mädchen, so alt wie du. Manche gaben ihre Babys nur ab, legten sie unten vor dem Eingang ab. Im Winter gab es Babys, die die Nacht draußen nicht überlebten, bis sie endlich jemand fand. Glaub mir. Manchmal ist es besser, nichts zu wissen.«

Sie stützte sich auf die Schreibtischplatte und sah mir forschend in die Augen. Ihr silberblaues Haar erinnerte an aufgetürmte Gewitterwolken. Als ich darauf nichts sagte, seufzte sie noch einmal. »Das Einzige, was ich momentan für dich tun kann …« Sie setzte sich eine riesige Hornbrille auf die Nase. »… ist, nachzusehen, wer bei deiner Geburt Dienst hatte. Wer deine Hebamme war. Die Frau, die dich auf die Welt geholt hat.«

Wenig später verließ ich das Mount Sinai Hospital mit einem Zettel in der Jackentasche, auf dem der einzige Hinweis auf meine Vergangenheit stand, der Name einer Frau, Margaret Jackson.

Franka
Farnocchia, Mai 1944

Es war seltsam. Ich war nicht müde, als ich das Gut wieder erreichte. Ich musste über so vieles nachdenken. Über die Männer in den Bergen. Ob sie Recht oder Unrecht taten. Auch über Maria, Zia Anna und mich dachte ich nach. Wir fühlten uns so sicher hier in den italienischen Bergen, in einem Landstrich, der so unzugänglich war, dass der Krieg davor haltzumachen schien. Und doch war es anders, seit Wittig und Kunz da waren.

Die Bedrohung war nähergerückt und nicht nur weit weg als fernes Donnergrollen über dem Meer zu hören. Wenn die Flugzeuge über uns hinwegfliegen, bleiben wir stehen, legen den Kopf in den Nacken, und wenn die Sonne blendet, die Hände über die Augen. Wir wissen, dass uns keine Gefahr von ihnen droht. Warum sollten sie Bomben über einem Gebiet abwerfen, das so dünn besiedelt ist wie die Gegend um Farnocchia herum?

Leise ritt ich den Maultierpfad zum Olivenhain hinunter, die alte Stute begrüßte uns mit einem dunklen, kurzen Wiehern. Ich band die Junge an einem Baum fest und begann sie abzusatteln. Meine Arme und Beine schmerzten. Etwas Sorge machte mir, wie ich den nächsten Tag überstehen sollte. In wenigen Stunden würde mich Zia Anna wecken, und alles musste getan werden, was sonst auch getan wurde. Ich zog die Steigbügel hoch, löste den Sattelgurt und wollte gerade den schweren Sattel von ihrem Rücken nehmen.

»Kann ich behilflich sein?«

Der Schreck fuhr mir in die Glieder, ich drehte mich um und musste einen kleinen Schrei ausgestoßen haben, denn im selben Moment legte sich mir eine warme raue Hand auf den Mund. Ich dachte, es sei Wittig, doch er war es nicht. Ich sah in die schmalen Augen eines Fremden.

»Sie wollen doch nicht das ganze Haus aufwecken, oder?«

Ein Deutscher.

Ich schüttelte den Kopf und der Mann nahm seine Hand vorsichtig weg. Noch nie hatte ich ihn hier gesehen, nicht in Farnocchia, nirgends. Er trug eine graue Uniform, wie die deutschen Offiziere, sein Haar war an den Seiten kurz rasiert, ob es blond oder braun war, konnte ich in der Dunkelheit nicht erkennen. Er roch nach Motoröl und dem kalten Wind, der einem auf einem Motorrad ins Gesicht bläst.

»Wo kommen Sie jetzt her, so spät in der Nacht?«, fragte er und ging um mich herum, um der Stute den Sattel abzunehmen. Ich überlegte fieberhaft und wich einen Schritt zurück, bis ich den Hals der Stute berührte. Er fühlte sich feucht und nach einem anstrengenden Ritt an.

»Wenn ich tagsüber keine Zeit habe, gehe ich nachts reiten.« Das hörte sich selbst in meinen Ohren wie eine Lüge an. Ich lüge nicht oft, aber vielleicht muss ich mich von nun an daran gewöhnen. »Nachts ist es am schönsten.«

»Keine Angst vor den Wölfen?«

»Doch. Natürlich. Aber man darf sich nicht von der Angst leiten lassen.«

Er sah mich überrascht an, und sein Gesichtsausdruck wurde etwas weicher.

»Haben Sie denn welche gesehen?«

»Wölfe? Nein. Sie sind sehr scheu, sie verschwinden, wenn sie nur die leiseste Witterung eines Menschen aufnehmen. Ich habe erst ein- oder zweimal einen zu Gesicht bekommen.« Das Gesicht des Coltello blitzte in meinen Gedanken auf und ich spürte, wie ich rot wurde »Und was tun Sie hier? Auf dem Grundstück meiner Tante?«

»Ich wurde hier einquartiert. Ich bin vor einer Stunde angekommen.«

Dann haben die Deutschen Verstärkung bekommen, dachte ich. Er gab mir den Sattel und nahm der Stute dann auch das Zaumzeug ab. Sie senkte den Kopf und ging ein paar Schritte von uns weg, um zu grasen.

»Mein Name ist Bruno Nehrlich.«

»Franka.«

Wir reichten uns etwas ungelenk die Hände. Mir fielen seine kantigen Gesichtszüge auf, die scharfe Nase und im Gegensatz dazu sein fein geschwungener, weicher Mund. Wind fuhr in die Zweige der Olivenbäume, in mein Haar und die Mähne der Stute.

»Werden Sie …« Ich unterbrach mich selbst und zog meine Hand zurück.

»Ob ich meinem Vorgesetzten von Ihrem nächtlichen Ausflug berichten werde?« Er legte den Kopf etwas schief, aber ich konnte nicht erkennen, ob er lächelte. »Was würden Sie denn an meiner Stelle tun?«

»Ich würde es ihm sagen«, sagte ich, drehte mich um und begann mit dem Sattel in Richtung Stallungen zu gehen. »Schließlich könnte ich gefährlich sein. Eine Verräterin.«

Ich hörte seine Schritte hinter mir und dachte daran, wie ich das alles Zia Anna beibringen sollte. Wittig würde mich verhören, wenn Bruno Nehrlich ihm davon berichtete.

»Ich könnte nachts zu den Partisanen in die Berge reiten und geheime Nachrichten überbringen.« Ich spürte Schweißperlen an meinen Schläfen und einen bitteren Geschmack im Mund. Ich spielte ein gefährliches Spiel.

Mit der Schulter drückte ich die Stalltür auf. Drinnen war es so dunkel, dass ich mich blind zurechtfinden musste. Links die drei Boxen, rechts die Sattelständer, die Futterkiste, das lose Heu, wie oft waren Maria und ich zusammen darin auf dem Rücken gelegen und hatten uns unser Leben vorgestellt, während die Schwalben durch die geöffneten Fenster ein und aus flogen und die Pferde ihre Köpfe über die Boxenwände streckten. Was kommen würde, wen wir einmal heiraten würden, welche Länder wir bereisen, welche Ungezogenheiten wir aushecken würden. Nun hatte ich zum ersten Mal Angst, dass es diese Zukunft nicht geben könnte, und mir wurde bewusst, dass jeder meiner Schritte nun Konsequenzen nach sich ziehen konnte. Am liebsten hätte ich geweint, die Erschöpfung des langen Ritts zerrte an mir. Ich hob den Sattel auf den Ständer und streckte dann die Hand nach dem Zaumzeug aus.

»Als pflichtbewusster Offizier müssen Sie alles melden, was verdächtig ist.«

»So ist es wohl«, antwortete er. »Aber würde ein deutsches Mädchen aus gutem Haus so dumm sein und sich gegen das Vaterland wenden? Würde sie ihr Leben für ein paar dahergelaufene italienische Verbrecher riskieren? Und das Leben ihrer Tante und das ihrer Cousine?«

Ich zuckte mit den Schultern, und die Angst, etwas unglaublich Unvernünftiges zu antworten, klammerte sich um mein Herz. Nur schemenhaft konnte ich seine Gesichtszüge erkennen, ob er mir freundlich gesonnen war oder feindlich? Ich hatte keine Ahnung.

»Gute Nacht«, sagte ich schnell.

Was er antwortete, konnte ich nicht mehr verstehen, die Tür fiel hinter mir zu. Den Weg zum Haus rannte ich. Maria hatte mir den Schlüssel unter den Fußabstreifer gelegt. Zitternd steckte ich den Schlüssel ins Schloss und hastete dann den Gang zu meinem Zimmer hinunter. Erst als ich meine Zimmertür hinter mir schloss, beruhigte sich mein Herzschlag etwas. Ich wünschte, Maria wäre da gewesen und hätte mich umarmt und getröstet, doch sie schlief in Zia Annas Zimmer. Die restliche Nacht machte ich kein Auge zu. Oder ich bildete es mir ein. Schlief und wachte gleichzeitig. Obwohl es warm war, fror ich. Ich hasste mich für das, was ich getan hatte und fürchtete den nächsten Morgen.

Marielle
Farnocchia, August 2003

Als Mutter zwei Tage hintereinander nicht im unteren Stockwerk erschien, begann ich mir ernsthaft Sorgen zu machen. Ich hatte die Tage in ungewöhnlich guter Stimmung verbracht. Ich hatte die Reifen des Fahrrades aufgepumpt und war hinunter nach Farnocchia gefahren, habe vor der kleinen Bäckerei gesessen, auf den zierlichen Eisenstühlen und den Tischen mit den rotkarierten Tischdecken, mit einem Espresso vor mir und der Sonnenbrille auf der Nase. Die Bedienung, eine Frau in meinem Alter, hatte mit mir über das Wetter, die Männer und im Besonderen über den Ärger, den man mit ihnen hatte, gesprochen. Sie hieß Bernadetta und war von ihrem Mann wegen einer anderen verlassen worden. Sie schimpfte lange und leidenschaftlich auf alles, was mit Männern auch nur im Geringsten zu tun hatte, und zeigte mir, kurz bevor ich aufbrach, ein Foto ihres Gatten, das sie aus vielerlei Gründen nicht verbrennen konnte. Ihre drei Kinder ärgerten währenddessen hinter dem Haus die Katzen.

Ich war froh, dass ich keinen Mann und keine Kinder hatte. Den Rückweg schob ich das Rad, es war heiß, die Grillen zirpten, und ich fand einen winzigen Skorpion unter einem Stein, der geformt war wie eine Muschel. Ich nahm mir vor, öfter nach Farnocchia zu fahren und nach Lucca und zum Meer hinunter, um im warmen, seichten Wasser zu waten, den Rock hochgerafft und einen riesigen Sonnenhut auf dem Kopf. So stellte ich mir das vor.

Am Nachmittag des zweiten Tages saß ich mit Zia Maria hinter dem Haus, in dem Teil, der nie gemäht wurde und wo das Gras kniehoch stand. Es war ausgedörrt, mit Mohnblumen dazwischen, nur ein gepflasterter, geschwungener Pfad führte hindurch zu dem kleinen Freisitz unter den Olivenbäumen. Als ich klein war, hatten hier noch die Pferde gegrast und manchmal kamen Jungen aus dem Dorf vorbei, die Ziegen vor sich hertrieben, mit läutenden kleinen Glöckchen um den Hals.

Das Hausmädchen brachte uns eine große Karaffe Eistee.

»Ich mache mir Sorgen um Mutter«, sagte ich, drehte das Glas in der Hand und drückte es schließlich an meine heiße Wange. »Ich habe sie heute nicht gesehen und gestern auch nicht. Ich frage mich, was mit ihr los ist.«

Zia Maria räusperte sich. Hinter den Gläsern ihrer Sonnenbrille konnte ich ihre Augen nicht erkennen. Flüchtige kleine Wölkchen verteilten sich auf dem unendlichen Blau des Himmels, und ab und zu streifte ihr Schatten unsere Gesichter.

»Etwas ist nicht in Ordnung mit ihr.«

Zia Maria räusperte sich wieder.

»Sie hat nicht mit dir gesprochen.« Es war mehr eine Feststellung als eine Frage.

»Zia. Mutter spricht nie mit mir. Ich weiß nichts von ihr. Noch nie.« Ich musste lachen. Der Eistee schmeckte nach Pfefferminz und Zitronenmelisse, süß und würzig. Ich merkte selbst, wie aufgesetzt mein Lachen klang. »Das weißt du doch. Du kennst sie doch schon dein ganzes Leben. Du weißt, wie sie ist.«

»Oh ja. Ich erinnere mich an unseren ersten Sommer hier. Ich muss zehn Jahre alt gewesen sein und Franka zwölf. Sie sprach den ganzen Sommer lang nicht mit mir. Wir konnten uns nicht leiden. Oder nein. Wir hassten uns.«

»Warum war sie überhaupt hier?«

»Sie war ein schwächliches Kind, hatte Asthma. Ihr Arzt meinte, das milde Klima und die reine Bergluft würden ihr guttun. Deswegen kam sie auch im nächsten Jahr wieder.«

»Und hat wieder nicht mit dir gesprochen.«

»So war es.«

»Sie ist ein harter Brocken.«

Zia Maria nickte.

»Man weiß nie, was die Menschen dazu macht. Deine Mutter war das jüngste von fünf Kindern, sie wurde immer hin und her geschoben. Hatte eine Kinderfrau nach der anderen, die sich um sie kümmerte.

»Das höre ich zum ersten Mal.«

»Was soll ich sagen, deine Mutter spricht nicht gerne.«

Wir lächelten uns an, die Eiswürfel klirrten in unseren Gläsern, und das Hausmädchen kam über den Steinweg mit einem Tablett mit Mandorlini und einer Flasche Vin Santo. Ich legte meinen Kopf in den Nacken und sah den Wolken nach. Sie zogen in Richtung Meer.

»So richtig zu Hause fühlte sie sich nur hier, bei mir und meiner Mutter. Ich kann es ihr nicht verdenken. Es war jedes Mal ein kleines Drama, wenn sie zurück nach

Deutschland musste. Hier, du musst den Vin Santo probieren, Davide hat eine Kiste davon aus Florenz mitgebracht. Ein Mandorlino dazu und man fühlt sich gleich besser.«

Sie schenkte mir ein und ich nahm einen Schluck, tunkte dann ein Mandorlino ein und spürte den süßen, krümeligen Geschmack auf der Zunge.

»Mutter sieht nicht gut aus. Sie ist blass und mager. Vielleicht sollten wir einen Arzt kommen lassen.«

Zia Maria drehte den Kopf zur Seite und blickte über die lang gestreckte, sanft ansteigende Wiese zu den Bergen hinüber. Als ich ihrem Blick folgte, entdeckte ich eine Herde weißer Ziegen, die an der nächsten Hügelkuppe weidete. Ein alter Mann wanderte langsam hinterher und ein großer weißer Hund trottete ihnen voran.

»Ich sollte nicht darüber reden, aber weiß Gott, was noch alles passiert, sie ist so starrsinnig, so unverbesserlich, es strengt mich so an, ihre Regeln einzuhalten. Glaub mir, das war nicht immer so. Aber jetzt.«

»Was willst du mir sagen?«

»Ich weiß es schon seit Anfang des Jahres.«

»Was weißt du?«, fragte ich alarmiert.

»Sie hat es mir gesagt, kurz nach Neujahr, da hatte sie die ersten Untersuchungen, zuerst war es nur eine Befürchtung, doch dann hat sich unsere Angst bestätigt. Franka sagte, wir wollen da jetzt kein Drama darum machen. Die ganze Welt hat Krebs. Und die ganze Welt stirbt an Krebs. Nur, wenn man sehr dumm ist, glaubt man, dass man selbst nicht dabei ist.«

Ich hörte nur noch ein riesiges, dumpfes Dröhnen und meinen eigenen Herzschlag.

»Ich hab gesagt, sei nicht so hart zu dir, und sie sagte, das ist nicht hart, das ist die Wahrheit. Ich fragte sie, ob ich kommen soll, und sie sagte, sie kommt, wenn es so weit ist.«

»So weit«, echote ich fassungslos.

»Ja. Sie hat alle Behandlungen abgelehnt. Ich hatte so etwas befürchtet, so radikal wie sie ist. Mittlerweile muss der Krebs überall sein. Vor allem in der Lunge. In der Lunge, mein Gott, damit hat es angefangen und damit wird es aufhören. Ich höre sie noch husten, im Zimmer neben mir, in diesem ersten Sommer, und wenn ich nach ihr sehen wollte, schickte sie mich weg. Ich will dein Mitleid nicht, schrie sie mich an, und ich brauche deine Hilfe nicht! Sie ist eine starke Persönlichkeit. Wenn ich sie dann auch wimmern hörte, leise weinte sie sich in den Schlaf, und am nächsten Tag war sie noch blasser, noch schwächer als davor.«

Forschend sah mich Zia Maria an.

»Noch einen Vin Santo?«

Ich nickte und sie schenkte mir nach.

»Es wurde erst besser, als sie länger blieb. Meine Mutter sagte, Franka ist nicht am Körper krank, sondern an der Seele. Wenn sie in Deutschland ist, ist sie dem Tode nah. Hier blüht sie auf. Hier bei uns in der Einsamkeit der Berge.«

Ich schluckte an dem Kloß in meinem Hals.

»Deswegen will sie auch hier sein, wenn es zu Ende geht. Ich konnte ihr diesen Wunsch nicht abschlagen. Ach was. Ich wollte es nicht. Ich will sie hierhaben, auch wenn sie oft so ein Scheusal ist.«

Wir schwiegen. Wenn ich das hohe Gras sah, das sich

im Wind neigte, sah ich auch mich als Kind, wie ich Mutter hinterherging, die eine große schwarze Stute am Zügel führte. Sie hob mich hinauf und ging mit mir durch die Reihen der Olivenbäume. Wir sprachen nicht miteinander, und sie drehte sich auch nicht zu mir um, meine Hände waren fest in die Mähne der Stute verkrallt, ich spürte das sanfte Wiegen unter mir, hörte das Schnauben des Pferdes und spürte das seidige Fell an meinen nackten Beinen. Wenn sie mich wieder herunterhob, versuchte ich mich länger als nötig an sie zu schmiegen, doch sie streifte mich ab, schickte mich hinunter zum Haus und sprang selbst auf den Rücken des Pferdes.

»Wie geht es dir? Willst du darüber reden?« Zia Maria holte mich aus meinen Gedanken zurück.

Als ich nicht antwortete, stand sie auf und legte mir kurz und federleicht die Hand auf die Schulter.

»Irgendwann müssen wir alle gehen«, sagte sie leichthin und machte sich dann auf den Weg zurück zum Haus.

Ich weiß nicht, wie lange ich unter den Bäumen sitzen blieb. Ich legte meinen Kopf auf die Arme und wartete darauf, dass ich weinen würde, doch ich weinte nicht. Das Dröhnen in meinem Kopf wurde stärker, es war kaum auszuhalten. Ich trank den Vin Santo, bis die Flasche leer war und aß die Mandorlini dazu, plötzlich schmeckten sie nicht mehr süß, sondern bitter. Die Sonne brannte auf den Olivenhain, und ich konnte immer noch nicht weinen. Wusste ich doch nicht einmal, um was und um wen. Dann weinte ich plötzlich doch, ein trockenes, verzweifeltes Schluchzen ohne Tränen, das in der Kehle wehtat. Ich stand schwankend auf und lief auf die Hügelkuppe zu, auf der vor kurzem noch der Mann mit den Ziegen gewesen war. Jetzt war er verschwunden, weitergewandert hoch in die Berge hinauf.

Als ich mich umdrehte, sah ich die Vorhänge von Mutters Zimmer im Wind flattern. Sie sahen aus wie geblähte weiße Segel, ich erkannte Zia Marias Silhouette, die im Zimmer umherging, was mich seltsamerweise wütend und gleichzeitig traurig machte. Sie trat ans Fenster, schüttelte ein Kissen aus und verharrte einen Moment, vielleicht um kurz die Augen zu schließen und kurz zu vergessen, was geschehen würde. Wieso sprach Mutter nicht mit mir? Wieso sollte ich nicht erfahren, wie es um sie stand? Ich konnte mir selbst die Antwort geben. In ihren Augen war ich nichts, was zu ihr gehörte. Ich war das Kind einer fremden Frau, das sie, der Himmel weiß warum, aufgenommen hatte.

Der Vin Santo vertrieb das Dröhnen in meinem Kopf und machte meine Schritte schwer. Ich brauchte mehr als eine halbe Stunde, um den Hügel zu erklimmen, oben ließ ich mich erschöpft ins Gras fallen, der Himmel drehte sich über mir und die Erde schwankte. Es roch nach Erde, Gras und den Ziegen, und ich überlegte, ob ich mich gleich übergeben sollte oder doch lieber später. Etwa in diesem Zustand fand mich Rocco Mantovani.

»He«, sagte er und tippte mich mit dem Fuß an.

Ich rollte auf den Bauch und vergrub das Gesicht in dem stacheligen, trockenen Gras und meinem Haar.

»Lass mich in Ruhe.«

»Du bekommst einen Sonnenstich, wenn du hier einschläfst.«

»Lass mich alleine. Ich will alleine auf diesem Hügel liegen, verstehst du.«

»Leg dich wenigstens in den Schatten.«

Durch das Gewirr meiner Haare sah ich Rocco auf den Kastanienbaum hinter sich zeigen. Der Baum und seine Beine drehten sich, und ich presste meine Hände auf die Augen, damit das Bild stoppte.

»Hau ab.«

»Betrinkst du dich öfter?«

»Hau einfach ab.«

»Jeder betrinkt sich mal, aber es ist noch reichlich früh dafür.« Seine Stimme hörte sich gleichmütig an.

»Ich betrinke mich nie.«

»Ach so. Na dann.«

Es war mir egal, ob er mir glaubte und was er von mir dachte.

»Wenn du Davide suchst, er ist unten.«

»Ich suche Davide nicht. Aber danke.«

Rocco packte mich an der Schulter und drehte mich herum, griff mit einem Arm um meine Taille und richtete mich auf. Mir war unsagbar übel. Der Geschmack vom Vin Santo auf meiner Zunge ließ mich würgen. Ich atmete heftig. Rocco schob mich vorsichtig ein paar Schritte in Richtung des Baumes.

»Los, hier rüber.«

»Ich brauche keine Hilfe, ich komme gut alleine zurecht. Mein ganzes Leben komme ich schon alleine zurecht«, fauchte ich ihn an und versuchte, mich aus seinem Griff zu befreien.

»Das sehe ich.«

»Ich meine das ernst.«

Mit einem Ruck machte ich mich los und torkelte ein paar Schritte weiter. Ich übergab mich in einen Ginsterbusch, der so leuchtend gelb blühte, dass er sich für immer in mein Gedächtnis einbrannte. Erst als ich nicht mehr konnte und mich erschöpft wieder aufrichtete, spürte ich, dass Rocco meine Haare im Nacken zusammengefasst hatte. Ich richtete mich auf und schwankte in den Schatten des Kastanienbaumes. Ich hob die Hand, um ihn davon abzuhalten mir zu folgen. Der Baum war nur ein verschwommener grüner Fleck. Ich fand, es war ein guter Ort, um zu sterben. Zusammengerollt schlief ich ein. Ich träumte von Mutter, sie starb in meinen Armen, sie war nur so groß wie ein Kind und kauerte sich in meiner Armbeuge zusammen.

Als ich aufwachte, breitete sich die Abenddämmerung über die Berge, ein großer schwarzer Käfer krabbelte an meinem Gesicht vorbei, hob langsam ein Bein nach dem anderen. Mühsam setzte ich mich auf, von Farnocchia her hörte man Glockengeläut, hell und tragend wehte es herüber. Rocco musste die ganze Zeit, während ich geschlafen hatte, neben mir gesessen haben. Nun stand er auf und ging ohne ein weiteres Wort davon.

Franka
Farnocchia, Juni 1944

Ich wachte mit dem Gefühl auf, dass etwas Schreckliches passieren würde. Auf meiner Brust breitete sich ein unangenehmer Druck aus, etwas, das schon lange nicht mehr passiert war. Eigentlich seit meinem ersten Sommer hier nicht mehr. War ich zwölf Jahre alt gewesen, oder elf? Ich weiß es nicht mehr. Ich weiß nur noch, dass ich nicht schlafen konnte, weil mich dieser furchtbare Husten so quälte, und dass ich oft stundenlang am geöffneten Fenster saß, ein- und ausatmete und versuchte, keine Angst zu haben, sondern tapfer zu sein, so wie Vater es gesagt hatte. Du darfst dir keine Blöße geben, hatte er gesagt, niemand wird Respekt vor dir haben, wenn er weiß, dass du Angst hast. Jeder wird dich für deine Angst verachten und verurteilen. Deswegen lerne hinter einer Fassade zu leben, wenn es schon nicht anders geht. Vater hat mir wirklich nicht viel Nützliches beigebracht, aber in diesem Punkt muss ich ihm recht geben. Ich glaube, er ist derjenige, der mich am meisten für meine schwächliche Konstitution verachtet hat.

Ich presste meine Hände auf meine Rippen und versuchte, ruhig zu atmen. Schlagartig war mir die letzte Nacht wieder eingefallen. Meine Zimmertür wurde vorsichtig ein wenig geöffnet und Maria drückte sich durch den Spalt. Sie erschrak, als sie meinen Gesichtsausdruck sah.

»Was ist passiert?«, fragte sie und schlüpfte unter meine Decke. Sie umfing mich mit ihren Armen. Draußen war es noch dunkel. Ich konnte kaum vier Stunden geschlafen haben.

»Der neue Offizier hat mich gesehen.«

»Nehrlich? Der gestern Nacht ganz spät angekommen ist? Was für ein furchtbares Pech, dass er genau gestern angekommen ist. Das konnten wir nicht ahnen, das konnten wir doch nicht, oder?« Sie drückte mich so fest, dass mir die Luft kurz ganz wegblieb.

»Das konnten wir nicht. Mach dir keine Gedanken darüber.«

»Was glaubst du, was er tut? Wird er mit Wittig sprechen?«

»Ich weiß es nicht.«

»Oh, Franka, es ist alles meine Schuld.« Sie begann leise zu weinen und ich schüttelte sie energisch.

»Reiß dich zusammen. Wir haben nichts getan. Wenn du verheult aussiehst, machst du alles noch viel schlimmer. Wir müssen jetzt Ruhe bewahren.«

Darüber hatte ich die halbe Nacht nachgedacht. Wittig hatte nichts gegen uns in der Hand. Wir mussten so weitermachen wie bisher. Etwas anderes blieb uns nicht übrig.

»Wir tun so, als wäre alles normal.«

»Gut.«

Marias Stimme klang erleichtert. Ich presste mir kurz die Hände auf die Augen. Manchmal machte mich Marias Naivität ganz verzweifelt. Wir hörten, wie jemand von oben die Treppen hinunterkam, schwere Stiefel auf den Holzdielen, und hielten den Atem an. Ich hatte schon viel über die Verhöre erfahren und konnte mir doch die Grausamkeiten nicht vorstellen, mit denen sie einen zum Sprechen brachten. Oder ich wollte es nicht.

»Und wenn sie dich nun holen?«

»Wenn sie mich holen, wirst du kein Wort sagen. Du wirst sagen, du weißt von nichts. Du hast keine Ahnung, dass ich weggeritten bin und wozu«, schärfte ich Maria ein.

»Wenn sie dir wehtun?«

»Sie werden mir nicht wehtun.«

»Mario hat mir erzählt, dass sie die Leute foltern, bis sie halb tot sind«, flüsterte Maria. »Sie sperren sie in kleine Zellen, wo es von Ratten und Ungeziefer wimmelt, und dort sterben sie. Alles ist voller Exkremente, und die Toten, die werden nicht beerdigt, die werden verbrannt.«

»Kannst du bitte damit aufhören?«

»Marios Cousin ist so gestorben.«

»Das ist sehr bedauerlich, aber ich will es nicht hören.« Angst kroch durch meinen Körper, Angst, die ich nun nicht mehr aufhalten konnte. Wir klammerten uns aneinander und ich glaube, ich zitterte noch mehr als Maria. Wieder hörten wir schwere Tritte auf den Stufen und dann die Haustür zufallen.

»Franka?«, wisperte Maria in mein Ohr.

»Was ist?«

»Ich glaube, wir haben das Richtige getan.«

»Was meinst du?«

Ich schob sie etwas von mir, um ihr in die Augen zu sehen. Ein Motor wurde draußen gestartet, und wir hielten still, bis sich das Geräusch langsam entfernte, immer leiser wurde, bis es schließlich ganz verstummte. Ich atmete langsam aus und spürte, wie sich mein Herzschlag beruhigte.

»Es ist gut, den Partisanen zu helfen. Das ist meine Meinung. Auch wenn Mario nicht unter ihnen wäre. Es ist einfach gut.«

Darauf antwortete ich nichts, und Maria drückte ihr Gesicht in meine Halsbeuge.

Weder Wittig noch Bruno Nehrlich sah ich an diesem Tag. Ich jätete den Kräutergarten und sammelte Pferdemist für die Tomatensträucher, um mich abzulenken. Die Wäsche war zu waschen, was den halben Tag beanspruchte. Maria wusch, ich wechselte das Bettzeug, auch in den Zimmern der Offiziere. Zugegeben, ich hätte mir Bruno Nehrlichs private Sachen gerne genauer angesehen, doch ich wagte nicht seine Tasche zu öffnen. In seinem Zimmer standen sein Wäschesack und eine kleine braune Ledertasche, eine Mappe zum Aufbewahren von Unterlagen. Ich war kurz davor sie zu öffnen, doch dann dachte ich, dass er mir vielleicht eine Falle stellt, und so schlich ich um die Tasche herum und bezog nur sein Bett. Gestern hatte Zia Anna ihm nur eine Wolldecke gegeben, da er so spät angekommen war.

Als ich die nasse Wäsche zwischen den Bäumen auf die Leine hängte, hörte ich in der Ferne das Geräusch von Maschinengewehrsalven. Zia Anna und Maria kamen gelaufen, und zu dritt standen wir unter den Bäumen, wir sprachen kein Wort, lauschten nur auf das Gefecht in den Bergen, und ich dachte an den Coltello, ob er diesen Tag überleben würde, und ich sah an Marias Gesicht, dass sie an Mario dachte.

»Vielleicht ist Mario im Lager geblieben«, flüsterte ich ihr zu, und Zia Anna wischte ihr die Tränen aus dem Gesicht.

»Nicht weinen«, sagte sie, »es ist weit weg. Hörst du? Weit weg. Wir müssen uns nicht davor fürchten.«

Zu dritt hängten wir weiter die Wäsche auf, und jedes Mal, wenn es still wurde, hielten wir inne und sahen uns an und Zia Anna sagte:

»Gott sei Dank, nun ist es vorbei.«

Doch dann begann es von Neuem, und ich zwang mich, an etwas anderes zu denken als an Männer, die in den Bergen zwischen den zerklüfteten Felsen sterben, ob es nun Deutsche sind oder Italiener. Irgendwann ließ Maria einfach die Wäsche fallen und lief ins Haus. Ich sah, wie sie sich die Hände auf die Ohren presste. Zia Maria folgte ihr. Langsamer und mit gebeugtem Rücken.

Marielle
Amsterdam, April 2004

Vielleicht kann man die eigene Mutter nie verstehen. Die kleinen Einblicke, die sie einem in ihr Leben gewährt, sind immer bruchstückhaft, wie Lichtblitze in einem völlig dunklen Raum. Es werden Episoden beleuchtet, die so nie stattgefunden haben, Gefühle verschwiegen oder verändert. Sie wird immer eine Fremde bleiben, egal wie sehr man versucht, sie zu verstehen, ihre Gedanken zu lesen, ihr Wesen zu erkennen. Mich erschüttert die Erkenntnis, dass sie ein menschliches Wesen war, dass sie ein Leben hatte, ein Leben mit Sorgen und Nöten. Es wühlt mich auf, ihre Gedanken zu lesen und daran teilzuhaben. Ich hatte mich aufgerieben mit meinen Versuchen, ihr nahezukommen. Meine Finger zittern bei jeder Seite, die ich in diesen kleinen ledergebundenen Büchern umblättere, etwas mehr.

Ich habe die Kiste in mein Schlafzimmer geschoben und mich auf mein Bett gelegt. Die Katze hat sich in meiner Kniekehle eingerollt. Ihr Schnurren ist das einzige Geräusch im Raum. Ich drehe mich auf den Rücken und spüre, wie sich mein Bauch zusammenkrampft, es zieht bis tief in meine Leiste hinunter, das ist nicht gut. Vielleicht sollte ich ein Bad nehmen, um die bösen Geister zu vertreiben und auf andere Gedanken zu kommen. Martha hat immer gesagt, ein heißes Bad kann Leben retten. Wenn ich traurig war, hat sie die Wanne vollgemacht, fast bis zum Überlaufen. Schaumberge türmten sich darauf und Martha ließ kleine Boote auf den Wellen schwimmen.

»Schau, Marielle, das hier sind dein Meer, deine Boote, dein Hafen, tauch unter, kleine Meerjungfrau.«

Schnell wische ich die Tränen in den Augenwinkeln weg und schiebe die Katze zur Seite. Sie maunzt und ihr schwarzes Fell knistert, als ich darüberstreiche. Auf dem Weg zum Badezimmer klopft es an meine Wohnungstür. Schon wieder Roos. Ich sehe sie durch den Spion und lasse sie herein. Ihr Haar ist aufgesteckt, einige weiche Locken rahmen ihr Gesicht ein.

»Wie sehe ich aus?«

»Hinreißend!«

Sie dreht sich einmal um sich selbst und drückt mir dann ihre Gitarre in die Hand, damit sie ihren Mantel ausziehen kann.

»Ich hab noch zwei Stunden.«

»Ich wollte gerade ein Bad nehmen.«

»Prima. Darauf hab ich Lust. Ich hol mir noch ein Glas Rotwein. Ich bin so was von verspannt.«

Sie geht in die Küche und schenkt sich ein Glas Chianti ein, dann tappt sie mir ins Badezimmer hinterher. Ich lehne ihre Gitarre an die Wand und drehe das Wasser auf.

»Ich hab vorhin mit meiner Mutter telefoniert. Sie hat gesagt, das wird sowieso nichts. Einmal Barfrau, immer Barfrau. Ich hasse sie. Sorry. Hatte kurz vergessen, dass deine Mutter ja tot ist.«

»Ich habe meine Mutter auch oft gehasst.«

»Wie du das sagst. Das glaubt man gar nicht, dass du jemanden hassen kannst.« Mit dem Glas Rotwein in der Hand setzt sie sich aufs Klo und sieht mir zu, wie ich mich ausziehe. »Hast ganz schön zugelegt, Süße.«

»Hm.«

»Musst du doch auch. Aber das fällt nur auf, wenn du nackt bist.«

»Deine Mutter gönnt dir einfach nichts.«

»Ich weiß. Sie findet alles schrecklich, was ich mache. Früher hat sie oft gesagt, es war ihr größter Fehler, dass sie sich hat schwängern lassen.«

»Und warum hast du sie dann angerufen?«

»Ich habe keine scheiß Ahnung«, sagt Roos und dreht das Glas in ihren Händen. »Manchmal denke ich, es ist reiner Masochismus. Und dann denke ich, ich will, dass sie nur einmal etwas gut findet. Nur ein einziges Mal. Verstehst du das? Und dann erzähle ich ihr etwas, das mir wichtig ist, und schon bekomme ich wieder einen Schlag ins Gesicht.«

Ich nicke und steige vorsichtig in die Wanne.

»Man will das bis zum Schluss. Und selbst wenn man weiß, dass es nichts bringt, will man es trotzdem.«

»Und dabei war deine Mutter noch nicht einmal deine richtige Mutter.«

»Ach, was.«

»Meine hat gesagt, bei mir ist der Zug schon lange abgefahren. Ich bin fünfunddreißig, da wird man nicht mehr entdeckt oder so was. Das sind Kinderträume, und ich soll endlich erwachsen werden. Ich kann mir nur noch einen Mann suchen.«

»Das ist doch völliger Quatsch.«

»Und wenn sie recht hat?«

Ich denke an die vielen Male, wo ich hoffte, Mutter würde nicht recht behalten. Am Ende hatte sie immer recht. Um sie zu verletzen, hatte ich ihr erzählt, dass ich auf der Suche nach meiner richtigen Mutter sei. Ich hatte ihr sogar den Zettel gezeigt, damals in New York, mit der Adresse der Hebamme, Margaret Jackson. Meine Mutter hatte nur kurz aufgeblickt, sie war in die Lektüre der *New York Times* vertieft. Sie hatte ihr blondes Haar zu einem strengen Dutt gebunden und eine randlose Brille auf der Nase.

»Du wirst sie nicht finden«, sagte sie ruhig, blätterte weiter und wedelte kurz mit der Hand, um mir zu bedeuten, dass ich sie nun in Ruhe lassen sollte.

»Warum? Ist sie tot?«, erwiderte ich.

»Das weiß ich nicht.« Mutter drückte sich kurz die Finger an die Schläfen.

»Weißt du ihren Namen?«

»Das hast du mich schon hundertmal gefragt und die Antwort ist immer noch Nein.«

»Sag mir, wenn sie tot ist.«

»Ja«, sie nahm die Finger von den Schläfen und sah plötzlich sehr müde aus. »Ja, sie ist tot.«

Wütend verließ ich das Apartment, der Frühling hatte seine laue, warme Luft gegen Sturm und Nieselregen getauscht, kalt blies mir der Wind ins Genick. Heute finde ich es beschämend, dass ich mich nicht auf eigene Faust auf den Weg gemacht hatte, sondern den Chauffeur vorfahren ließ. Ich zeigte ihm den Zettel mit der Adresse, und er sagte mir, dass dies keine gute Gegend sei, und ob meine

Mutter wüsste, wo ich hinwolle. Ich sagte ihm, Mutter würde ihn feuern, wenn er es nicht tun würde. Daraufhin zuckte er mit den Schultern und fuhr los. Wir durchquerten Manhattan, fuhren den Broadway hinauf. Die Farben der Leuchtreklamen brannten in meinen Augen.

»New York ist keine Stadt für junge Ladys«, sagte der Chauffeur und sah mich im Rückspiegel an. Ich wandte den Blick ab. Auf Höhe des Yankee Stadions fing mein Herz an, wie rasend zu schlagen. Der Geruch der Ledersitze mischte sich mit dem Aftershave des Chauffeurs und machte mich schwindelig. Als er in die Tremont Avenue einbog, war ich kurz davor, ihn zu bitten, umzukehren. Wie konnte ich Mutter nur so hintergehen? Wie konnte ich die Frau suchen, die mich verlassen hatte? Und was wollte ich tun, wenn ich sie fand?

Der Chauffeur hielt vor einem heruntergekommenen mehrstöckigen Haus. Der Putz blätterte von der Fassade und die Feuerleiter war im dritten Stock einfach abgerissen, die Reste lagen unten auf der Straße. Vor der Haustür hatte sich ein schwarzer räudiger Hund auf einem Stück Pappkarton zusammengerollt. Die Straße weiter hinunter lungerten ein paar Jugendliche vor einem chinesischen Imbiss herum, ansonsten war die Gegend wie ausgestorben.

»Das ist es«, sagte er und ließ mich aussteigen. »Ich weiß ja nicht, wen Sie hier besuchen wollen, Lady, aber ich rate Ihnen, machen Sie's kurz.«

Die Haustür war nur angelehnt, gleich hinter der Türschwelle waren überquellende Müllsäcke gestapelt und eine Katze huschte davon. Es konnte auch eine große Ratte gewesen sein. Hinter mir drückte sich der Hund durch den Türspalt und begann sofort die Tüten aufzureißen. Ich atmete tief durch und begann die Treppen hochzusteigen. Mittlerweile bezweifelte ich, dass ich hier jemanden finden würde, der mir eine Antwort geben konnte. Vielleicht musste man manche Dinge einfach auf sich beruhen lassen.

Im dritten Stock fand ich ein Klingelschild mit den Initialen M. J. Ich hatte solche Häuser und Hausflure bis zu diesem Zeitpunkt nur in schlechten Filmen gesehen. Filme, in denen man Drogenabhängige und tote Prostituierte fand. Entschlossen drückte ich meinen Finger auf die Klingel, doch die Klingel war kaputt. Ich hörte, dass der Hund die Treppen heraufkam, er hatte irgendetwas dabei, was wie ein Oberschenkelknochen aussah.

»Die Tür ist offen«, sagte jemand, »und lass Jason mit rein.«

»Jason?« Ich gab der Tür einen Schubs, so dass sie nach innen aufschwang.

»Der Hund.«

»Ach so.«

»Was willst du?«

Ich trat ein paar Schritte in den Flur, der erfreulich sauber war. Am Ende des Flurs stand eine Frau mit zwei Krücken. Sie sah aus, als hätte sie bis gerade eben im Bett gelegen. Ihr Haar war zerzaust und sie trug einen pinkfarbenen Freizeitanzug. Ich war froh, dass sie so normal aussah.

»Sind Sie Margaret Jackson?«

»Jep.«

»Sind Sie Hebamme?«

»War ich mal.«

Sie winkte mich herein und humpelte mir voraus in die Küche, wo sie sich schwerfällig auf einen Stuhl fallen ließ. Der Hund zerrte den Knochen unter den Resopaltisch, wobei er erst an den Stuhlbeinen, dann am Tischbein hängen blieb. Der Tisch wackelte, Margaret Jackson ignorierte es und legte nur ihre Hand auf die Tischplatte.

»So.« Sie lehnte die Krücken neben sich an den Tisch und begann sich eine Zigarette zu drehen. Ihre Hände zitterten so, dass ihr das Päckchen Tabak aus der Hand fiel. Ich hob es auf und reichte es ihr.

»Wie ist das passiert?«

»War'n Unfall. Was willst du hier? Bist du schwanger?«

Ich schüttelte den Kopf.

»Warum sind Sie keine Hebamme mehr?«

»Na, das sieht man doch. Wer so rumläuft wie ich, der kann doch keine Kinder mehr auf die Welt holen. Zumindest keine lebenden. »Was willst du von mir?«

Sie ließ sich von mir Feuer geben, ihr Gesicht war faltig und klein, das Haar wasserstoffblond gefärbt, aber ihre Augen waren erstaunlich klar.

»Ich suche meine Mutter. Sie waren bei meiner Geburt als Hebamme dabei …«

»Das Geburtsdatum«, unterbrach sie mich ungeduldig.

»Der vierte August neunzehnhundertvierundsechzig.«

Mühsam stand sie mit Hilfe der Krücken wieder auf und humpelte in den Nebenraum. Als sie eine Weile nicht wiederkam, dachte ich schon, sie hätte vergessen, dass ich überhaupt da war und hatte sich vielleicht hingelegt, um ein Nickerchen zu machen. Doch dann kam sie zurück, sie hatte sich einen Ordner unter den linken Arm geklemmt.

»Ich war eine gute Hebamme. Hier, nimm das.« Sie gab mir den Ordner, damit sie sich wieder setzen konnte. »Sehr zuverlässig und ordentlich. Hat mir auch nichts geholfen. Merk dir das. Im Leben kannst du noch so gut sein, es erwischt dich irgendwann.«

»Wie ist das passiert?«, fragte ich und zeigte auf die Krücken.

»Ein Unfall«, sagte sie knapp. »Geht dich nichts an.« Sie schlug den Ordner auf und begann darin zu blättern. Ihre Lippen bewegten sich dabei stumm, als sie die Daten überprüfte. Ich traute mich nicht mehr, etwas zu sagen. »Hier haben wir es. An dem Tag hab ich drei Mädchen entbunden.«

»Können Sie sich daran noch erinnern?«

»Ich hab es aufgeschrieben. 3000 Gramm. 2800 Gramm. 2450 Gramm. Beth. Virginia. Marielle.«

»Das bin ich. Marielle.«

Ein kurzes Lächeln huschte über ihr Gesicht.

»Ich hab noch nie eines der Kinder wiedergetroffen«, sagte sie und musterte mich nun interessiert. »Marielle.«

»Meine Mutter hat mich nach der Geburt zur Adoption freigegeben. Ich möchte sie finden. Können Sie sich an sie erinnern?«

»Das ist lange her. Mein Gott. Die Frauen kommen und gehen. Ich kann mich an ihre Schreie erinnern, an ihre Augen, vielleicht, wenn sie ihr Baby zum ersten Mal ansehen. Aber an die Gesichter der Frauen? Nein. Daran kann ich mich nicht erinnern.«

»Irgendetwas?«

Sie starrte eine Weile auf ihre Aufzeichnungen. Die

Zigarette rauchte in ihrem Mundwinkel, ohne dass sie daran zog. Schließlich drückte sie sie in einer leeren Kaffeetasse aus.

»Hier steht, du warst eine Steißlage. Ich hab vor der Geburt eine äußere Wendung gemacht. Das kommt nicht so oft vor. Und oft funktioniert es nicht, und die Kinder werden ein Kaiserschnitt. Hier hat es aber funktioniert. Aber weißt du, ich hab so viele Kinder entbunden, da verschwinden die Gesichter einfach.«

»Steht da auch ein Nachname?«

»Fellner.«

»Das ist meine Adoptivmutter.«

Sie sah mich überrascht an.

»Das ist ungewöhnlich. Normalerweise notiere ich den Namen der leiblichen Mutter«, sie überlegte wieder, »das kann nur bedeuten, dass die Adoption schon vorher klar war. Anders kann ich es mir nicht erklären.«

Kurz schloss sie die Augen, als wollte sie ein inneres Bild festhalten. Der Hund schnupperte an meinen Knien, und ich legte ihm meine Hand auf den Kopf.

»Sie sah aus wie du«, sagte sie dann, »groß und schlank und blondes Haar. Sie war alleine da und sprach kein Wort. Sie schrie auch nicht, wenn die Wehen kamen. Ich sagte ihr, dass ich noch nie eine so tapfere Frau bei der Geburt gesehen hatte, doch das wollte sie nicht hören. Sie sagte, ich solle meinen Job machen und nichts weiter. Sie könne auf seelische Unterstützung verzichten.«

»War sie jung?«

»Nein, schon etwas älter. Ende dreißig, Anfang vierzig.«

»Und ihr Name?«

Margaret Jackson zuckte mit den Schultern.

»Ich weiß es nicht. Wirklich. Das ist jetzt fünfzehn Jahre her. Wahrscheinlich hab ich versehentlich den Namen der Adoptivmutter aufgeschrieben. Mehr weiß ich nicht. Tut mir leid. Ich würde dir gerne helfen.«

Als sie sah, wie ich zusammensackte, legte sie mir kurz die Hand auf den Arm.

»Hat sie mich in den Arm genommen und gehalten?«

»Ich weiß nicht.«

Sie seufzte.

»Pass auf. Ja. Ich weiß es noch ganz genau. Sie hat dich in den Arm genommen und hat gesagt, du bist wunderschön. Siehst aus wie dein Daddy. Die gleichen Augen und so. Genau das hat sie gesagt.«

»Wirklich?«

»Klar. Sehe ich aus, als würde ich dich anlügen?«

Sie seufzte und ließ meinen Arm los.

»Jetzt fang hier bloß nicht zu heulen an.« Ihre Stimme hörte sich angestrengt an. »Du wirst sie schon finden«, sagte sie, »irgendwann findest du sie und wirst merken, dass es nicht mehr wichtig ist.«

Ich verstand nicht, was sie mir damit sagen wollte.

Als ich unten aus dem Haus trat, stand der Chauffeur immer noch da und ließ den Motor laufen. Ich stieg ein, und er brachte mich zurück zu unserer Wohnung. Mutter hatte sich in ihr Zimmer zurückgezogen, der Papagei begrüßte mich mit einem gleichgültigen *good morning*, ich gab ihm eine Nuss und dachte daran, dass ich Margaret Jackson nicht glaubte. Ich glaubte nicht daran, meine Mutter jemals zu finden.

»An was denkst du?« Roos tippt mich mit dem Finger an und stellt ihr Rotweinglas auf den Badewannenrand.

»Daran, dass es einfach verrückt ist, Kinder zu bekommen.«

»Meine Rede. Aber immer wieder passiert es.«

»Ich werde nie Kinder bekommen«, sagt sie. »Was sollte ich denen für eine Mutter sein? Eine Mutter, die keinen richtigen Job hat. Verdammt. Wäre das scheiße für das Kind.«

»Darauf kommt es doch nicht an. Du wärst sicher eine gute Mutter.«

Roos lacht und setzt sich auf den Rand der Badewanne. Ihre Locken kringeln sich von der Feuchtigkeit, sie seufzt und lehnt ihren Kopf zurück. Das heiße Wasser dampft und beschlägt die Fensterscheiben. Die Katze kommt herein und kringelt sich auf dem Badezimmerteppich zusammen. Ich frage mich, wie es wäre, eine Schwester zu haben, jemanden, der da ist und zu einem gehört, egal was passiert.

»Hey, ich bin immer für dich da«, sagt Roos in dem Moment, als hätte sie meine Gedanken gelesen.

Wir lächeln uns an, ich lege meine Hände auf meinen Bauch, ja, denke ich, Roos ist da und ich bin da. Das muss genügen.

Franka
Farnocchia, Juni 1944

Mein Kopf tut weh, mein Rücken tut weh. Wenn ich atme, ist es, als hätte ich ein Messer in der Lunge. Davon sage ich nichts. Maria und Zia Anna wissen gar nichts. Sie wissen auch nicht, dass Emilia Angelotti gestern wieder hier war, diesmal mit der Bitte, Medikamente ins Lager zu bringen. Sie sagte, sie hätten Medikamente vom Krankenhaus in Lucca aufgetrieben und der Coltello brauche sie. Nach dem Gefecht mit den Deutschen gäbe es viele Verletzte. Ich habe gesagt, ich kann nicht. Ich kann nicht, weil es einen Neuen hier gibt, den Nehrlich, und der ist noch wachsamer als Wittig und Kunz zusammen. Emilia Angelotti hatte mich unten am Weg abgepasst, als ich gerade die Pferde auf ein Stück Wiese bringen wollte, das noch nicht abgeweidet war. Die Abendsonne stand so tief, dass ich direkt hineinblickte, wenn ich Emilia ansehen wollte. Es sah aus, als hätte Emilia einen verdammten Heiligenschein auf dem Kopf.

»Mario ist auch unter den Verletzten«, sagte sie und stocherte mit ihrer Stiefelspitze in einem Haufen Pferdemist herum. »Maria wird es das Herz brechen, wenn er stirbt.«

Sie versuchte, ein betroffenes Gesicht zu machen, doch

alles, was ihr gelang, war ein listiger Augenaufschlag. Die Angelottis sind Abschaum.

Ich dachte mir, dass Maria auch einen anderen finden würde, nach dem Krieg, und dann schämte ich mich furchtbar für meine Herzlosigkeit. Mit den Pferden am Halfter ging ich einfach weiter. Emilia lief mir hinterher wie ein Hündchen. Sie sagte nichts, aber ich konnte spüren, wie sie mir auf den Rücken starrte. Beim Wegekreuz ließ ich die Pferde frei, trieb sie auf die Wiese und machte das Gatter hinter ihnen zu. Sie liefen ein paar Schritte, das Fohlen Luz mit ungelenken Sprüngen, dann begannen sie zu grasen.

»Also machst du es«, sagte Emilia und stellte sich neben mich, so nah, dass wir uns an den Armen berührten.

Ich werde Emilia Angelotti demnächst umbringen. Es wird wie ein Unfall aussehen, vielleicht stürze ich sie in eine Schlucht. Oder ich erschieße sie mit Zia Annas Beretta. Und dann habe ich endlich Ruhe, und niemand wird mehr kommen und mich in Dinge hineinziehen, die nicht meine sind. Ich malte mir aus, wie es wäre, auf sie zu schießen, wie ihr Kopf nach hinten fliegt und sie tot zusammenbricht. Der Hass macht seltsame Dinge mit einem.

Ich sagte ihr, dass ich es tun würde und dass sie mich dann endlich in Frieden lassen solle. Maria brauchte weder zu wissen, wie es um Mario steht, noch, dass ich die Medikamente hinaufbringe. Emilia solle einfach ihren Mund halten. Ich habe Angst, dass Maria ihren Mund nicht halten kann, wenn einer der Offiziere sie unter Druck setzt. Sie kann nicht lügen. Sie ist zu gut dazu.

Emilia nickte. Die Medikamente wären wieder bei der alten Riccarda. Alles wie gehabt, Sporco warte dort auf mich. Ich müsse auch nicht bis ins Lager.

»*Viva la Resistenza!*«, sagte sie, wandte sich um und verschwand in Richtung Farnocchia.

Was soll ich dazu sagen? Dass man sich nicht mit dem Teufel einlassen soll? Wehret den Anfängen, so wie Mutter immer sagt?

Ich gab mir einen Ruck und ging zurück zum Hof. Am Morgen hatte ich Bruno Nehrlich gesehen, wie er zu seinem Motorrad ging. Wir hatten uns knapp gegrüßt. Ich war froh, dass er geschwiegen hatte. Maria hatte gemeint, vielleicht hat er ein gutes Herz. Ich bezweifle das. Ich kenne niemanden außer Maria und Zia Anna, der ein gutes Herz hat. Nun stand das Motorrad wieder auf seinem Platz und auch Wittigs Geländewagen. Als ich ins Haus kam, hörte ich ihre Stimmen aus dem Wohnzimmer. Ich konnte nicht verstehen, was sie sagten, doch dann vernahm ich Marias helle Stimme dazwischen. Alarmiert eilte ich zum Wohnzimmer und riss die Türe auf. Kunz und Nehrlich saßen vor dem offenen Kamin. Kunz hatte seine Füße auf Zia Annas Wohnzimmertisch gelegt. Wittig stand am Kamin und hielt Maria am Ellbogen fest.

»Was geht hier vor?«, presste ich hervor.

Marias Augen waren groß und dunkel.

»Ich unterhalte mich mit deiner Cousine«, sagte Wittig und zog Maria noch etwas näher zu sich heran. »Wir unterhalten uns gerade sehr angeregt. Maria wollte mit uns von dem Wein trinken, den Kunz im Keller gefunden hat.«

»Lassen Sie sie los.«

Wittig sah betrunken aus, sein Gesicht war gerötet, er neigte den Kopf und legte seine Lippen an Marias Haar, die vor Angst und Panik einknickte.

»Ich bitte Sie, unsere Gastfreundschaft nicht zu strapazieren«, sagte ich und ging auf ihn zu, bis ich genau vor ihm stand, »lassen Sie sie bitte los.«

Einen atemlosen Moment standen wir voreinander und starrten uns in die Augen. Ich wünschte ihm die Pest an den Hals. Ich verfluchte ihn und seine Männer, die Zeit und die Umstände, die sie zu uns gebracht hatten. Ich verfluchte auch Emilia Angelotti, Mario und den Coltello. Ich verfluchte alle, die uns in diese missliche Lage gebracht hatten.

Maria machte ein kleines wimmerndes Geräusch und ich ballte meine Hände hinter dem Rücken. Ich sah, wie sich Wittigs Finger in Marias Arm gruben. Dann stand Bruno Nehrlich auf und legte ihm beschwichtigend den Arm um die Schultern.

»Lassen Sie die Mädchen, wir haben noch einiges zu besprechen.«

Die Sekunden dehnten sich, ich wich seinem Blick nicht aus und Wittigs Augen flackerten.

»Na gut, geh schon«, sagte Wittig zu Maria, »das holen wir nach.«

Ich tröstete Maria. Sie war in den Kräutergarten gerannt und in Tränen ausgebrochen. Sie sagte, Zia Anna dürfe davon nichts erfahren, sie mache sich so große Sorgen, dass sie noch daran sterben würde. Ich sagte, das sei Unsinn, man könne nicht an Sorgen sterben, doch Maria wollte sich nicht beruhigen und weinte an meiner Schulter, bis meine Bluse ganz nass war. Ich fragte sie, ob Wittig sie schon früher berührt habe, und sie stritt es erst ab, doch dann gab sie zu, dass er sie einmal auf die Schläfe geküsst hatte, als sie gerade in der Küche stand und Kartoffeln schälte. Sie konnte sich damals aus seinem Griff winden und davonlaufen.

Ein anderes Mal hatte er sie auf den Mund geküsst, hinter dem Haus, als sie die Wäsche zur Wäscheleine trug. Ich war außer mir vor Wut, und Maria umarmte mich so fest sie konnte und sagte, es wäre alles gut, solange ich hier sei. Ich sagte, nichts sei gut und der Wittig werde es büßen, alles, was er getan habe. Marias Lippen zitterten, und ich dachte, wir können gar nichts tun. Gar nichts, und vielleicht wäre es besser, mit Maria und Zia Anna zurück nach München zu gehen, weg von hier.

»Und es war mein erster Kuss«, weinte Maria, »verstehst du das? Nicht Mario hat mich geküsst, sondern dieses Scheusal.«

Darauf fiel mir beim besten Willen nichts Tröstendes ein, sosehr ich auch überlegte.

In dem Moment kam Bruno Nehrlich nach draußen, Maria wischte sich die Tränen energisch mit dem Handrücken weg und rannte an ihm vorbei ins Haus. Ich hörte, wie sie zuerst die Hintertür und dann ihre Zimmertür hinter sich zuschlug. Langsam ging ich zum Brunnen und füllte die eiserne Gießkanne. Ich nahm an, Nehrlich würde den Hof verlassen, doch stattdessen kam er in den Kräutergarten. Er hatte die Hände tief in die Hosentaschen gesteckt und sah aus, als würde er angestrengt überlegen, was er mir sagen soll.

»Ich muss mich für meinen Kameraden entschuldigen«, sagte er, als er vor mir stand. »Es war nicht in Ordnung … was er getan hat.«

Wortlos drehte ich mich um und begann die Tomatenpflanzen zu gießen. Die Trockenheit machte ihnen zu schaffen, ihre Blätter waren an manchen Stellen schon braun geworden. Die Früchte dagegen waren groß und fleischig und von dunklem Rot. Dazu nun ein gutes Stück Mozzarella, sagte Zia Anna oft sehnsüchtig und seufzte, weil nirgendwo Mozzarella aufzutreiben war und wir die Tomaten mit Salz und Pfeffer und Olivenöl essen mussten.

»Manchmal trinkt er zu viel.«

»Ach ja.«

»Dann benimmt er sich nicht anständig. Den Frauen gegenüber.«

Ich spürte, dass er immer ein paar Schritte hinter mir ging, und wünschte mir, dass er verschwand

»Sie sind sehr mutig.«

»Finden Sie.«

»Ja. Ich dachte mir, wie wagt es dieses Mädchen, sich ihm entgegenzustellen. Sie haben ihn angesehen, als wollten Sie ihn töten.«

»Was hätten Sie denn getan?«

»Ich weiß es nicht.«

Ich schwenkte die Kanne über der letzten Pflanze und hielt sie ihm dann hin. Bruno Nehrlich sah mich fragend an.

»Noch mal vollmachen«, sagte ich spröde, »ich muss noch die andere Reihe gießen.«

Mit verschränkten Armen blieb ich zwischen den Tomatenstauden stehen, während Bruno Nehrlich zurück zum Brunnen ging und die Kanne auffüllte. Er krempelte sich die Ärmel hoch und pumpte. Die Sonne war inzwischen ganz untergegangen und ein seltsam bläuliches Licht kam von den Bergen her. Als ob sie von innen her leuchten würden, dabei war es nur der Himmel, der seine tiefe Farbe über ihre Wipfel goss. Das Wasser spritzte. Er hatte die Kanne so vollgemacht, dass ihm das Wasser bei jedem Schritt auf die Stiefel schwappte, als er sie zu mir zurücktrug.

»Welche müssen gegossen werden?«

Ich zeigte auf die Reihe nahe dem Staketenzaun, und er ging hinüber und begann zu gießen.

»Wie alt sind Sie, Franka?«, fragte er.

»Zweiundzwanzig.« Schon wieder log ich und wusste noch nicht einmal, warum.

»Zweiundzwanzig. Und was wollen Sie mit Ihrem Leben anfangen?«

»Was wollen Sie denn mit Ihrem Leben anfangen?«

»Ich habe Sie zuerst gefragt.« Er drehte sich zu mir um, lächelte und hielt die Kanne hoch. »Noch eine?«

»Noch den Rosmarin. Und das Basilikum. Und das Heiligenkraut.«

Wieder ging er zum Brunnen. Ich hätte ihn einfach da stehen lassen sollen. Zia Anna sagt immer, wir sollen ihnen aus dem Weg gehen. Die Augen senken, wenn wir ihnen begegnen, das Schultertuch enger ziehen. Wir sollen zusammenbleiben und nicht mehr als nötig mit ihnen sprechen.

»Ich werde nichts mit meinem Leben anfangen«, sagte

ich, »ich werde heiraten müssen, wenn der Krieg vorbei ist. Wenn ich zurückgehe nach München.«

Bruno Nehrlich lachte leise. Er goss sorgfältig den Rosmarin und ging dann zum Basilikum hinüber. Die Blätter waren breit und glänzend und rochen so intensiv, dass einem schwindelig werden konnte.

»Das kann ich mir nicht vorstellen. Sie werden keine gute Ehefrau abgeben.«

»So.«

»Nein, das werden Sie nicht.«

»Sie kennen mich nicht.«

»Aber ich kenne gute Ehefrauen.« Einen Moment lang blickten wir uns in die Augen, zu lange für meine Begriffe. Im Grunde hatte ich noch nie vorher einem Mann so lange in die Augen gesehen.

»Und wie sind diese guten Ehefrauen?«, fragte ich.

»Fügsam. Eine gute Ehefrau ist im Wesentlichen fügsam. Sie begehrt nicht auf. Ist nicht trotzig, nicht wütend, streitet nicht und erhebt ihre Stimme nicht gegen ihren Mann. Sie sorgt für ihren Mann und die Kinder und beschwert sich nicht darüber. Sie ist unauffällig und etwas dumm. Falls sie klug ist, kann sie es gut verbergen, denn die Eitelkeit eines Mannes verträgt keine kluge Frau neben sich. Wenn sie ihren Mann berät, bringt sie es fertig, dass er ihren Ratschlag am Ende für seine eigene Idee hält. Brauchen Sie noch mehr?«

»Oh nein. Ich werde mir Ihre nützlichen Ratschläge merken. Ich werde sie in mein Gedächtnis einbrennen.«

Ich versuchte erst gar nicht, meinen Spott zu verbergen, und Bruno Nehrlich lachte wieder. Oben ging ein Fenster auf, und ich konnte Zia Anna erkennen, sie winkte, als Zeichen, dass ich ins Haus kommen solle, und ich winkte zurück.

»Ich muss hinein«, sagte ich.

»Die Kanne stelle ich zum Brunnen.«

»Das wäre nett.«

»Müssen Sie denn jeden Tag gießen?«

»Jeden Tag.«

»Die Kanne ist zu schwer für Sie.«

»Kann sein.«

Ich schaffte es bis zum Haus, ohne mich nach ihm umzudrehen. Drinnen schimpfte mich Zia Anna, weil ich mit dem Offizier gesprochen hatte, und ich küsste sie auf die Wange, etwas, was ich vorher noch nie getan hatte, und sagte, sie solle sich keine Sorgen machen. Sie begann zu weinen, und ich brühte ihr einen Melissentee und goss einen ordentlichen Schuss Kräuterlikör hinein. Maria bettete sie auf das Sofa, das in der Küche stand, seit die Offiziere da waren, und deckte sie bis zur Nasenspitze zu.

»Du weißt, wo die Beretta ist?«, fragte sie.

»Ja, Zia«, sagte ich, »in der Schublade mit den Kochbüchern, ganz hinten.«

»Dann ist ja gut.«

Und nun sitze ich hier und schreibe diese Zeilen bei Kerzenschein. Bald wird es ein Uhr sein. Dann verlasse ich leise das Haus, gehe hinunter zum Wegekreuz, um die Stute zu holen. Mein Herz klopft, wenn ich daran denke, dass ich wieder in die Berge reite, und es klopft noch mehr, wenn ich an den Kräutergarten denke und an Bruno Nehrlich, der mir in die Augen sieht. Mehr denn je denke ich, es wäre nun besser, von hier wegzugehen. Aber mein Herz zerreißt, wenn ich diesen Ort verlasse.

Marielle
Farnocchia, August 2003

Ich hatte mir vorgenommen, Mutter auf ihre Krankheit anzusprechen. Mir war flau im Magen, wenn ich nur daran dachte. Vielleicht lag es auch an der Flasche Vin Santo. Jedenfalls verbrachte ich den nächsten Morgen mit Kopfschmerzen und Übelkeit im Bett und dachte darüber nach, wie dieses Gespräch mit meiner Mutter am günstigsten verlaufen könnte. Gegen Mittag sah ich sie unten über den Innenhof gehen. Sie trug ihren Morgenmantel, einen Sonnenhut und Pantoffeln mit flauschigem Fellbesatz an den Schuhspitzen. Mit langsamen Schritten ging sie zu dem kleinen, runden Wasserbassin in der Mitte des Hofes und setzte sich auf den Steinrand. Sie sah aus, als wäre sie nach mehreren Tagen des Schlafens wieder wach geworden, und so war es wahrscheinlich auch.

Ich lief zur Dusche und drehte das kalte Wasser auf. Der Schmerz tobte hinter meiner Stirn. Ich stellte mich unter den Strahl und ließ mir das eisige Wasser über Kopf, Schläfen und Gesicht laufen, es war so kalt, dass mir die Luft wegblieb. Dabei dachte ich an Rocco, was den Schmerz noch mehr toben ließ, und nahm mir vor, dass ich bei der nächsten Gelegenheit zu seiner Hütte hinüberwandern und ihn über meine Trinkgewohnheiten aufklären würde.

Als ich wenige Minuten später in den Hof hinunterkam, saß Mutter immer noch genauso da. Ihre Beine standen parallel nebeneinander, die Hände hatte sie verschränkt in ihren Schoß gelegt. Ich setzte mich neben sie und sah sie von der Seite an. Mir war immer noch nicht eingefallen, was ich zu ihr sagen wollte.

»Es ist ein schöner Tag heute«, sagte sie unvermittelt. »Früher sind wir an solchen Tagen zum Meer hinunter.«

»Du und Maria und Emilia?«

»Ja. Erst Maria, Emilia und ich. Später dann mit den Kindern.«

Ich versuchte mich an unbeschwerte, heiße Tage am Meer zu erinnern, doch es gelang mir nicht. Wenn ich am Meer war, dann stets mit Martha. Vielleicht meinte Mutter ja auch nur Zia Marias und Zia Emilias Kinder, doch ich wollte sie nicht fragen. Eine ganze Weile saßen wir schweigend nebeneinander. Davide kam mit dem kleinen weißen Transporter zurück und begann Lebensmittel ins Haus zu tragen, die Hunde jagten über den Hof, verbellten eine Katze auf der Mauer, trollten sich dann hinters Haus, und ich wusste immer noch nicht, was ich mit Mutter reden sollte. Nach geraumer Zeit stützte sie sich mit den Händen ab und versuchte aufzustehen. Ihr Gesicht wurde noch blasser und sie sank in sich zusammen. Mit beiden Armen umfasste ich ihren Rücken, um sie zu stützen.

»Es geht schon.«

»Soll ich Davide rufen, damit er dir ins Haus zurückhilft?«

»Nein. Ich schaffe das schon«, fuhr sie mich an, aber als ich meine Hände wegnahm, schwankte sie wieder.

»Ich bleibe einfach noch sitzen. Du hast sicher etwas anderes zu tun.«

»Ich habe nichts anderes zu tun.« Eigentlich wollte ich Davide bitten, mit mir nach Lucca zu fahren, damit ich Leinwände besorgen konnte. Aber das hatte Zeit. Vermutlich öffnete der kleine Laden sowieso erst am späten Nachmittag, wenn die größte Hitze vorbei war.

»Ich komme gut zurecht.« Mit entschlossener Miene stand sie auf. »Ich werde etwas im Olivenhain spazieren gehen.«

Ich seufzte innerlich und legte meine Hand unter ihren Ellbogen.

»Hast du etwas dagegen, wenn ich mitkomme?«

Sie zuckte mit den Schultern und ließ sich von mir auf den gepflasterten Weg leiten, der das Haus umrundete. Nach ein paar Schritten fühlte sie sich sicherer neben mir an, und ich nahm meine Hand weg. An der Hausecke stützte sie sich kurz ab und ich dachte, vielleicht sollte ich ihr ordentliche Schuhe bringen, doch dann gingen wir weiter, am Kräutergarten vorbei, zu den Olivenbäumen hinauf. Die Nachmittagssonne verschwand immer wieder hinter groß aufgetürmten Wolken, die in den Bergen festzuhängen schienen, und vom Meer her wehte eine angenehme Brise. Langsam wurde auch mein Kopfschmerz etwas besser.

»Ende Oktober haben wir immer Oliven geerntet.« Mutter bog einen Zweig zu sich herunter. »Emilia schnitt die Zweige, wir trugen sie zu den Netzen und pflückten die Oliven ab. Es war eine furchtbar ermüdende Arbeit. Und ich war froh, dass Emilia hinaufsteigen musste und nicht ich.«

»Ich mochte Zia Emilia.«

»Ach was. Emilia war nicht deine Zia. Sie war nicht mal eine di Renzi.«

Erstaunt sah ich Mutter an. Sie hatte den Sonnenhut abgenommen und hielt ihn nun in der Hand. Ihr weißes Haar klebte am Kopf und ringelte sich an der schweißnassen Stirn.

»Keine di Renzi? Ich dachte, sie war Marias Schwester?«

Emilia war mir von meinen Tanten die liebste gewesen. Sie rauchte starke Zigaretten und trug ihr graues Haar auch noch im Alter lang und offen. Sie konnte laut und ausdauernd lachen und genauso laut und ausdauernd weinen. Wenn sie nichts zu tun hatte, saß sie mit Martha in der Küche und spielte Scopa, ein italienisches Kartenspiel. Sie bestand darauf, um Geld zu spielen, und ärgerte sich maßlos, wenn sie verlor. Deswegen ließ Martha sie fast immer gewinnen und zwinkerte mir zu, wenn Zia Emilia freudestrahlend ihr Geld in Empfang nahm.

»Marias Schwester. Nein. Sie war aus dem Dorf. Sie war eine Angelotti.«

»Aus dem Dorf?«

»Ja, sie kam ursprünglich aus Farnocchia. Als ihr Haus niedergebrannt wurde, kam sie zu uns.«

Am Tonfall meiner Mutter erkannte ich, dass sie das Thema nicht vertiefen wollte.

»Sie war zu nichts nütze, außer zur Olivenernte.«

»Aber Zia Maria mochte sie.«

»Maria mag jeden. Das heißt gar nichts.«

Wie kommt es, dass du niemanden magst, hätte ich gerne gefragt, doch ich presste meine Lippen aufeinander und schwieg.

»Ich hätte sie zum Teufel gejagt. Aber die Zeit damals wollte, dass sie blieb.«

Sie wandte sich bergan und begann, weiter hinaufzuwandern. Über uns verschränkten sich die Zweige der Olivenbäume, ich sah ihr einen Moment nach, dieser verbitterten, alten, knochigen Person, dann folgte ich ihr. Wir gingen, bis sich die Bäume lichteten, bis zu dem kleinen, eingestürzten Trullo, in dem früher die Ziegenhirten bei schlechtem Wetter Schutz suchen konnten. Dort setzten wir uns auf eine Holzbank und blickten zu Zia Marias Anwesen hinunter. Ich dachte daran, dass nicht mehr viel Zeit blieb, um die Dinge zu klären und miteinander zu sprechen, dass die Zeit vermutlich ab jetzt doppelt so schnell verrinnen würde, und niemand konnte sie aufhalten.

»Da unten liegt mein Herz begraben«, sagte Mutter, so leise, dass ich mir nicht sicher war, ob ich sie richtig verstanden hatte, und als ich sie fragte, schüttelte sie nur den Kopf und kramte umständlich in der Tasche ihres Morgenmantels nach ihrer Sonnenbrille.

Wenig später bat ich Davide, mir den weißen Transporter zu leihen, damit ich zu Rocco hinüberfahren konnte. Das sagte ich natürlich nicht, und Davide meinte erst, ich solle mich doch von unserem Chauffeur fahren lassen. Als ich ihm erklärte, dass es mir unangenehm sei, mich von einem Chauffeur durch die Dörfer kutschieren zu lassen, gab er mir widerstrebend die Schlüssel. Ich kannte mich auf den Straßen nicht besonders gut aus und fuhr eine Weile recht ziellos umher. Ich las die Namen der Dörfer und einzelnen Gehöfte und versuchte die Abzweigung zu finden, wo der

Schotterweg zu der allein liegenden Hütte hinaufführte. Schließlich fragte ich einen jungen Mann auf einem Roller, der mir bereitwillig vorausfuhr, vorbei an alten Kastanienbäumen, Ziegen, die völlig alleine mitten auf der Straße standen, Felsbrocken und blühenden Rosmarinbüschen. Bei der Abzweigung deutete er bergauf, ich winkte zum Dank und lenkte den Transporter auf den von Schlaglöchern übersäten Weg.

Ich fuhr mindestens zwanzig Minuten, ohne dass irgendein Hinweis auf menschliches Leben zu sehen gewesen wäre, und als ich schon umkehren wollte, da tauchte plötzlich die Hütte hinter der nächsten Kurve auf. Ich stoppte den Transporter und blieb bei laufendem Motor im Wagen sitzen. Vor dem Steinhaus parkte der rote Piaggio, die Tür stand offen und unter der mit Wein überrankten Veranda saß Rocco auf einer Bank. Er hatte die Füße auf einen Benzinkanister gelegt und sah zu mir herüber. Ich wusste nicht, ob er mich auf die Entfernung erkennen konnte, aber wahrscheinlich erkannte er zumindest Davides Transporter. Nun zu wenden, wäre albern gewesen, deswegen stellte ich den Motor ab und kletterte entschlossen aus dem Wagen.

Ich stopfte meine Hände in die Taschen meiner Jeansshorts und stapfte die fünfzig Meter bis zu seiner Hütte hinauf. So hatte ich es mir ausgemalt. Ich würde Rocco knapp für seine Hilfe danken und dann klarstellen, dass ich sehr selten und sehr kontrolliert Wein im Allgemeinen trank und Vin Santo im Speziellen. Dann würde ich mich umdrehen und zurück zum Transporter gehen, würde in einem Zug auf dem engen Weg wenden und Rocco in einer Staubwolke zurücklassen. Vielleicht würde ich ihn auch darauf hinweisen, dass seine Besuche im Haus meiner Tante äußerst unerwünscht seien und dass es schließlich Telefone gebe, falls er mit Davide kommunizieren wolle.

Die Wirklichkeit sah anders aus.

Atemlos blieb ich vor Rocco stehen. Er trug eine abgewetzte Jeans und ein Feinrippunterhemd, noch nie hatte ich jemanden gesehen, dem ein Arm fehlte. Sein gesunder Arm lag locker auf der Stuhllehne, der andere fehlte genau unter der Schulter, der Stumpf sah vernarbt aus.

»Ja«, sagte ich, »es ist so …«

Rocco stand auf und verschwand in der Hütte. Ich hätte schreien können. Dieser Mann hasste mich. Warum auch immer, aber er hasste mich. Vielleicht weil ich zwei Arme hatte oder Geld oder beides. Oder weil er generell jeden hasste, vielleicht hasste er auch nur Frauen. Was es auch war, ich beschloss, dass es nun genug war. Ich wollte mich schon umdrehen und den kleinen Abhang hinunterlaufen, da erschien Rocco wieder in der Tür. Er hatte eine Flasche Rotwein in der Hand und zwei Gläser. Er knallte alles auf den Holztisch und ließ sich wieder auf seinen Stuhl fallen.

»Setz dich.« Er deutete auf den freien Stuhl ihm gegenüber.

»Gut, dass du es ansprichst«, sagte ich und setzte mich, »genau darum geht es. Ich bin wegen gestern hier. Es ist so …«

Ich verlor den Faden und sah Rocco zu, wie er die Gläser randvoll schenkte. Mir wurde schon vom Zusehen wieder übel. Mein Kopf drehte sich. Rocco hob sein Glas und prostete mir zu.

»Salute.«

Er trank es in einem Zug leer.

»Genau. Ich trinke sonst nicht. Du musst wohl gestern gedacht haben, dass ich ein Alkoholproblem habe, aber dem ist nicht so.«

Wieder nahm er die Flasche und schenkte sich nach. Ich sah sein Gesicht an und dachte, dass es bestimmt einmal weich gewesen war, dass sich in seine Gesichtszüge die Schärfe erst in den letzten Jahren eingegraben hatte, und ich erinnerte mich an die Zeit, in der wir jung gewesen waren, voller Erwartungen, an die Zeit, die vor uns gelegen, von der wir gedacht hatten, dass sie unsere Wünsche und Hoffnungen erfüllen würde. Stattdessen hat sie uns verbittert zurückgelassen. Verbittert und voller Schmerz. Ich dachte an den jungen Rocco, dessen Bild ich im Olivenhain verbrannt hatte, den Jungen, der über die Felder gestreunt und zu seinem Onkel ans Meer hinuntergefahren war, der Seemann werden wollte.

»Salute.« Er legte den Kopf in den Nacken und trank.

»Genau genommen habe ich schon monatelang nichts mehr getrunken, bis auf ab und zu ein Glas Sekt oder zwei. Alkohol vertrage ich nicht, und deswegen ist mir gestern der Vin Santo auch nicht bekommen. Vielleicht lag es auch an der Nachmittagssonne und der Hitze. Was weiß ich. Jedenfalls bin ich gekommen, um dir zu sagen, dass gestern, also gestern, das war eine Ausnahme und nur Zufall, dass du mich so gesehen hast. Und du solltest wissen, dass ich kein Alkoholproblem habe.«

»Ich auch nicht«, mit grimmigem Blick nahm er die Flasche und schenkte sich den Rest ein, »in der Hütte steht noch eine Flasche Rotwein auf dem Küchentisch. Kannst du die holen?«

Ich stand zögernd auf.

»Das ist keine besonders gute Idee.«

Rocco antwortete nicht, und ich ging ins Haus. Das Innere der Hütte bestand nur aus einem einzigen Raum. In der Mitte stand ein Holztisch, auf dem sich Bücher, Zeitschriften und Papiere stapelten. Im hinteren Teil des Raumes war ein Holzofen, auf dem man auch kochen konnte, ein alter Bauernschrank ohne Schranktüren und eine schmale Leiter zum Dachboden hinauf, anscheinend schlief Rocco oben, denn unten war kein Bett. Ich nahm die Flasche Wein und drehte mich einmal im Kreis. Der Raum hätte gemütlich sein können, aber Rocco war nun einmal ein Mann.

»Schön ist es hier«, sagte ich, als ich wieder nach draußen kam.

Rocco nahm mir die Flasche ab, entkorkte sie und schenkte sich nach. Der Wein war dunkelrot und schwer, ich hatte noch keinen einzigen Schluck getrunken. Mir wurde übel, wenn ich mein Glas nur ansah.

»Weißt du, ich habe gestern so viel getrunken, weil ich etwas ziemlich Schlimmes erfahren habe«, sagte ich vorsichtig. Ich drehte mein Glas zwischen den Fingern, »ich werde nicht darüber reden, keine Angst, ich rede nie über so etwas. Ich wollte nur sagen, dass ich wirklich einen Grund hatte. Aber du …«

»Ich habe keinen Grund, meinst du«, unterbrach mich Rocco und hob sein Glas und trank. »Salute.«

»Das wollte ich nicht sagen.«

»Was wolltest du dann sagen.«

»Es ging mir nicht gut gestern.«

»Sieh mich an und sag mir, was du siehst.«

Ich verschränkte die Arme vor der Brust und lehnte mich zurück. Mein Herz klopfte bis zum Hals. Rocco sah nun ziemlich betrunken aus. Was auch kein Wunder war.

»Salute.«

»Jetzt hör endlich mit dem Trinken auf!«

»Was siehst du?«

»Verdammt, was soll ich schon sehen? Einen Mann sehe ich.«

»Salute!«

»Was willst du von mir hören?«

»Die Wahrheit.« Er goss sich den Rest der zweiten Flasche ins Glas. »Die Wahrheit. Ist das zu viel verlangt? Du musst wissen: Niemand sagt mir die Wahrheit. Es ist einfacher, nicht die Wahrheit zu sagen. Das tut niemandem weh.«

Er sah mich intensiv an und ich dachte, dass es besser wäre, dieses unsägliche Gespräch sofort zu beenden, bevor es eskalierte. Stattdessen erwiderte ich seinen Blick.

»Was also ist die Wahrheit?«, fragte er.

»Wieso willst du das ausgerechnet von mir wissen?«

»Trink mit mir«, sagte er und prostete mir noch mal zu.

Ich hob mein Glas und trank einen Schluck.

»Dann kannst du mir vielleicht die Wahrheit sagen.« Seine Zunge schien am Gaumen zu kleben.

Er legte den Kopf in den Nacken und trank das Glas wieder in einem Zug leer. Mit der Hand fuhr er sich durch seine schwarzen Locken, die wirr nach allen Seiten abstanden.

»Also. Nun sag mir, was du siehst.«

»Das habe ich schon gesagt.«

»Du traust dich nicht.«

»Was soll das, Rocco? Wieso fragst du mich nach der Wahrheit? Die kennst du doch selbst«, ärgerlich schob ich mein Glas in die Mitte des Tisches und stand auf. Es wurde Abend, die Dunkelheit kroch über die Berge und es wurde Zeit, nach Hause zu fahren.

»Und die ist?«

Ich stützte mich mit beiden Armen auf den Tisch und sah Rocco böse an. Er war so betrunken, dass er mir nicht mehr geradeaus in die Augen blicken konnte.

»Ich sehe einen verbitterten, wütenden Mann mit nur einem Arm. Wenn es das ist, was du hören willst. Ich sehe einen betrunkenen Mann, der sich selbst bemitleidet. Das sehe ich.«

Rocco brach in lautes Lachen aus. Es war ein wildes, zorniges Lachen, das mich einen Schritt zurückweichen ließ, dann verlor er das Gleichgewicht und knallte vom Stuhl. Er blieb genauso liegen, wie er hingefallen war, und ich eilte um den Tisch herum, ging in die Hocke und rüttelte an seiner Schulter, doch er gab nur ein undeutliches Grunzen von sich. Ratlos blieb ich vor ihm knien. Er atmete schwer.

Ich hätte ihn einfach so da liegen lassen können, doch etwas hielt mich zurück. Vielleicht war es der Ausdruck seines Gesichts, der nun ruhig war, ruhig und sanft. Vielleicht hatte ich nur Angst, dass er ersticken würde, falls er sich erbrechen musste. Vielleicht blieb ich, weil auch er geblieben war. Ich setzte mich auf den Steinboden und zog seinen Kopf auf meinen Schoß, sein Haar fühlte sich weich und kräftig an. So blieb ich sitzen, mit einer Hand in seinem Haar, und sah hinunter ins Tal, dorthin, wo die Sonne untergegangen war, wo die Wolken über dem Meer standen wie eine silberne Wand.

Ich spürte, wie ich selbst seltsam ruhig wurde und die Anspannung der letzten Tage von mir abfiel. Sie floss davon, zusammen mit Roccos und meinem gleichmäßigen Atem. Ich bildete mir ein, dass ein Wolf in den Bergen heulte, aber wahrscheinlich war es nur der Wind, der durch die kargen Felsen strich.

Als Rocco – mir erschien es wie Stunden später – die Augen kurz aufschlug, sah er mich an und lächelte.

»Ich wusste, dass du die Wahrheit sagst«, sagte er.

Franka
Farnocchia, Juni 1944

Immer wieder kommen Flüchtlinge aus den Küstenregionen und den größeren Städten an unserem Hof vorbei. Sie wollen die paar Kilometer nach Sant'Anna hinunter, dort finden sie Unterschlupf. Die meisten sind Kinder und Frauen, manche auch Männer, sie sind alle erschöpft von dem weiten Weg, hungrig und durstig. Sie lagern dann beim Brunnen, während Zia Anna und ich ihnen Brot und Käse und Wasser bringen. Maria sieht nach den Kindern, nimmt den Müttern die Säuglinge ab, damit sie essen und sich ausruhen können. Wittig ist das ein Dorn im Auge, aber bis jetzt hat er uns machen lassen.

Gestern kamen vier jüngere Frauen mit sechs Kindern, zwei sehr alte Frauen und ein älterer Mann mit Holzbein. Sie waren die ganze Nacht unterwegs gewesen, und als sie morgens unseren Hof erreichten, weinten die Kinder und legten sich auf den Boden, um zu schlafen. Ich stand mit verschränkten Armen in der Haustür und wusste nicht, wohin mit mir. Guilia, die Köchin, schnitt einen Laib Brot auf und Maria brachte Decken für die Kinder. Als sie an mir vorbeilief, stieß sie mich mit dem Ellenbogen an.

»Was ist mit dir los? An was denkst du?«, fragte sie. »Du siehst aus, als wärst du ganz woanders.«

Sie hatte recht. In Gedanken ritt ich in die Berge, um den Partisanen Medikamente und Waffen zu bringen. Ich traf mich mit Emilia Angelotti auf halbem Weg nach Farnocchia hinunter, wo sie mir neue Anweisungen gab. Mario sah ich, der eine verwundete Schulter und offensichtlich Wundbrand hatte. Mit fiebrig glänzenden Augen steckte er mir einen Zettel für Maria zu, den ich auf dem Heimweg in ungefähr tausend kleine Schnipsel zerriss und vom Wind ins Tal tragen ließ. Ich sah die Worte so deutlich vor mir, Maria, wenn ich nun sterbe, sollst du wissen, dass ich dich liebe. Dich und nur dich.

In meinen Gedanken spürte ich das Fell der jungen Stute zwischen den Fingern, das Leder der Zügel und die tiefhängenden Zweige der Kastanienbäume, die mein Gesicht streiften, wenn ich kurz vor dem Lager vom Pferd sprang, schweigend die Satteltaschen abschnallte und sie dem wartenden Sporco in die Hand drückte.

»Gut, dass du wiederkommst«, hatte er gesagt.

So einfach und knapp, dass ich nichts Bissiges darauf antworten konnte.

»Ist schon in Ordnung.«

»Der Coltello hat sich doch nicht in dir getäuscht.«

Darauf hatte ich nichts erwidert. Machte es mich etwa stolz, dass ich den Coltello zufriedenstellte?

»Wir brauchen noch mehr Wasser«, sagte Maria sanft neben mir. »Na los. Lauf schon. Ich weiß, was du denkst.«

Ich starrte sie entsetzt an.

»Ja. Du denkst an Bruno Nehrlich. Ich hab euch im Garten gesehen.«

»Und?«

»Er gefällt dir.«

»Du täuschst dich.«

»Das ist nicht schlimm. Auch wenn er ein deutscher Offizier ist. Er muss kein schlechter Mensch sein.«

»Ach, Maria.« Ich wäre beinahe in Tränen ausgebrochen. Natürlich dachte ich auch an Bruno Nehrlich, aber ich versuchte diese Gedanken als sinnlose Schwärmerei abzutun, etwas, das man sich nicht erlauben konnte, nicht hier und jetzt. Ich war der Meinung, dass sic nur dazu diente, mich von all den furchtbaren Dingen abzulenken, die um uns herum geschahen. Von der Angst, dass Wittig entdeckte, was ich tat und getan hatte. Ich freute mich, wenn Bruno abends mit seinem Motorrad zurückkam. Sobald er mich sah, winkte er mir zu. Ich winkte vorsichtig zurück und drehte mich schnell um, als hätte ich dringend etwas anderes zu tun, doch mein Herz klopfte bis zum Hals und wünschte sich, dass er zu mir kommen würde, was er nicht tat.

Maria klemmte sich die Decken unter den einen Arm und umarmte mich mit dem anderen.

»Das ist doch nicht schlimm. Ich weiß, wie es ist. Ich weiß das doch.«

»Es ist nichts zwischen uns. Er ist zu alt für mich.«

»Ich habe gehört, dass er Frau und Kinder hat.«

»Woher?«

»Er hat sich mit Wittig unterhalten und neben seinem Bett liegt eine Fotografie. Eine Frau und ein kleiner Junge und ein größeres Mädchen.«

»Siehst du.«

»Aber man kann es sich trotzdem nicht aussuchen.«

»Doch, das kann man«, sagte ich energisch und schob sie von mir. »Nun bring die Decken rüber. Es ist schon in Ordnung.«

»Ich kenne dich zu gut, Franka.«

Sie strich mir über die Wange und lief dann mit den Decken hinaus in den Hof. Einen Moment verharrte ich in der Tür, dann ging ich langsam die Treppen hinauf und öffnete die Tür zu Bruno Nehrlichs Zimmer. Es war klein und schmal, vorher war es Zia Annas Nähzimmer gewesen. Eine Pritsche stand darin, das Bett war frisch bezogen, die Ledertasche lag auf dem einzigen Stuhl, und der Wäschesack stand in einer Ecke. Ich ging hinein und schloss die Tür hinter mir. Da lag sie, die Fotografie. Ich wusste nicht, warum ich sie sehen wollte. Vielleicht, um meinen Gedanken einen Riegel vorzuschieben, was weiß ich. Jedenfalls nahm ich das Bild in die Hand. Eine Frau mit kurzem schwarzen Pagenkopf, sie hatte ein weiches, hübsches Gesicht mit einem warmen Lächeln. Die Kinder, vielleicht zwei und vier Jahre alt, standen neben ihr, sie hatte ihre Arme um sie gelegt. Ich weiß nicht, wie lange ich das Bild in den Händen hielt und in dieses andere Leben eintauchte, mir vorstellte, wie es war, wenn Bruno Nehrlich nach Hause kam, wie sich die Kinder an ihn klammerten und er lachte und seine hübsche Frau küsste. Ich versuchte mir einzureden, dass meine Schwärmerei sinnlos und albern war und dass ich mich nur zu ihm hingezogen fühlte, weil es keinen anderen Mann in der Umgebung gab, der halbwegs interessant war.

Ein Motorengeräusch von draußen ließ mich aufschrecken. Wie ertappt legte ich das Bild zur Seite und lief zum Fenster. Gerade wendete ein Wagen auf unserem Hof. Maria stand da und sah zu mir herauf. Sie hielt einen weißen Umschlag in der Hand und bedachte mich mit einem strafenden Blick. Sie hatte ja recht. Ich hatte in Bruno Nehrlichs Zimmer nichts zu suchen. Sie wedelte mit dem Umschlag.

Von deiner Mutter, formten ihre Lippen.

Wenig später, als ich den Brief in den Händen hielt, fragte ich mich, wann man kommendes Unheil ahnt. Ob man wirklich spüren kann, wenn sich alles gegen einen wendet. Oder ob man bis zum Ende völlig ahnungslos bleibt.

Liebe Franka, stand da in der geschwungenen Schrift meiner Mutter. *Wie geht es Dir und wie geht es Zia Anna? Ich habe sehr gute Neuigkeiten für Dich. Dein Vater und ich haben einem Arrangement mit der Familie Dollinger zugestimmt. Maximilian Dollinger hat um Deine Hand angehalten und Vater und ich sind überzeugt, dass diese Verbindung nur von Vorteil für Dich sein kann. Maximilian ist ein Mann, der schon mitten im Leben steht, sein Besitz ist beachtlich, und er wird Dich als seine Frau mit Sicherheit glücklich machen können. Wir dachten, dass eine Heirat nach Ende des Krieges angemessen wäre. Mein Liebling, so bist du nun verlobt, eine aufregende, freudige Zeit steht Dir bevor.*

Sobald die Wirren des Krieges etwas überschaubarer sind, sollst Du Dich auf den Weg nach München machen. Es gibt nun keinen Grund mehr, länger in Italien zu bleiben, Du hast gesellschaftliche Verpflichtungen in München.

Grüße Zia Anna und Maria herzlich von mir und bereite Dich auf Deine baldige Abreise vor.

Sie schrieb noch ein paar belanglose Sätze über Vater, dem es langsam besser ging, und über meine Schwestern, die mich grüßen ließen, was vermutlich nicht einmal stimmte. Ich ließ den Brief fallen, drehte mich um und lief vom Hof. Nur fort. Ich konnte Maria hören, die mehrmals meinen Namen rief. Sie hatte besorgt neben mir gestanden, während ich den Brief las. Doch ich drehte mich nicht um. Mir schnürte sich der Hals zu, genauso wie zu Hause in München, wenn ich das Gefühl hatte, die Welt stürzte auf mich. Mein einziger Gedanke war, dass ich mich irgendwohin verkriechen wollte, wo mich niemand fand, wo niemand sehen konnte, wie ich langsam und elendig erstickte, wo ich mich zusammenkauern und klein und unsichtbar werden konnte.

Ich rannte aus dem Haus und den Berg hinauf bis zu dem kleinen Trullo. Manchmal suchten dort die Ziegenhirten vor Unwettern Schutz, doch nun war er leer. Ich kroch durch den kleinen Eingang ins dunkle Innere. Es roch nach altem Heu und Staub und Ziegenfell, etwas nach Rauch, denn in der Mitte war eine kleine Feuerstelle, die noch ein bisschen warm war. Ich wusste, dass Maria mich suchen würde, doch ich wollte nicht einmal sie sehen, mich ihr so zeigen, so voller Angst, dass ich kaum noch atmen konnte. Meine Gedanken rasten, eine Möglichkeit nach der anderen kam mir in den Kopf, wie ich verhindern konnte, dass ich zurückmusste und, was das Schlimmste war, zu heiraten. Mir wurde übel, ich lehnte mich gegen die raue, rissige Wand und vergrub meinen Kopf in meinen Armen. Ich konnte nicht weinen, ich wollte es auch nicht, ich wollte mich nur auflösen, nicht mehr leben, lieber sterben als zurück.

Leise rief jemand meinen Namen und ich schreckte auf, das Atmen tat mir weh, es war, als würde die Luft in meine Lunge schneiden.

»Franka!«

Ich erkannte Bruno Nehrlichs Stimme.

»Ich weiß, dass Sie da drin sind, ich habe Sie den Berg hinauflaufen sehen.«

Das helle Rund des Eingangs verdunkelte sich, als Bruno Nehrlich sich bückte, um zu mir ins Innere des Trullo zu kommen.

»Ein eigenartiger Ort für einen Samstagmorgen. Man würde eher erwarten, dass ein junges Mädchen in der Sonne zwischen den Kastanien spazieren geht. Und nicht in einem dunklen, stickigen Raum sitzt, in dem es nach Ziege und Rauch riecht.«

Ich konnte darauf nicht antworten. Ich rang immer noch nach Luft.

»Was ist mit Ihnen?« Er kniete sich vor mich und legte seine Hand auf meine Hand.

»Was ist? Bekommen Sie keine Luft?«

Ich nickte.

»Kommen Sie mit nach draußen.«

Er versuchte, mich hochzuziehen, doch ich schüttelte heftig den Kopf.

»Vor was verstecken Sie sich?«, fragte Nehrlich. »Was hat Sie so verstört?«

Langsam setzte er sich neben mich und lehnte sich auch mit dem Rücken gegen die Wand. Ich konnte seine Schulter an meiner Schulter spüren.

»Ich will nicht darüber sprechen.«

»Sie sind eine Frau mit vielen Geheimnissen.«

»Finden Sie.«

»Wer ist das: Sie hat Angst vor den Wölfen, reitet aber trotzdem nachts in die Berge?«

Nun musste ich doch lächeln.

»Das bin ich.«

»Wer ist angezogen wie ein Bauernjunge, spricht aber wie eine Prinzessin?«

»Das bin ich.«

»Wer flüchtet vor Gespenstern, bleibt aber ruhig mit einem bewaffneten Mann in einer dunklen Hütte?«

»Sie würden mir nichts tun.«

Nun lachte Bruno Nehrlich. Ich mochte sein Lachen. Es hörte sich weich und voll an, und es ließ mir einen seltsamen Schauer über den Körper rieseln. Mir fiel ein, was Maria über ihr erstes Treffen mit Mario erzählt hatte, dass seine Stimme und sein Blick ihre Haut berührt und zum Glühen gebracht hatten. Ich hatte ihr zugehört, ihre Erzählung aber als Unsinn abgetan. Das hatte ich natürlich nicht gesagt. Ich wollte sie nicht verletzen, doch ich schrieb es ihrem Wesen zu, dass sie sich einbildete, so etwas zu spüren. Nie dachte ich, dass es mir auch nur im Entferntesten so gehen könnte. Dass mir etwas passieren könnte, was mein geordnetes Inneres auf den Kopf stellte.

»Vermutlich haben Sie recht«, sagte er, »wollen Sie mir nun nicht erzählen, was eben passiert ist?«

»Ich soll nach Hause, nach München Und ich hasse es. Ich will nicht zurück. Das ist alles.«

»Dann gehen Sie nicht. Sie sind eine erwachsene Frau.«

»So einfach ist das nicht.«

»Doch. Das ist es.«

»Sie wollen damit sagen, dass Sie einfach bleiben würden. Egal welche Verpflichtungen zu Hause auf Sie warten.«

Eigentlich wollte ich keine Antwort auf diese Frage hören, denn ich wusste sie schon. Natürlich würde Bruno Nehrlich zu seiner Frau und seinen Kindern zurück nach Deutschland gehen. Es war absolut dumm von mir, diese Frage überhaupt zu stellen. Bruno antwortete nicht.

»Ja, sagen Sie besser nichts«, sagte ich und rappelte mich auf. Die Luft kam wieder, erreichte meine Lungen, ließ mich weiteratmen. Der Druck war noch da, aber nicht mehr in diesem entsetzlichen Ausmaß.

Bruno Nehrlich hielt mich zurück.

»Gehen Sie nicht. Bleiben Sie noch eine Weile bei mir hier sitzen und lassen Sie uns so tun, als wäre die Welt da draußen nicht die Welt, die wir kennen.«

»Als wäre kein Krieg?«

»Als wäre kein Krieg, wir wären alleine hier und niemand würde von Ihnen verlangen, woanders hinzugehen. Als würde es keine Vergangenheit und Zukunft geben. Lassen Sie uns nur einen Moment die Zeit anhalten.«

Ich hätte gerne gesagt, dass man die Zeit nicht anhalten kann, doch Bruno Nehrlich fasste wieder nach meiner Hand und zog mich zu sich. Mein Herz klopfte zum Zerspringen. Zögernd gab ich nach, und Bruno Nehrlich legte seinen Arm um mich, streifte mit seinen Lippen mein Haar. Lange saßen wir so nebeneinander. Er erzählte davon, dass er in Augsburg lebe, er erzählte von den Sommerabenden am Lech und von seiner Arbeit in einem kleinen Verlag. Er erzählte nichts von seiner Frau und nichts von seinen Kindern, und ich erzählte nichts von Maximilian Dollinger. Den ich erst ein Mal gesehen hatte und an den die Erinnerung so verschwommen war, dass sie mich nicht einmal ängstigte. Nur anwiderte. Bruno Nehrlich versuchte auch nicht, mich zu küssen, nur seine Wange berührte meine Schläfe, und ich konnte seinen Atem auf meinem Gesicht spüren.

Wir hörten, wie Maria nach mir rief, dann Zia Anna, doch wir hielten uns still und antworteten nicht.

Heute bin ich in Bruno Nehrlichs Zimmer gegangen. Das Bild war fort, es lag nicht mehr auf dem Nachttisch und unter seinem Kopfkissen war es auch nicht. Auch in seiner Uniformjacke habe ich nachgesehen, in der Innentasche, doch ich fand es nicht. Ich frage mich, was das bedeutet. Ob es überhaupt etwas bedeutet, und wenn, ob es gut oder schlecht für mich ist.

Marielle
Amsterdam, April 2004

Ich sehe zu Roos hinüber. Das heiße Wasser beschlägt das Fenster und den Spiegel, ich genieße es, mich im Wasser leicht und schwerelos zu fühlen. Ich könnte stundenlang in der Badewanne liegen bleiben.

»Kommst du nun später in die Bar?«, fragt sie mich.

»Ich weiß nicht. Deinetwegen würde ich gerne kommen. Ich würde dich gerne singen hören. Aber langsam ist alles so beschwerlich. Allein die Treppen im Haus schaffen mich schon. Und abends könnte ich um sieben ins Bett gehen.«

»Willst du es ihm nicht doch sagen?«

»Was sagen?«

»Dass du schwanger bist.«

»Ich bin schwanger? Ehrlich?« Ich ziehe eine Grimasse und lege die Hände auf meinen Bauch. In letzter Zeit bewegt es sich nicht mehr viel. Es hat keinen Platz mehr, um herumzuturnen. Es hat sich mit dem Kopf nach unten gedreht und wartet nun auf den richtigen Zeitpunkt. »Wozu?«

Roos dreht sich zu mir um, wickelt sich in das Handtuch und bleibt gegen das Waschbecken gelehnt stehen. Sie sieht mich ziemlich ernst an. Was so gut wie nie vorkommt. Meistens sagt sie selbst ernste Dinge mit einer wegwerfenden Bewegung oder mit einem Lachen.

»Ein Mann sollte wissen, wenn er Vater wird.«

»Mein eigener Vater weiß vermutlich nicht, dass es mich gibt.«

»Und deinem Kind willst du das Gleiche antun.«

»Roos, ich bekomme gleich ganz schlechte Laune.«

Mit einem Achselzucken geht sie vor mir in die Hocke und legt ihre Hände und ihr Kinn auf dem Badewannenrand ab.

»Ja ja, ich weiß. Diesen Satz kenne ich auswendig. Schon als du über das Stäbchen gepinkelt hast, hast du schlechte Laune gekriegt. Und als ich gesagt habe, dann lass es doch wegmachen, hast du mindestens eine halbe Stunde nicht mehr mit mir gesprochen.«

»Ich habe darüber nachgedacht.«

Wir haben in Roos' Küche gesessen und der Test hatte in der Mitte des Tisches gelegen. Wir starrten beide darauf, als würde das Plastikteil gleich aufstehen und uns sagen, was ich tun sollte. Roos fragte, ob wir denn nicht verhütet hätten, schob dann aber gleich ein »vergiss es« hinterher. Sie sagte, wenn ich es nicht wolle, dann müsste ich es nicht bekommen. Und ich sagte, ich wisse es nicht. Ich wusste nur, dass ich Rocco nichts davon sagen würde. Niemals. Ich dachte, dass es vielleicht nicht bleiben würde. Schließlich war ich keine junge Mutter mehr und beschloss, mich nicht verrückt zu machen. Roos sagte, es würde nichts helfen, den Kopf in den Sand zu stecken und so zu tun, als wäre nichts. Nach ein paar Wochen glaubte ich das auch.

»Dann solltest du jetzt auch darüber nachdenken, ob du

es Rocco nicht sagst. Ich meine, das Baby kommt bald. Sieh dich an. Du platzt bald.«

Mit dem Zeigefinger stupst sie meinen Bauch, der aus dem Wasser ragt, an.

»Vielleicht würde er gerne bei der Geburt dabei sein.«

»Lieber sterbe ich.«

»Dann willst du das Kind alleine bekommen, oder wie?«

»Darüber habe ich mir noch keine Gedanken gemacht.«

»Scheiße, werdende Mütter denken über nichts anderes nach. Bloß du nicht. Irgendwann kommt es raus. Das bleibt da nicht ewig drin. Ich weiß nicht, ob dir das schon mal jemand gesagt hat.«

Wir müssen beide lachen.

»Vielleicht gehst ja du mit.«

»Nur unter Protest.«

»Danke.«

»Ruf ihn an«, sagt Roos und schlüpft in das Kleid, das ich ihr geliehen habe, »ich bin mir sicher, du bereust es sonst. Was willst du dem Kind erzählen? Dass sein Vater tot ist, oder wie?«

Als ich nicht antworte, seufzt sie und drückt mir einen Kuss auf die Stirn.

»Darüber hast du auch nicht nachgedacht, sag bloß. Ich hab mal gehört, Kinder kriegen alles raus.«

»Ich hab nichts rausgekriegt.«

»Weil du aufgegeben hast.«

Diesmal seufze ich. Nicht mal, als Mutter im Sterben lag, konnte ich sie fragen, wer meine leibliche Mutter war. Vielleicht hätte sie es mir gesagt, aber in dem Moment wollte ich sie nicht verletzen, wollte nicht, dass sie dachte, dass mir eine andere Frau, die ich nie kennengelernt hatte, nun wichtiger wäre als sie. Während ich an ihrem Bett saß, rang ich mit dieser Frage, aber ich stellte sie nicht.

Und damals? Die Spuren verliefen im Sand. Meine Familie war nicht bereit, irgendwelche Fragen zu beantworten. Als ich meine Großmutter in München danach fragte, wurde sie blass und entschuldigte sich, dass sie sich nicht wohlfühle und sich etwas ausruhen müsse. Es gab keine weiteren Dokumente oder Menschen, die mir Antworten geben konnten. Irgendwann hatte ich das Gefühl, dass ich aus dem Nichts aufgetaucht war. Ich hatte Rocco davon erzählt, und er sagte, ich wäre vielleicht einfach vom Himmel gefallen.

»Wenn du nicht kommst, dann denke wenigstens an mich«, sagt Roos.

»Natürlich. Ich denke immer an dich.«

»Und an Rocco.«

Ich tauche meinen Schwamm ins Badewasser und werfe ihn nach Roos, doch Roos ist schon durch die Tür und hat sie von außen geschlossen. Der Schwamm prallt am Holz ab und macht eine große Pfütze auf den Boden. Ich lasse mich ganz ins Wasser gleiten und tauche unter, bis ich nur noch dumpf meinen Herzschlag höre.

Marielle
Farnocchia, August 2003

Die Farben in dem Deckelkorb unter der Treppe riefen leise meinen Namen. Ich war unruhig und konnte meine Hände kaum stillhalten und überlegte hin und her, wie ich an eine Leinwand kommen könnte. Ich musste mich dringend ablenken. Von Rocco, von der letzten Nacht, von den Gefühlen, die in mir verrückt zu spielen schienen. Ich hatte Rocco in seinem angetrunkenen Zustand nach drinnen bugsiert und die Treppe hinauf, in den kleinen Raum unter dem Dach, in dem man kaum aufrecht stehen konnte. Dort lag eine Matratze mit Bettzeug. Rocco zog mich zu sich, doch ich schüttelte seine Hand ab. Ich wusste nicht mehr, was ich zu ihm gesagt hatte, ich wusste nur, dass ich ihn dort oben allein gelassen hatte und im Laufschritt zu Davides Transporter zurückgelaufen war. Ich startete den Motor und schoss die Serpentinen nach unten.

Die Dunkelheit war wie eine dicke, unnachgiebige Wand, und der Scheinwerferkegel erfasste mal ein Haus, mal einen knorrigen Baum, mal ein Holzkreuz am Straßenrand. Ich hoffte, dass mich niemand zurückkommen hörte, was auch so war, und den Rest der Nacht saß ich auf dem kleinen Balkon vor meinem Zimmer und rauchte.

Ich musste etwas tun, ich konnte nicht einfach herumsitzen. Gegen Mittag beschloss ich, Davide noch mal nach dem Transporter zu fragen, obwohl er noch am Morgen gesagt hatte, dass er ihn mir nie wieder leihen würde, weil er sich solche Sorgen gemacht hatte, weil ich die halbe Nacht damit weggeblieben war. Er sagte nicht, um wen oder was er sich Sorgen gemacht hatte, doch ich vermutete, es war eher der Transporter. Ich versprach ihm, nur nach Lucca zu fahren, die Leinwände zu besorgen und danach sofort wieder heimzufahren. Kein Abstecher ans Meer, nicht in die Berge und keinen Kaffee vor dem Duomo di San Martino.

Als ich gerade den Hof verlassen wollte, stellte sich mir Mutter in den Weg. Diesmal war sie angezogen. Sie trug einen hellen Leinenanzug, den Sonnenhut und die riesige Sonnenbrille. Sie wartete nicht ab, dass ich die Wagentür öffnete, sondern ging vorne um den Transporter herum, wobei sie sich an der Motorhaube abstützte. Dann öffnete sie die Beifahrertür und kletterte mühsam herein.

»Davide hat gesagt, du fährst nach Lucca.«

»Du willst doch nicht etwa mitkommen?«

»Ich habe in Lucca etwas zu erledigen.«

»Du bist zu schwach für so einen Ausflug. Das ist doch zu anstrengend.«

Mutter nahm den Hut ab und legte ihn sich auf den Schoß. Sie kniff entschlossen die Lippen zusammen und sah nach vorne.

»Nun fahr schon los.«

Ich stellte den Motor ab und drehte mich zu ihr. Es war nicht der richtige Moment, einen Streit vom Zaun zu brechen, aber vielleicht würde es nie wieder einen Moment wie diesen geben.

»Du bist zu schwach, um nach Lucca zu fahren.«

»Deswegen fährst ja auch du.«

»Du weißt genau, wie ich es meine.«

»Rede nicht mit mir, als wäre ich alt, debil und krank.«

»Mutter. Du bist krank. Ich kann dich nicht mit nach Lucca nehmen.«

Nun drehte sie sich auch zu mir hin, nahm die Brille ab und starrte mich wütend an.

»Ich weiß genau, was ich schaffe und was nicht. Das musst du mir nicht sagen.«

»Du kannst kaum zehn Meter gehen, ohne eine Pause zu machen.«

»Dann mache ich eben eine Pause.«

Ich lehnte mich zurück und schloss kurz die Augen. Wie oft hatte mir Roos gesagt, ich könne froh sein, dass ich in Amsterdam wohnte und Mutter in München. Und Zia Maria. Sie sagte, auch wenn Mutter immer schwieriger würde, müsste es möglich sein, sie sechs Wochen im Sommer zu ertragen.

»Ihr seid alle gleich«, fuhr Mutter mich an und zog den Sicherheitsgurt fest. »Ihr seid froh, wenn ich in meinem Zimmer liege und ihr mich nicht sehen müsst. Das ist es und nichts anderes.«

»Du weißt genau, dass das nicht stimmt.«

»Oh doch. Es stimmt. Und nun fahr endlich los.«

Innerlich musste ich ihr recht geben. Ich ließ den Motor wieder an, und wir setzten uns in Bewegung. Auf dem Weg nach Lucca redeten wir kaum miteinander, Mutter hatte sich zum Fenster gedreht und sah schweigend hinaus. Nur als wir an der Abzweigung vorbeikamen, an der der Schotterweg zu Roccos Hütte abging, sagte sie: »Dort oben ist das Haus von der alten Riccarda.«

»Der alten Riccarda?«

»Ich weiß nicht, ob es heute noch steht.«

»Es steht noch«, sagte ich, »Rocco Mantovani wohnt da jetzt.«

»Rocco Mantovani«, sie lachte, vielleicht räusperte sie sich auch nur, »wer hätte das damals gedacht. Dass es eine Zeit hinter der Zeit gibt. Dass alles vorbei- und weitergeht.«

»Kannst du aufhören, in Rätseln zu sprechen?«

»Das sind keine Rätsel, sondern Tatsachen.«

Daraufhin schwieg ich den Rest der Strecke, fuhr viel zu schnell für die kurvigen Straßen und ließ den Fahrtwind an meinem Haar zerren und es herumpeitschen. Ich beschloss, dass es unmöglich war, ein normales Gespräch mit meiner Mutter zu führen und dass es vielleicht auch gar nicht mehr nötig war.

Sie wollte, dass ich sie am Duomo di San Martino absetzte und sie danach wieder abholte. Ich hatte kein gutes Gefühl, denn Lucca war voller Touristen. Es wimmelte nur so auf den Straßen, die Mittagshitze prallte auf die Stadt hinunter, doch Mutter warf mir einen eisigen Blick zu, als ich ihr sagte, dass ich Angst hätte, sie würde in all dem Geschubse und Gedränge verloren gehen und womöglich kollabieren. Also tat ich wie geheißen, ließ sie in der Nähe des Doms aussteigen und blickte ihr nur kurz nach.

Kurz, weil sie unmittelbar von den Menschenmassen verschlungen wurde und ich nur noch für einen winzigen

Augenblick ihren weißen Hut zwischen den Leuten aufblitzen sah.

Ich parkte den Transporter und eilte durch die kleinen, verschachtelten Gassen in Richtung des Piazza dell'-Anfiteatro. Es fiel mir schwer, nicht an den kleinen Läden haltzumachen und im Gedränge die Auslagen zu bewundern. Ich versagte mir auch, in einer kleinen Panetteria ein getoastetes Brot mit Tomaten zu essen oder in den hundert kleinen Schachteln eines Schmuckverkäufers zu wühlen, in denen bunte Glasperlen, Bernstein und Lapislazuli funkelten. In der Via Fillungo konnte ich dann doch nicht widerstehen und drückte meine Nase am Schaufenster eines winzigen Ladens platt, in dem ich ein wunderschönes Kleid entdeckte, schwarz, aus fließendem Stoff, im Nacken geknöpft, aber mit einem dekolletierten Rücken bis zur Hüfte. Ich konnte nichts dagegen tun.

Ich sah mich in diesem Kleid an der Strandpromenade von Forte dei Marmi entlangspazieren, Hand in Hand mit Rocco. Der Wind blies uns Salz ins Gesicht, und ich spürte Roccos warme Haut auf meiner. Ich sah mich, wie ich meine Schuhe auszog und lachend durch den Sand bis zum Meer hinunterlief und ins Wasser hineinwatete, bis das Kleid nass an meinen Beinen klebte.

Und dann sah ich plötzlich Rocco neben mir im Glas des Schaufensters. Er trug eine schwarze Sonnenbrille und hatte eine abgewetzte Lederjacke über die Schultern gelegt, sodass es kaum auffiel, dass ein Arm fehlte. Ohne weiter zu überlegen, drückte ich die Tür des Ladens auf. Die Glocke bimmelte hell, als würde sie mich auslachen. Im Laden war es angenehm kühl. Eine ältere Frau saß hinter der Theke und löste Kreuzworträtsel. Sie blickte kurz auf und nickte mir zu, dann vertiefte sie sich wieder in ihr Heft. Eilig griff ich nach dem Kleid und verschwand damit in der Umkleidekabine. Ich hörte wieder das Bimmeln der Glocke und blieb wie erstarrt hinter dem Vorhang stehen. Mein Herz klopfte heftig.

»Läufst du vor mir davon?«, hörte ich Rocco sagen.

»Vielleicht will ich nicht mit dir sprechen.«

»Gestern wolltest du noch.«

»Gestern war gestern und heute ist heute.«

»Willst du das Kleid kaufen?«

»Vielleicht.«

»Vielleicht. Vielleicht. Vielleicht.«

»Meine Mutter sitzt im Duomo di San Martino, und ich muss noch Leinwände besorgen. Ich hab keine Zeit für lange Unterhaltungen.«

»Im Duomo di San Martino kann man es stundenlang aushalten.«

»Ich kann sie nicht so lange warten lassen.«

»Hast du Angst vor deiner Mutter?«

Ich antwortete ihm nicht, sondern nestelte an den Knöpfen des Kleides herum. Meine Finger waren schweißnass.

»Bist du nicht etwas zu alt, um vor deiner Mutter Angst zu haben?«, fragte er durch den Vorhang.

»Meine Mutter ist sehr speziell.«

»Ich weiß. Früher habe ich sie nachts in die Berge reiten sehen. Da war ich noch ein kleiner Junge. Meine Mutter nannte sie die verrückte Deutsche. Alle nannten sie so. Aber ich glaube, es ist etwas übertrieben, vor ihr Angst zu haben.«

»Ich habe auch keine Angst vor ihr, es ist nur so …«

»… dass du Angst vor ihr hast«, unterbrach er mich. »Sie ist eine alte Frau. Mehr nicht.«

»Du weißt einfach über alles Bescheid«, stellte ich fest. »Du kennst sie doch gar nicht. Und mich kennst du auch nicht.«

»Ich habe auch eine Mutter.«

»Jeder Mensch ist anders.«

»Findest du? Je länger ich darüber nachdenke, desto mehr kommen mir alle gleich vor. Zeig mir das Kleid.«

Ich zog den Vorhang ein kleines Stück zur Seite und hielt es ihm hin. Es machte mich ärgerlich, dass er so mit mir sprach. Und dass ich mich in seiner Gegenwart fühlte wie ein kleines Mädchen.

»Es ist schön. Probier es an.«

»Ich mag nicht mehr.«

»Warum nicht?«

»Es passt mir nicht. Ich würde es doch nicht tragen.«

Mit einem kurzen Seitenblick auf die Verkäuferin drückte ich ihm das Kleid gegen die Brust und drängte mich an ihm vorbei. Er folgte mir nicht, und ich tauchte in die Gassen und Gässchen Luccas ein, schlängelte mich an Marktständen und Eisverkäufern vorbei, bis ich endlich den Laden für Künstlerbedarf gefunden hatte. Erleichtert atmete ich den Geruch von Farben und Terpentin ein und brach zwischen den Leinwänden fast in Tränen aus.

Die vielen Tuben und Fläschchen und Pinsel erinnerten mich an meine Wohnung in Amsterdam, an mein Atelier, wo man sich zwischen Farbklecksen auf den Boden legen konnte, stundenlang, ohne dass einen jemand störte.

Höchstens Roos, die manchmal heraufkam, die ich dann zeichnete, schnell hingeworfen, von der Seite, ihr wunderschönes Profil, oder liegend, mit der Katze auf dem Bauch. Ich war so unendlich müde, und allein die Stimme des jungen Mannes, der mir die verschiedenen Leinwände zeigte, trieb mir die Tränen in die Augen. Er fragte mich, ob alles in Ordnung sei, und ich sagte ja, ja natürlich und legte schnell das Geld für die Leinwände bar abgezählt auf den Tisch. Draußen lehnte ich mich dann gegen die Wand und presste meine Hände vors Gesicht und betete, dass Rocco schon auf dem Weg nach Hause war und mich nicht so sehen würde.

Als ich den Dom betrat, konnte ich Mutter zuerst nicht finden. Ich hielt Ausschau nach ihrem Hut, ihrer kleinen, zähen Gestalt, doch ich konnte sie nirgends entdecken. Das Licht schien weich und golden durch die hohen Fenster und ließ den sandfarbenen Boden warm leuchten. Schließlich entdeckte ich sie, nachdem ich die gesamte Kirche im Laufschritt durchquert hatte, in einem kleineren Seitenschiff, vor einem Bild der heiligen Jungfrau auf einer Holzbank sitzend.

»Hier bist du.«

Sie nickte, und ich setzte mich zu ihr. Sie hatte ihre Hände im Schoß verschränkt und blickte auf das Bild vor ihr.

»Hier habe ich geheiratet«, sagte sie, und ich runzelte die Stirn.

»Mutter«, sagte ich, »du hast in München geheiratet. 1946.«

Und die Ehe wurde ein Jahr später annulliert. Aber das sagte ich nicht, weil ich sie nicht unnötig aufregen wollte. Meine Großmutter sagte immer, das sei ein schwarzes Kapitel im Leben meiner Mutter gewesen.

»Unsinn. Es war hier. Genau hier vor diesem Bild. Draußen war Krieg und wir hatten nicht viel Zeit. Er fand einen jungen Geistlichen, der sich in der Sakristei versteckt hielt. Er dachte, wir wollen ihn umbringen. Zuerst dachte er das.«

»Du hast in München in der Frauenkirche geheiratet.«

»Ja, ja, schon recht. Wir mussten ihn zwingen, dass er mit uns kam. Er hatte so viel Angst. Gott, alle hatten so viel Angst. Ich glaube, ich war die Einzige, die aufgehört hatte, sich zu fürchten. Es gibt einen Punkt, den man überwinden muss, dann hat man keine Angst mehr.«

Ich spürte, wie ich innerlich zusammensank. Ich hatte keine Kraft mehr für Gespräche mit Verrückten. Zu Hause, nahm ich mir vor, würde ich Zia Maria fragen müssen, ob in Mutters Kopf noch alles in Ordnung war.

»Und wen hast du geheiratet?«, fragte ich und konnte nicht verhindern, dass meine Stimme genervt klang.

»Bruno«, flüsterte meine Mutter.

»Bruno.« Den Namen hörte ich zum ersten Mal.

»Ich kann mich noch an die Kälte erinnern, die vom Boden aufstieg, auch wenn es draußen warm war. Und an den Geruch nach Weihrauch. Auch an das Bild. Manchmal muss man ein Bild nur einmal ansehen und es bleibt einem ein ganzes Leben im Gedächtnis. Nur die heilige Jungfrau. Ich dachte immer, sie lächelt. Dabei sieht sie traurig aus. Erinnerungen sind trügerisch.«

»Wir sollten nun langsam nach Hause. Du bist sicher erschöpft.«

»Sicher. Ich bin nicht mehr hier gewesen. Seit damals habe ich den Dom nicht mehr betreten. Ich dachte, ich schaffe es überhaupt nicht mehr. Und jetzt bin ich doch hier. Nach so vielen Jahren.«

»Warum bist du nicht eher gekommen?«

»Ich hätte es nicht ertragen.«

Ich konnte sie nur verwundert ansehen. Mühsam stand sie auf. Sie ließ mich ihren Ellenbogen nehmen, und als wir im Gang standen, schob sie ihren Arm unter meinen.

»Lass mich noch einmal zurück blicken.«

Wir blieben stehen und warfen Madonna mit ihrem blauen Kleid und der Lilie noch einen letzten Blick zu, dem kleinen Altar, den wenigen Holzbänken und den brennenden Kerzen. Ihre Flammen flackerten nicht. Still schwebten sie über dem Docht. Still und leuchtend.

Franka
Farnocchia, Juni 1944

Am Abend kam Bruno Nehrlich mit seinem Motorrad zurück. Ich beobachtete ihn vom Fenster aus, wie er abstieg und seinen Helm abnahm und die Maschine zur Remise hinüberschob. Jetzt weiß ich, dass sein Haar blond ist, nicht so hell wie meines, und seine Augen blau. Ich versuchte, nicht an seine Frau zu denken und nicht an die Kinder und ging zur Haustür.

»Wo sind Ihre Haare?«, fragte er, als er mich sah.

Ich hatte sie abgeschnitten. Am Morgen. Mit der Küchenschere. Nachdem Zia Anna gesagt hat, es wäre vielleicht gar nicht so schlimm zu heiraten. Man gewöhne sich an fast alles. Auch an einen Mann, den man nicht liebe. Ich wusste, dass sie mir nur Mut machen wollte. Und doch brachten mich ihre Worte auf. Da habe ich die Schere genommen und mein Haar knapp unter den Ohren abgeschnitten.

Er hob seine Hand und strich mir eine kurze Locke zurück hinter das Ohr. Er sah erschöpft aus.

»Die Haare haben mich gestört. Wo kommen Sie jetzt her.«

»Ich will Ihnen etwas zeigen.«

Ich warf einen schnellen Blick nach draußen. Zia Anna

trieb auf der anderen Seite des Hofes die Hühner in den Stall, eines entwischte ihr immer wieder und flatterte auf das Dach des Hühnerstalles. Maria konnte ich nirgends entdecken. Dann folgte ich ihm die Treppen hinauf.

»Was wollen Sie mir zeigen?«, fragte ich und lehnte mich mit der Schulter gegen die Wand neben seiner Zimmertür. Ich kannte sein Zimmer inzwischen in- und auswendig. So oft war ich während des Tages darin gewesen. Mal, um das Fenster zu öffnen, damit frische Luft hineinkam, und mal, um das Bettzeug hinauszuhängen. Mal, um die Vorhänge zu schließen, damit es nicht zu heiß wurde. Und manchmal einfach, um kurz auf dem Rand des Bettes zu sitzen und die Augen zu schließen, alles auszusperren, was schwierig und unglücklich war.

»Sie glauben nicht, dass ich etwas habe, das Sie interessieren könnte.«

»Ich weiß es.«

»Spionieren Sie mir nach?«

»Dann und wann.«

Er lächelte, nahm meine Hand und zog mich in sein Zimmer.

»Setzen Sie sich.«

Zögernd setzte ich mich auf das frisch gemachte Bett und legte meine Hände in den Schoß, Bruno Nehrlich bückte sich und zog die braune Mappe unter dem Bett hervor.

»Haben Sie die schon gesehen?«

»Gesehen schon. Aber ich habe sie nicht geöffnet«, gab ich zu.

Bruno Nehrlich setzte sich zu mir, legte die Mappe zwischen uns und ließ das Schloss aufschnappen.

»Ich möchte Ihre Meinung hören«, sagte er. »Was sagen Sie dazu?«

Er holte mehrere Bleistift- und Kohlezeichnungen heraus. Ich konnte Zia Anna erkennen und das Fohlen Luz, Wittig, eingeschlafen mit offenem Mund, im Sessel vor dem Feuer. Und unseren Hof, oben von den Bergen aus. Zia Annas Carrozza, die im Hof stand, mit der jungen Stute davor. Die Bilder waren fantastisch. Obwohl sie nur schnell skizziert waren, hatte Bruno Nehrlich die Seele der Personen und Dinge eingefangen.

»Sie sind wunderschön.« Ich strich mit dem Zeigefinger über die Nase des Fohlens. »Wirklich wunderschön.«

»Dürfte ich Sie …«

»Zeichnen? Sie wollen mich zeichnen?« Ich legte den Kopf in den Nacken und lachte.

»Dann darf ich?«, fragte er und holte Papier und ein Stück Kohle aus der Ledermappe. Ich streifte die Schuhe ab und zog die Beine an, lehnte mich gegen das Holz des Bettes und sah ihm zu, wie er mit schnellen Strichen mein Gesicht skizzierte, mein Haar, den Hals, die Schultern. Immer wieder blickte er auf, um mich anzusehen, und ich erwiderte seinen Blick. Sollte ich ihn nach seiner Frau und seinen Kindern fragen? Ob er seine Frau liebte? Ob er zu ihr zurückkehren würde?

»An was denken Sie? Sie sehen so ernst aus.« Mit feinen Strichen schraffierte Bruno Nehrlich mein Haar auf dem Zeichenpapier.

»An nichts Besonderes.«

»Ich würde es gerne wissen.«

»Daran, wie lange ich noch hier sein kann, und daran,

wie sich mein Leben nach dem Krieg verändern wird«, log ich.

»Unser Leben wird sich so oder so verändern.«

»Vielleicht werden wir auch sterben.«

»Das möchte ich nicht hoffen.«

»Aber möglich wäre es.«

Er hielt mir die Zeichnung hin. Bruno Nehrlich hatte recht, ich sah ernst und voller Sorgen aus. Meine Stirn war leicht gerunzelt, und meine Augen blickten fragend. Aber es waren hübsche Augen. So hatte ich sie noch nie gesehen.

»Sie sollten sich nicht so viele Gedanken um die Zukunft machen«, sagte Bruno Nehrlich. »Vielleicht passieren ganz andere Dinge, als die, die Sie sich jetzt vorstellen. Vor denen Sie Angst haben.«

»Darf ich es behalten?« Ich strich das Papier mit der Hand glatt.

»Wenn Sie wollen.«

Ich nickte, legte das Blatt neben mich und rutschte etwas näher zu ihm.

»Ich werde es unter meinem Kopfkissen aufbewahren.«

Bruno Nehrlich lachte, als er den ironischen Ton in meiner Stimme hörte, dann hob er seine Hand zu meinem Gesicht, und ich legte meine Wange hinein. Obwohl ich mir wünschte, dass der Moment ewig andauern würde, verstrich die Zeit.

Der warme Wind ließ die Vorhänge ins Zimmer wehen, und unten klapperte Giulia mit dem Geschirr. Sie schimpfte lautstark mit Mio, der etwas verschüttet hatte, was in den Ritzen des Holzbodens versickerte, und gleichzeitig über das heiße Wetter, den Krieg und den Mann, der ihr das Kind angehängt hatte.

»Sie und ich, wir könnten fortgehen, nach dem Krieg«, sagte er, »wir könnten nach Süditalien gehen.«

»Wo niemand uns finden kann, meinen Sie. Ich glaube, mich würden sie überall finden.«

»Wir könnten andere Namen annehmen. Viele verschwinden einfach so im Krieg.«

»Zusammen fliehen. Sie und ich?« Ich musste schon wieder lachen. »Wie zwei Verbrecher?«

»Würden Sie das tun?«

»Warum fragen Sie mich das?«

Er antwortete nicht, sondern legte seine Lippen auf meine, und ich stellte mir vor, wie es wäre, mein Leben mit diesem Mann zu verbringen, morgens in seinen Armen aufzuwachen und abends in seinen Armen einzuschlafen. Ganze Welten brachen hinter meiner Stirn auf, Welten mit Tagen am Meer, an der rauen Küste Siziliens, in kleinen, abgelegenen Fischerdörfern, in denen Maultiere schwer beladene Karren zogen und die Leute von der Sonne verbrannt und faltig waren. Welten, in denen mich niemand suchte und niemand fand. Wir küssten uns lange, bis wir uns atemlos aneinander festhielten. Atemlos, als wären wir eine weite Strecke gelaufen. Er hatte seine Hände um meine Taille gelegt und mich an seine Brust gezogen. Dort hörte ich seinen Herzschlag und mein eigenes Blut rauschen.

Später, als ich mich heimlich aus seinem Zimmer schlich, zitternd und aufgewühlt, dachte ich wieder an seine Frau, über die er nicht sprach und über die ich mir keine Fragen zu stellen traute. Wie dumm es von mir war, mich auf diesen Mann einzulassen, wie dumm und aussichtslos und herzzerreißend zugleich.

Marielle
Amsterdam, April 2004

Ich halte die Zeichnung meiner Mutter in den Händen. Sie sieht so jung aus, so jung und erwartungsvoll. Plötzlich ist meine Wohnung fürchterlich still. Die Uhr tickt, das Wasser aus der Badewanne verschwindet gurgelnd im Abflussrohr, jedes Geräusch macht diese Stille noch greifbarer. Roos ist weg, gemeinsam mit der Katze hinaus in die Amsterdamer Nacht. Vorsichtig nehme ich alle Notizbücher aus der Kiste und lege sie nebeneinander auf den Küchentisch. Ich finde die Zeichnung des Fohlens Luz, Skizzen von Händen, die Studie einer nackten Frau ohne Gesicht – ist das auch meine Mutter? Ein goldenes Armband in einer kleinen, eckigen Schachtel aus Samt und ein verschwommenes Foto mit weißem gezackten Rand. Mehrere Männer sind darauf, vielleicht das Gruppenbild einer Kompanie. Ein Mann ist mit Bleistift eingekreist. Ich nehme an, Bruno Nehrlich. Sein Gesicht ist zu klein, als dass man seine Gesichtszüge genauer erkennen könnte. Aber während die anderen ernst blicken, lächelt er. Sein Haar ist an den Seiten kurz geschoren, eine Haartolle fällt ihm in die Stirn. Wie alt mag er sein? Mitte dreißig vielleicht, deutlich älter als meine Mutter zu dieser Zeit.

Ich lege das Bild aus der Hand und wähle Zia Marias

Nummer. Nach dem dritten Klingeln ist sie am Apparat. Abends sitzt sie immer vor dem Feuer, mit den Hunden zu ihren Füßen.

»Ich habe dein Paket bekommen.«

Kurzes Schweigen. Dann ein Seufzen.

»Danke, dass du es geschickt hast.«

»Du bist nicht wütend?«

»Ich bin erschöpft, Zia Maria.« Hinter meiner Stimme lauern Tränen.

»Was sagst du dazu?«

»Ich habe noch nicht alles gelesen. Muss ich noch mehr wissen?«

Wieder Schweigen. Das Telefon rauscht, die Verbindung nach Farnocchia ist immer schlecht. Es knackst und knistert und manchmal entsteht ein komischer Hall.

»Ich bin froh, dass ich deine Mutter zur Freundin hatte. Zur Freundin und Cousine. Was immer du über sie denkst, sie war kein schlechter Mensch, und ich vermisse sie sehr.«

»Ich vermisse sie auch.«

»Ich denke immer an die letzten Tage. Ihre letzten Tage.«

»Das tue ich auch.«

»Es mag mir nicht aus dem Kopf gehen. Es wird wahrscheinlich nie wieder aus meinem Kopf gehen. Aber das ist normal. Ich habe so vieles nie vergessen können. Weißt du, es ist anders, wenn jemand schnell stirbt. So wie Mario. Als ich ihn damals im Garten gefunden habe, war seine Haut noch warm, als würde er leben. Es hat ihn aus dem Leben gerissen. Von meiner Seite gerissen. Franka ist langsam gegangen.«

»Warum hat sie mich nicht lieben können, Zia Maria?

Warum nicht?«, frage ich und jetzt laufen mir doch Tränen über die Wangen. Ich wische sie ärgerlich mit dem Handrücken weg und bin froh, dass Zia Maria mich nicht sehen kann.

»Sie hat dich geliebt.«

Ich schüttle den Kopf, das kann Zia Maria aber auch nicht sehen.

»Einer sollte einen lieben. Zumindest, wenn man ein Kind ist. Einer genügt schon. Aber wenn niemand einen liebt ...« Ich muss aufpassen, dass sich meine Stimme nicht überschlägt, Zia Maria kann schließlich auch nichts dafür. Und Martha ist damals auch einfach davongegangen.

»Ich bin mir sicher, dass deine Mutter dich geliebt hat«, sagt Zia Maria, doch sie klingt, als würde sie einfach irgendetwas sagen, um mich zu beruhigen. Ich kann ihr keinen Vorwurf machen, an ihrer Stelle würde ich vermutlich das Gleiche tun.

»Hat sie das gesagt? Hat sie irgend so etwas gesagt? Bevor sie gestorben ist.«

»Die Situation war extrem. Selbst für Franka. Sie hat über nichts gesprochen, was ihre Gefühle betraf. Das weißt du doch.«

»Ich bekomme ein Kind.«

»In deinem Alter?«, fragt Zia Maria, dann lacht sie. »Aber ich freue mich für dich!«

»Es ist schon ganz bald so weit. Jeden Moment kann es losgehen.«

»Wer ist der Vater?«

»Rocco Mantovani.«

»Madonna di Roma! Weiß er das?«

»Er hat keine Ahnung.«

»Das habe ich befürchtet. Ihr seid doch alle gleich.«

»Was meinst du damit?«

»Du musst es ihm sagen.«

»Ich weiß. Das Kind braucht einen Vater, und ein Mann sollte wissen, wenn er Vater wird. Roos liegt mir auch schon damit in den Ohren. Aber nein, ich werde es ihm nicht sagen.«

»Aus dir spricht deine Mutter.«

»Sie war nicht meine Mutter.«

Zia Maria schweigt. Dann tauschen wir noch ein paar Höflichkeiten aus, über das Wetter in Farnocchia und das Wetter in Amsterdam, der Frühling ist schon längst in Italien angekommen. Sie überlegt, ob sie sich vielleicht wieder ein Pferd anschaffen soll, damit mehr Leben auf dem Hof ist. Sie fragt, wann ich sie mit dem Baby besuchen komme, und ich sage, ich wisse es nicht, ich hätte keine Ahnung, wann man mit einem Baby verreisen kann. Außerdem will ich Rocco nicht sehen. Als ich auflege, fühle ich mich noch einsamer als vorher. Ich umfasse meinen Bauch mit den Händen und verspreche meinem Kind, dass es niemals einsam sein muss. Egal was passiert.

Franka
Farnocchia, Juli 1944

Wie versprochen, hatte ich mich auf den Weg nach Sant'-Anna gemacht. Ich hatte ein paar Lire dabei für die Kollekte und das Herz voller Sünden. Ich wollte sie dem Pater in Sant'Anna beichten, denn der Pater in Farnocchia kennt mich, außerdem hat er den Ruf, dass er mit den Deutschen sympathisiert. Nach Sant'Anna kann man nur zu Fuß hinunter. Die Wege sind schmal, ausgetreten von den steinharten Maultierhufen, von den Ziegen und Schafen, die sie den Berg hinauftreiben.

Ich musste früh aufbrechen, es dämmerte gerade erst, und erreichte Sant'Anna nach drei Stunden anstrengenden Fußmarsches. Zia Anna hatte mir ein gerupftes Huhn und ein Kaninchen für eine gute Bekannte mitgegeben. Sie heißt Lucia Embruglia und lebt mit ihren fünf Kindern in La Chiesa. Sant'Anna ist ein seltsames Dorf. Es gibt eine Kirche, ja, und einen Kirchplatz und eine kleine Schule, aber die Häuser sind weit verstreut, lauter einzelne Gehöfte, die alle wieder eigene Namen haben. Es ist etwas verwirrend, weil jeder von seinem Gehöft spricht, als wäre es ein eigenes Dorf. Zia Anna sagt, dass früher die Leute aus Farnocchia ihr Vieh zum Weiden nach Sant'Anna gebracht haben, und dann haben sie sich dort angesiedelt.

Das Gras ist dort immer noch üppig und voller Kräuter, und ich bedauerte es, dass ich die alte Stute und ihr Fohlen nicht mitnehmen konnte.

Ich lieferte das Huhn und das Kaninchen bei Lucia Embruglia ab, sie bedankte sich ungefähr hundertmal und umarmte mich immer wieder, während sich ihre Kinder scheu hinter ihr herumdrückten, dreckige kleine Jungen, barfuß, mit kohlrabenschwarzen Füßen. Sie sagte, Zia Anna sei eine Heilige, und ich pflichtete ihr bei, dann flüsterte sie mir ins Ohr, dass auch ich eine Heilige sei und dass sie gehört habe, was ich für die Partisanen tat. Mir fuhr der Schreck jäh in die Glieder.

»Wer hat dir davon erzählt?«, flüsterte ich zurück.

»Jeder weiß das, der einen Mann im Widerstand hat.« Sie drückte aufmunternd meine Hand. »Und es wird auch kein anderer erfahren.«

Ich verabschiedete mich und ging zur Kirche hinunter. Pater Innocenzo scheuchte gerade ein paar Kinder vor sich her die Kirchenstufen hinunter. Lachend stoben sie in alle Richtungen davon. Die Sonne schien warm auf den Kirchplatz.

»Ich wollte gerade die Mittagsglocken läuten«, sagte Pater Innocenzo, und ich ging hinein, setzte mich in eine Kirchenbank und hörte zu, wie er die Glocken läuten ließ. Der helle Ton schien über den Bergen zu schweben, lange Zeit, ohne abzureißen. Vielleicht würde dies meine letzte Beichte sein, dachte ich düster. Vielleicht war ich schon so gut wie tot, wenn Emilia Angelotti, das dumme Ding, wahllos jedem erzählte, wozu ich nachts in die Berge ritt. Wieder fasste ich den festen Entschluss, dass es damit nun vorbei wäre. Maria würde einen anderen Mann finden müssen, falls Mario starb. Es lag nicht in meiner Macht, dies zu verhindern. Es war Schicksal, ob er zurückkommen würde oder nicht, und ich konnte dieses Schicksal weder aufhalten noch abwenden.

Licht brach durch die hohen Fenster der kleinen Kirche und ließ den Staub in der Luft tanzen. Jemand öffnete die Tür und Schritte näherten sich. Ich dachte, es wäre Pater Innocenzo, doch als ich mich umdrehte, um zu sehen, wer es war, erkannte ich Emilia Angelotti. Ich hätte ihre zerlumpte Gestalt auf mehrere Kilometer Entfernung erkannt, wenn sie auf mich zukam. Ihr dickes schwarzes Haar hatte sie zu einem Zopf geflochten, der vor ihrer Brust baumelte. Sie trug einen erdfarbenen, knöchellangen Rock und geschnürte, löchrige Stiefel.

»Du schon wieder«, sagte ich böse. Sie setzte sich neben mich auf die Holzbank und faltete die Hände. »Folgst du mir?«

»Du solltest dich nicht zu wichtignehmen. Ich bin hier, um zu beichten.«

»Das ist gut. Ich kann zu deinen Sünden noch einige hinzufügen. Für den Fall, dass dir nicht alle einfallen.«

»Ich gehe jede Woche zur Beichte. Mein Herz ist aufgeräumt wie Mutters Speisekammer.«

»Weil sie leer ist«, zischte ich, »leer, verstehst du? Man verhungert im Haus Angelotti. Es gehört nicht viel dazu, einen leeren Ort sauber zu halten.«

»Wenn du meinst. Jedenfalls sind meine Sünden überschaubar.«

»Warum erzählst du jedem von mir?«

»Das muss ich nicht. Die Leute bekommen alles mit. Sie greifen nach jedem Strohhalm. Und sie lieben Geschichten wie die deine.«

Sie kratzte sich am Hinterkopf und zerquetschte dann eine Laus knackend zwischen den Fingernägeln. Ich starrte sie fassungslos an und rückte ein Stück von ihr weg. Die Mittagsglocken verklangen zitternd über unseren Köpfen, und jetzt hörte man wieder die Kinder, die vor der Kirche auf dem platt getretenen Platz spielten, ihre hellen, fröhlichen Stimmen und ihre schnellen Schritte, wenn sie beim Fangenspiel über den festen Sand liefen, die kleinen Körper bedeckt mit Schweiß und Staub.

»Sie lieben junge Mädchen, die sich für die Resistenza einsetzen. Das ist romantisch in ihren Augen. Sie verehren dich. Du solltest dich darüber freuen. Sie lieben dich und sie glauben an dich. Sie werden noch nach Jahren von dir sprechen. Vielleicht wirst du eine Legende und man wird Lieder über dich singen.« Der spöttische Ton in ihrer Stimme ließ mich die Fäuste ballen.

»Ich glaube, ich werde dich irgendwann umbringen, Emilia Angelotti. Wenn noch ein Wort aus deinem Mund kommt.«

Sie lachte und sah mich von der Seite an.

»Mitgefangen, mitgehangen. Es gibt wieder eine Lieferung. Ich bin eigentlich froh, dass ich dich hier treffe, so muss ich nicht den weiten Weg zu euch hinaufkommen. Riccarda wird dich morgen Abend erwarten.«

»Und wenn ich es nicht mache?«

»Sei nicht dumm. Du lebst mit drei deutschen Offizieren in einem Haus.«

»Du erpresst mich.«

»Ach, nein. Sprich nicht so böse über mich. Wir sollten eigentlich Freundinnen sein.«

Ich dachte daran, wie ich es anstellen konnte, dass sie für immer verschwand. Ich dachte an die Beretta in der Küchenschublade und die Täler bei Farnocchia, in denen man verloren gehen konnte. Vor wenigen Jahren war ein Ziegenhirte nicht mehr zurückgekehrt. Seine Ziegen fand man an den Hängen verstreut, sie machten sich keine großen Gedanken um den Jungen, sondern kümmerten sich nur um sich selbst, aber ihn fand man nicht. Nicht im Sommer und nicht im darauffolgenden Frühling. Man fand nicht einmal seine ausgebleichten Knochen, irgendetwas, woraus man hätte schließen können, wie er gestorben war. Maria meinte, vielleicht habe er sich davongemacht, weil er nicht mehr Ziegenhirte sein wollte. Die Leute aus Farnocchia sagten, die Wölfe hätten ihn den Tod bedeuten können, und seine Mutter wurde deswegen halb wahnsinnig, aber ich wusste, dass selbst ein unbedachter Schritt auf den schmalen Pfaden töten konnte. Es musste nicht unbedingt ein Wolf sein. Es war nicht schwer, jemanden verschwinden zu lassen.

»Wir werden niemals Freundinnen sein.«

»Wir werden noch beste Freundinnen sein, Franka«, sagte Emilia Angelotti. »Wir kämpfen auf derselben Seite. Es wäre dumm von dir, mich nicht zu mögen.«

Ihre Dreistigkeit ließ mir den Atem stocken. Mir stand nicht mehr der Sinn nach beichten. Ich stand auf und drückte mich an Emilia vorbei aus der Bank. Beim Hinausgehen stopfte ich mein Geld in die Büchse für die Kollekte und stieß mit Pater Innocenzo zusammen.

»Sie wollen schon wieder gehen?«

Ich nickte nur und lief mit großen Schritten an den spielenden Kindern vorbei, Mädchen, die sich an der Hand hielten und Ringelreihen tanzten, und kleine Jungen mit aufgeschlagenen Knien und Zahnlücken, die mir mit großen dunklen Augen nachblickten.

Marielle
Farnocchia, August 2003

Endlich konnte ich malen. Um nicht wieder von Rocco überrumpelt zu werden, verkroch ich mich mit den Farben und den Leinwänden in der Remise. Ich zog das Tuch von der alten Carrozza und lehnte eine der Leinwände dagegen, die Farben stellte ich um mich herum auf den Boden und setzte mich dazwischen. Lange brauchte ich, um den ersten Pinselstrich zu tun. Ich war viel zu aufgewühlt, viel zu unruhig, dachte viel zu viel an Rocco, wie er auf meinem Schoß lag und die Augen öffnete, um mich anzusehen, an das seltsame Gefühl, gleichzeitig von seinem fehlenden Arm abgestoßen zu werden und den Stumpf berühren zu wollen. Ich war wütend auf mich selbst, weil meine eigenen Gedanken meine Kreativität blockierten, dann beschloss ich, Rocco zu malen, um ihn aus meinem Kopf zu bekommen. Doch als ich begann, stellte ich fest, dass ich meine Mutter malte, vor einem roten fleckigen Hintergrund, ihre Haut war bleich und durchscheinend, und sie hatte die Augen gesenkt, blickte auf ihre faltigen Hände, die in ihrem Schoß lagen. Wie im Rausch setzte ich meine Striche, und endlich kam ich zur Ruhe, vergaß Rocco, sah nur noch Farben und Nuancen und das goldene Licht, das durch die Sprossenfenster fiel.

Ich erinnerte mich, dass ich sie als Kind oft gemalt hatte und mit meinen Bildern nur Spott geerntet hatte, doch seltsamerweise ließen mich diese Erinnerungen nicht wütend werden, nicht einmal traurig. Sie schienen so weit entfernt, dass sie mich kaum noch berührten. Ich hatte auch Martha früher gemalt, doch mit weniger Leidenschaft, obwohl ich sie so sehr liebte.

Wie lange ich dort kniete, versunken in mein Tun, in das Gesicht meiner Mutter und die Stille in der alten Remise, kann ich nicht sagen, doch irgendwann öffnete jemand leise die Tür. Es war meine Mutter. Sie trug wieder ihren Morgenmantel, die Pantoffeln und den weißen Sonnenhut und in der Hand hatte sie einen flachen, länglichen Karton.

»Oh«, sagte sie, als sie hinter mir stand und sich selbst auf der Leinwand erkannte. »Sehe ich wirklich so hinfällig aus?«

Ich setzte mich auf meine Fersen und legte den Pinsel zur Seite.

»Du siehst verletzlich aus«, sagte ich.

»Verletzlich. Dieses Wort mochte ich noch nie. Besonders, wenn es mit mir in Verbindung gebracht wurde. Mein Leben lang bin ich stark gewesen.« Sie seufzte resigniert und reichte mir den Karton. »Rocco Mantovani war eben da und hat das für dich hiergelassen.«

Ich spürte, wie ich rot wurde, nahm den Karton und stellte ihn neben mich auf den Boden. Kurz dachte ich, Mutter wollte, dass ich ihn gleich öffnete, doch dann ging sie um mich herum, zog sich mühsam am Kutschbock der Carrozza hoch und setzte sich. Sie betätigte die Bremse, sie war eingerostet und ließ sich kaum mehr bewegen.

»Hier habe ich lange nicht gesessen. Aber es fühlt sich immer noch gleich gut an.«

»Als ich klein war, bist du manchmal mit mir gefahren. Daran erinnere ich mich. Dass wir nach Farnocchia gefahren sind und noch weiter. Nur im Schritt und Trab, und manchmal hast du mir erlaubt, die Zügel zu halten.«

Sie nickte und ich nahm den Pinsel wieder und begann erneut eine Lasur auf die Wangenpartie aufzutragen. Leicht bläulich unter den Augen, nur so viel, dass man die Blutgefäße unter der zarten, zerknitterten Haut erahnen konnte. Ich war nicht besonders gut mit den Ölfarben, doch dieses Porträt schien ganz passabel zu werden, und ich fragte mich, was wohl Roos dazu sagen würde.

»Auf dem Heimweg ließ ich dich die Zügel nehmen, wenn die Stute wusste, wo sie hingehen sollte.«

»Ich dachte immer, ich lenke sie.«

»Sie lief einfach nach Hause.«

»Ich war so stolz, dass ich es schaffte, uns nach Hause zu bringen.«

»Sie war ein gutes Pferd.« Ich konnte sehen, wie sich die Brust meiner Mutter unter dem Morgenmantel mühsam hob und senkte. »Wir sind gefahren, bis sie zu alt dafür war. Alt und krank. Ich habe sie im Hof erschossen. 1973 war das.«

»Das wusste ich nicht.«

»Ihr Kinder wart mit Maria ans Meer gefahren, obwohl das Wetter nicht gut war. Ein böiger Wind wehte und der Himmel war voller Wolken. Keiner wollte eigentlich ans Meer. Nur Emilia Angelotti und ich waren daheimgeblieben. Emilia hat sie gehalten und ich habe zwischen ihre Augen geschossen.«

Ich atmete aus und spürte, dass meine Hand zu zittern begann. Ich versuchte, sie ruhig zu halten, doch es gelang mir nicht, und ich legte den Pinsel wieder zur Seite.

»Das ist mir nicht leichtgefallen. Es ist nicht schön, wenn ein so großes Tier zusammenbricht.«

»Ihr habt uns erzählt, dass sie in die Berge gelaufen war, und ich sagte zu Martha, ich könne mir nicht vorstellen, dass unsere alte Luzie davonlief.«

»Sie hieß Luz. Ich habe ihr diesen Namen gegeben.«

»Wie konntest du sie nur einfach so erschießen?«, fragte ich.

»Sie hat gelitten. Keine Kreatur sollte so leiden müssen. Irgendwann muss man eine Entscheidung fällen.« Sie lehnte sich zurück und nahm die kurze Bogenpeitsche in die Hand, die immer noch auf dem Kutschbock lag. Sie holte aus und ließ sie über ihrem Kopf knallen. »Das funktioniert also noch … Emilia Angelotti hat gesagt, ich solle mich nicht so anstellen. Es sei nur ein altes Pferd. Mehr nicht. Und ich hielt Luz die Beretta zwischen die Augen. Ich habe ewig gebraucht, um abzudrücken. Obwohl sie ganz ruhig dastand. Nicht zuckte. Nicht einmal mit dem Schweif nach den Fliegen schlug.«

»Das tut mir leid.«

Mutter begann zu husten, beugte sich nach vorne und stützte sich auf ihren Knien ab. Ich traute mich nicht, zu ihr zu gehen, deswegen wartete ich ab, bis sie sich wieder beruhigte und das Husten nachließ.

»Es tut mir leid, dass du solche Entscheidungen fällen musstest.« Mutter zuckte nur mit den Schultern und wischte sich mit dem Handrücken über die Mundwinkel.

»Weshalb malst du mich?«, fragte sie, und ihre Stimme klang nun schon wieder gereizt. »Du willst mich doch wohl nicht so in Erinnerung behalten.«

»Ich weiß es nicht. Wie soll ich mich denn an dich erinnern?«

»Erinnere dich an das, was gut war.«

Wir sahen uns kurz in die Augen. Draußen begannen die Hunde zu bellen, wir hörten Davides Transporter auf den Hof fahren und Zia Maria, die ihm etwas zurief.

»Ach so. Es war wohl nichts gut«, sagte meine Mutter.

Sie legte die Bogenpeitsche zurück und kletterte vom Kutschbock.

»So ist es nicht«, sagte ich und hörte selbst, dass es nicht überzeugend klang. Ich hätte gerne etwas gesagt, das in meiner Erinnerung schön war, doch mir fiel nichts ein.

»Na dann. Ich weiß selbst, dass ich eine schlechte Mutter war«, sie winkte ab und ging an mir vorbei. Ich hörte die Tür der Remise ins Schloss fallen.

Eine Weile traute ich mich nicht, Rocco Mantovanis Karton zu öffnen. Ich stellte ihn neben mich und malte weiter, doch ich konnte mich nicht mehr konzentrieren. Ich verdünnte die Lasuren und stellte fest, dass die Farbe noch nicht trocken genug war, um eine neue Schicht aufzutragen. Schließlich zog ich das Paket zu mir herüber und legte es vor mich auf den Steinfußboden. Die Schachtel war schwarz und mit einer Schleife verschlossen. Vorsichtig zog ich daran, löste das Band und öffnete den Deckel. Ich schlug das knisternde Seidenpapier zurück und blickte hinein. Es war das Kleid, das ich nicht mehr hatte anprobieren wollen. Und ein Zettel. Die Schrift konnte ich kaum lesen, was vermutlich daran lag, dass Rocco Rechtshänder war und nun mit der linken Hand schreiben musste.

»Heute Abend um neun«, stand darauf. »Ich möchte, dass du das Kleid trägst.«

Franka
Farnocchia, Juli 1944

Luz entwickelt sich prächtig. Wenn ich sie mit ihrer Mutter auf die Wiese bringe, galoppiert sie mit hocherhobenem Schweif Runde um Runde, bis sie schweißnass ist. Sie tänzelt und wirft den Kopf hoch und bläst die Luft geräuschvoll durch die Nüstern. Ich möchte sie in einem Jahr sehen, in zwei oder drei, wenn sie so groß ist wie ihre Mutter. Oft bleibe ich unter den Olivenbäumen stehen und beobachte sie und sie beobachtet mich. Sie ist die Einzige, die von Bruno Nehrlich weiß. Die weiß, dass wir uns heimlich oben beim Trullo treffen. Manchmal tagelang nicht, wenn er mit Kunz und Wittig unterwegs ist. Manchmal eine ganze Woche nicht, in der ich ängstlich bei jedem Geräusch zum Fenster hinausblicke, auf den Hof laufe, alles stehen und liegen lasse, voller Angst vor der Nachricht, dass ihm etwas zugestoßen sein könnte.

Maria erzählt mir von Mario, davon, dass sie nachts nicht schlafen könne, weil sie an ihn denkt, weil sie ihn vermisst und weil sie fürchtet, ihn nie wiederzusehen. Dazu sage ich nichts. Vielleicht wäre es leichter, mich ihr anzuvertrauen und dieses Geheimnis zu teilen, doch etwas hält mich zurück. Vielleicht möchte ich dieses Glück, Bruno Nehrlich zu lieben, allein in meinem Herzen aufbewahren, weil diese Liebe verloren gehen könnte, wenn ich sie ausspreche. Vielleicht ist es nur die Vorsicht und der Gedanke, dass es sicherer ist, wenn niemand davon weiß. Außer Luz. Die niemandem davon erzählen kann, die alles sieht, zu uns heraufgetrottet kommt, wenn sie sich ausgetobt hat und schnaubend ihren schmalen Kopf durch die runde Öffnung des Trullo steckt, als wolle sie sagen, ach, hier seid ihr. Was tut ihr da?

»Ksch«, sage ich dann, und Bruno murmelt in mein Ohr:

»Lass doch, wir tun nichts Verbotenes.«

»Was tun wir dann?«, frage ich.

»Wir halten uns fest.« Er zieht mich an sich und küsst mich auf die Stirn, die Wangen, die Nasenspitze und die Lippen, ich weiß, dass er nicht reden will, nicht über seine Frau, seine Kinder, den Krieg und das, was er tut, wenn er nicht bei mir ist. Ich will auch nicht. Aber diese Dinge, über die wir nicht reden, sind wie eine riesengroße Blase. Wir schweigen, weil es nichts anderes gibt, über das wir sonst sprechen könnten. Stattdessen küssen wir uns, und seine Finger öffnen die Knöpfe meiner Bluse, streichen über meinen Bauch, meine Taille, meine Brust, befreien mich von dem dünnen Stoff, der verschwitzt an meiner Haut klebt. Und doch versuche ich immer wieder, ihn auf Abstand zu halten. Ich halte sein Gesicht zwischen meinen Händen und frage, was fühlst du? Was denkst du? Was denkst du, wenn du mich küsst? An wen denkst du?

Und er sagt:

»Du bist schön.«

Und ich sage:

»Das ist nicht wahr.«

»Du bist das Schönste, was ich je gesehen habe.«

»Weil es so dunkel hier ist, deswegen.«

»Sieh dich doch an.«

»Ich weiß, wer ich bin.«

»Sieh deine Augen mit den langen, dunklen Wimpern. Deine Schultern, deine starken, schlanken Beine.«

»Ich hör dir nicht zu.«

»Selbst dein Haar ist schön. Auch wenn es jetzt kurz ist. Und sich an den Ohren ringelt. Es ist schön, wenn das Licht darauffällt. Es sieht aus wie das Weizenfeld hinter dem Haus meiner Großeltern.«

»Pah.«

»Du hast Sommersprossen auf dem Rücken und den Armen. Ich weiß das. Ich hab sie gezählt.«

»Ich will das nicht hören.«

Ich will hören, dass er seiner Frau von mir erzählt. Was sein wird, wenn der Krieg vorbei ist. Ob er dann bei mir bleibt oder einfach geht. Ich will hören, dass dieser Moment nicht endet, sondern ein ganzes Leben dauern wird. Doch fragen will ich ihn nicht. Er soll es mir freiwillig sagen. Er soll sagen, dass er sie nicht liebt, nie geliebt hat, dass er nicht an sie denkt, sie nicht begehrt und nie wiedersehen wird.

Ich drehe mich weg, und er zieht seinen Skizzenblock aus seiner Tasche. Im Dämmerlicht malt er meinen Rücken.

»Lass das«, sage ich, »lass das sein.«

Doch er zerknüllt meine Bluse und wirft sie nach Luz, die nur den Kopf schüttelt und flehmt. Dann öffnet er meine Hose. Wir kämpfen und rangeln miteinander, mit einer Hand hält er meine beiden Hände fest und drückt sie auf den steinigen Boden in das alte, staubige Heu. Wir kämpfen, bis mir die Hose in den Knien hängt und ich schwer atmend unter ihm liege.

»Bitte«, sagt er, »bitte, ich will dich zeichnen. Ich will etwas Schönes zeichnen, was ich ansehen kann, wenn alles um mich herum nur schrecklich ist. Bitte.«

Und widerwillig drehe ich mich wieder um. Bruno zupft an meiner Hose, diesmal legt er sie vorsichtig zur Seite und seine Blicke auf meinem nackten Körper bereiten mir eine Gänsehaut. Ich höre seinen Bleistift über das Papier kratzen, und das Geräusch lässt mich erschaudern.

»Wenn alles zerstört ist, habe ich immer noch dich in meinem Kopf«, flüstert er.

Ich atme ein und aus und ein und aus, spüre, wie sich mein Brustkorb hebt und senkt, wie das Heu mich in die Seite und die Schenkel sticht, und irgendwann hört das Kratzen des Stiftes auf, das Papier raschelt, als er es weglegt, und dann küsst er meinen Nacken und die Schultern. Ich schließe die Augen und höre, wie er sein Hemd abstreift, die Hose und sich hinter mich legt, meine Hüfte mit seinen Händen umfasst. Sanft umfasst, er kann so zärtlich sein, so liebevoll und dann wieder hart und rücksichtslos. Doch dann beginnen die Hunde zu bellen, und ich höre, wie von weitem Zia Anna meinen Namen ruft. Einmal. Zweimal. Dreimal. Ich soll die Pferde hereinholen, weil sich Wolken über den Bergen türmen, und Zia Anna will, dass die Pferde bei Gewitter im Stall sind. Ich stoße ihn weg, obwohl er sagt, ich soll nicht gehen, ich soll bleiben und ihn nicht alleine lassen. Aber ich schlüpfe in meine

Bluse, in meine Hose und die Stiefel, und meine Hände zittern dabei.

»Wann?«, sagt er und hält mich am Handgelenk fest. »Wann, sag es mir?«

»Ich weiß es nicht.«

Er küsst mich heftig, es tut weh, sein Griff, sein Mund auf meinem. Ich reiße mich los, packe Luz am Halfter, die alte Stute und die junge am Strick, laufe den Berg hinunter, und Zia Anna sieht mich an, stemmt die Hände in die Seiten und sieht mich nur an.

»Wird sie nicht hübsch?«, frage ich. »Sie wird schöner als ihre Mutter. Und stärker.«

Ich vergrabe mein Gesicht in Luz' wolliger Mähne, damit ich Zia Anna nicht in die Augen schauen muss, und Zia Anna sagt:

»Komm, Franka, bring sie in den Stall. Da hinten über den Bergen ist schon Wetterleuchten.«

Aber es wird kein Gewitter geben. Die Nacht wird so heiß, dass man nicht schlafen kann. Und ich werde an Bruno denken. Und Bruno an mich.

Ich spüre, wie sich die Schlinge immer enger um meinen Hals zieht. Da sind Bruno und Emilia Angelotti, zwischen denen ich stehe, Bruno darf nie erfahren, was ich tue. Niemals.

Marielle
Farnocchia, August 2003

Ich trug das Kleid. Es fühlte sich kühl und seidig auf meiner Haut an, während ich den Weg zum Torbogen hinunterging, um auf Rocco zu warten. Die Kletterrosen blühten dunkelrot und ihr Geruch hing schwer in der Luft. In der einsetzenden Dämmerung sah ich ein Auto die Straße heraufkommen. Es hielt neben mir und ich stieg ein. Ich fragte ihn, wohin wir fahren würden, und er sagte, Forte dei Marmi. Ich musste lachen.

»Was ist so lustig?«, fragte er, doch ich schüttelte nur den Kopf und lehnte mich im Sitz zurück.

Der laue Fahrtwind strich über meine Haut, und ich dachte an die letzten Tage, an Mutter, dann schob ich die Gedanken weit weg und hielt meine Nase in den Wind. Es roch nach Sommer, nach Rosmarin und ab und zu scharf nach den Ziegen, die zwischen den Olivenbäumen weideten. Ich wollte nicht reden, ich wollte nicht, dass irgendein falsches Wort diese Stimmung zerstörte. Ab und zu sah mich Rocco von der Seite an, oder er erklärte, wer in dem Haus wohnte, an dem wir vorbeifuhren, erzählte, was hier passiert war, vor zehn Jahren oder vor fünf, und von wo aus der schönste Blick über die Täler des Apennin war. Ich spürte, dass er unsicher war und mit meinem Schweigen nichts anzufangen wusste. Als man endlich das Meer sehen konnte, hielt er in einer kleinen Haltebucht, und wir stiegen aus und lehnten uns über die gemauerte Brüstung. Der Horizont färbte sich rot und violett, während über uns schon die ersten Sterne zu sehen waren.

»Danke für das Kleid«, sagte ich schließlich.

»Du siehst wunderschön darin aus.«

»Warum hast du es mir geschenkt?«

»Ich wollte dich darin sehen.«

Ich stemmte mich hoch und setzte mich auf die Brüstung, ließ die Beine baumeln, und Rocco stellte sich hinter mich und legte mir seinen linken Arm um die Taille. Schiffe, kleine leuchtende Punkte, wanderten über das dunkel werdende Meer.

»Warum bist du in Lucca einfach davongelaufen?«, fragte er. »Und sag nichts von deiner Mutter.«

»Wenn du da bist, bin ich nicht mehr ich selbst.«

Er legte seine Wange an meine Schläfe und seine Brust an meinen Rücken. Ich dachte, dass ich das Meer rauschen hörte, aber in Wirklichkeit war es das Blut in meinen Ohren.

»Da hinten war mein Zuhause«, sagte er, »ein gewaltiges, unberechenbares Zuhause. Aber ich habe es geliebt. Es gibt nichts Schöneres als das Meer.«

»Erzähl mir davon.«

»Mein Vater hat gesagt, Rocco, das Meer ist wie deine Mutter. Eine strenge, unnachgiebige Mutter. Es lehrt dich alles, was du im Leben brauchst, aber es verzeiht dir keinen Fehler. Es ist dein Tod, wenn du seinen Gesetzen nicht gehorchst, aber wenn du ein guter Sohn bist, wiegt es dich zärtlich in den Schlaf. Streichelt dich und erzählt dir Geschichten, die dich nie wieder loslassen. Das Meer wird deine Mutter und deine Geliebte sein. Es gibt nichts, was es ersetzen kann. Es gibt nichts, was dich glücklicher machen kann. Nichts.«

»Warum bist du dann hier?«

»Ich habe es geliebt«, sagte er statt einer Antwort, »nichts habe ich so geliebt wie das Meer.«

»Keine Frau?«

»Nein.«

Ich nahm die Finger seiner linken Hand und verschränkte meine Finger mit seinen.

»Du hast nie eine Frau geliebt?«

»Nein«, sagte er wieder. Dann drehte er mich zu sich herum und küsste mich, seine Lippen schmeckten salzig, aber vielleicht bildete ich mir das nur ein. Er hielt mich fest, seine Hand lag in meinem Nacken, wanderte zu dem tiefen Rückenausschnitt des Kleides, hinunter zu meiner Taille.

»Und wirst du jemals eine Frau lieben?«, fragte ich atemlos und drückte ihn ein Stück von mir weg, damit ich ihm in die Augen sehen konnte, doch er antwortete nicht, sondern presste mich wieder an sich und küsste gierig meinen Mund, meinen Hals, meine Schultern. Wir küssten uns, bis der Scheinwerferkegel eines Autos uns erfasste. Da zog er mich von der Brüstung, und ich stolperte hinter ihm her zum Wagen.

Wir fuhren weiter nach Forte dei Marmi, ich versuchte mein Kleid und mein Haar zu ordnen, wieder sprachen wir nicht, doch ab und zu trafen sich unsere Blicke und

Rocco lächelte. Wir parkten in der Nähe des Strandes, zogen unsere Schuhe aus, ließen sie vor dem Auto stehen und liefen Hand in Hand und barfuß in der trägen Brandung. Das Wasser umspülte lau unsere Füße, zog den Sand unter unseren Sohlen weg, flüsterte Liebesworte, die nur ich verstehen konnte. Ob Rocco sie verstand, weiß ich nicht. Vielleicht erzählte das Meer auch ihm und mir völlig unterschiedliche Dinge. Vermutlich dachte Rocco an die verlorene Zeit, an das Knarzen des Schiffsbodens und das Klirren der Takelage, vermutlich dachte er an die fremden Häfen, die meterhohen Wellen und das tiefe Schwarz des Meeres bei Nacht, wenn selbst das Glitzern des Mondes das Wasser nicht erhellen konnte. Und ich? Ich spürte seine Hand in meiner Hand, kräftig und warm, ich spürte seine Küsse immer noch auf meinen Lippen, meinem Hals und meinen Schultern.

»Ich bin lange nicht mehr hier gewesen«, sagte er.

»Und wie fühlt es sich an?«

»Es tut in der Brust weh.« Seine Stimme war rau.

»Vielleicht solltest du stattdessen eine Frau lieben«, sagte ich.

»Vielleicht.«

»Vielleicht ist es aber noch gefährlicher, eine Frau zu lieben als das Meer.«

»Ich sollte es einfach ausprobieren.«

»Wenn du meinst.«

Gemeinsam sanken wir in den Sand, und Rocco zog mich auf sich. Mein Haar streifte sein Gesicht, als wir uns küssten. Weit hinter uns erwachte die Stadt zum Leben. Musik wehte herüber, das Lachen von Menschen. Gläserklirren, dumpfe Bässe aus den Touristenkneipen, doch ich hörte nur unser gemeinsames Atmen und das Klatschen der Wellen.

Wir kamen zurück nach Fornacchia, als sich der Morgen schon wieder ankündigte. Ein heller Silberstreif lag über den Bergen. Rocco ließ mich am Torbogen aussteigen und ich huschte ins Haus. Zu meiner Überraschung war alles hell erleuchtet. Ich fand Zia Maria in der Küche. Sie hatte ihren Kopf auf die Tischplatte gelegt. Vorsichtig berührte ich sie an der Schulter.

»Was ist los?«, fragte ich. Sie zuckte zusammen, setzte sich auf und fischte nach ihrer Brille, die in den Ausschnitt ihres Kleides gerutscht war.

»Franka hat Fieber bekommen.«

»Das bedeutet?«

»Das ist kein gutes Zeichen.«

»War ein Arzt hier?«

Zia Maria schüttelte den Kopf. Sie sah erschöpft aus.

»Sie will nicht. Stattdessen sollte ich ihr Wadenwickel machen. Als würde das etwas helfen. Nichts hilft das.«

»Und jetzt?«

»Sie schläft. Ihr Körper glüht, Marielle. Ich weiß nicht, ob das richtig ist, was wir tun.«

Ich setzte mich neben sie, und eine Weile sahen wir uns nur an, so als ob die andere gleich etwas Beruhigendes sagen würde, eine Lösung, einen Vorschlag, der das Schlimmste abwenden könnte. Doch keine sagte etwas.

»Wenn wir doch einen Arzt holen?«

»Wie konnte ich mich nur darauf einlassen?«, fragte Zia

Maria statt einer Antwort. »Ich hätte sie nicht kommen lassen dürfen.«

»Es war ihr Wunsch. Sie wollte hierher. Ich finde, du hast das einzig Richtige getan.« Ich versuchte, meine Stimme fest klingen zu lassen, und Zia Maria wischte sich über die Augen. »Sie hat doch immer schon selbst entschieden, was das Beste für sie ist.«

»Du weißt nichts von ihr, Marielle«, sagte Zia Maria müde.

Ich konnte es nicht mehr hören.

»Dann erzähl mir von ihr. Sag du mir, wer sie ist.«

»Das kann ich nicht.«

»Meine Mutter. Das große Mysterium«, sagte ich. »Ich habe es so satt, Zia, so satt. Irgendwann wird sich herausstellen, dass sie ein ganz normaler Mensch war. Einer, der mehr Fehler gemacht hat als wir alle zusammen.«

Zia Maria sagte dazu nichts, aber ich meinte, Tränen in ihren Augen zu sehen. Sie suchte nach Worten, doch ich unterbrach sie.

»Lass sein«, sagte ich, »ich geh zu ihr, versuch du, etwas zu schlafen.«

Den Rest der Nacht verbrachte ich in Mutters Zimmer. Ich saß neben ihrem Bett und sah zu, wie die zögernden ersten Sonnenstrahlen ihren glühenden Körper streiften. Ich erschrak, wenn ihr Atem kurz aussetzte und sie dann wieder rasselnd Luft holte, mühsam und so, als ob sie überlegen müsste, ob sie weiteratmen wollte oder nicht. Lange kämpfte ich mit mir, ob ich ihr Haar zurückstreichen sollte, oder ob sie wütend werden würde, wenn sie meine Berührung spürte, doch dann tat ich es einfach, kühlte ihre Stirn und wechselte die Wickel, ohne dass sie aufwachte. Irgendwann musste ich selbst eingeschlafen sein und wachte erst auf, als ich langsam von meinem Stuhl zu Boden rutschte.

Marielle
Amsterdam, April 2004

Seit ein paar Tagen schon spüre ich ein Ziehen im Bauch. Zuerst beunruhigten die Schmerzen mich nicht weiter, doch nun werden sie stärker, legen sich auf mein Kreuzbein, und ich fühle, wie sich alles in meinem Körper zusammenkrampft. Ich lege die Tagebücher meiner Mutter zur Seite und laufe in der Wohnung umher, stelle mir vor, wie es wäre, wenn Rocco nun hier wäre, wie er mich beruhigen, mich in den Arm nehmen und mir sagen würde, dass alles in Ordnung ist, dass sich das Kind noch drei Wochen Zeit lässt und mich nur die Tagebücher meiner Mutter nervös machen. Ich will diesen Gedanken zur Seite schieben, doch mit einem Mal macht er mich so unglücklich, dass ich mich mit der Stirn gegen die Wand lehne und nur zusehen kann, wie die Tränen von meinem Gesicht auf meinen gewölbten Leib tropfen. Es ist nicht gut, wenn ein Kind so voller Traurigkeit geboren wird. Aber ich kann es mir nicht aussuchen.

Irgendwann während meiner Schwangerschaft fragte mich die Hebamme, ob ich mir überlegt hätte, wer bei der Geburt dabei sein sollte. Ich überlegte, doch mir wollte niemand einfallen. Ich dachte an Rocco, Rocco kam nicht infrage, er sollte nie erfahren, dass er ein Kind hatte. Meine

Mutter war tot. Und Martha. Ich dachte an Martha, dass ich nicht wusste, wo sie war und ob sie überhaupt noch lebte.

Den Tag, als Martha mich verließ, werde ich nie vergessen. Es war ein stürmischer Tag im April. Der Wind rüttelte an den Fenstern unseres Hauses im Herzogpark und ließ Schnee und Regen dagegenklatschen. Ich saß an meinem Schreibtisch, starrte hinaus und fragte mich, warum der April Regen und Schnee bringen musste, wenn es vorher doch schon Sonne und Wärme gegeben hatte. Meine Zimmertür öffnete sich zögernd, und Martha kam herein. Sie sah aus, als wollte sie außer Haus gehen.

»Warum regnet es so?«, fragte ich sie. »Warum regnet und schneit es Ende April?«

»Die Natur muss sich noch einmal austoben.«

»Sie hat sich doch schon den ganzen Winter ausgetobt.«

Martha zuckte mit den Schultern und setzte sich auf mein Bett. Strich die Überdecke glatt, zupfte ein Kissen gerade.

»Gehst du hinaus? Ich könnte mitkommen. Gehst du zum Markt?«

Martha sah an mir vorbei zum Fenster hin, gegen das eine besonders starke Windböe dicke Schneeflocken trieb.

»Oder wollen wir lieber hierbleiben?«

»Meine Zeit hier ist abgelaufen«, sagte Martha und sah mich immer noch nicht an.

»Was soll das heißen?«

»Dass ich gehen muss.«

»Wohin?« Ich starrte sie fassungslos an. »Wohin willst du gehen?«

»Nach Hause.«

»Das ist dein Zuhause. Wir sind das Zuhause.«

Sie schüttelte den Kopf und erwiderte nun endlich meinen Blick.

»Du bist nun ein großes Mädchen. Du brauchst mich nicht mehr.«

»Wer sagt das?«

»Ich sage das.«

Ich wusste genau, dass das nicht stimmte. Sie liebte mich. Martha liebte mich, genauso wie ich sie liebte. Dafür war man nicht zu groß. Nie.

»Das ist nicht wahr.«

»Doch. Es ist wahr. Ich werde nun gehen.«

Abwartend blieb sie auf meinem Bett sitzen. Das dunkelbraune Haar mit den wenigen weißen Strähnen ordentlich aufgesteckt. Der Rock sauber und bis über das Knie, die Jacke schon bis obenhin zugeknöpft.

»Willst du dich nicht von mir verabschieden?«

Ich drehte mich von ihr weg, mein Herz klopfte zum Zerspringen.

»Mein Mädchen«, sagte sie, aber ich drehte mich nicht um.

Ich hörte, wie sie irgendwann aufstand und die Tür leise hinter sich schloss. Wie lange ich so sitzen blieb, kann ich nicht sagen. Der Schnee wurde zu Regen und dann wieder zu Schnee. Mein Herz raste. Ich sprang auf und rannte durch den langen Gang zum Schlafzimmer meiner Mutter, hämmerte mit den Fäusten dagegen, doch sie öffnete nicht. Ich heulte Rotz und Wasser, lief die Treppen hinunter, hinaus in den Regen, vorbei an Leuten, die mich neugierig ansahen.

Ich sah sie nie wieder. Das Haus war so leer ohne sie. Selbst die darauffolgenden Sommer in Farnocchia waren leer ohne sie. Ich ertappte mich dabei, wie ich sie suchte, bis mir einfiel, dass sie nicht mehr da war. Wie ich nach ihr rufen wollte, wenn ich von der Schule nach Hause kam und wenn ich nachts aufwachte, schweißgebadet nach einem Albtraum. Allein deswegen habe ich Mutter jahrelang gehasst. Weil sie mir Martha weggenommen hatte.

Mit dem Fuß stoße ich die Kiste mit ihren Büchern aus dem Weg. Dann kehre ich um. Nehme das Buch heraus, in dem ich zuletzt gelesen habe und lege mich damit auf das Sofa aus rotem Samt, das vor dem Fenster im Wohnzimmer steht. Mein Bauch zieht sich schmerzhaft zusammen.

»Schhhh«, sage ich, »schhhh … alles gut.«

Franka
Farnocchia, Juli 1944

Schreckliche Dinge geschehen nicht einfach so. Man tut etwas, und aus dieser Handlung schlängelt sich das Schreckliche hervor, klein erst wie eine Viper im hohen Gras, man bemerkt es kaum und glaubt, man könne es mit einem gezielten Tritt töten. Doch das kann man nicht. Es ist zu schnell. Verschwindet vor unseren Augen, um an ganz anderer Stelle wieder aufzutauchen. Daran hätte ich denken sollen, als ich Aufträge von Emilia Angelotti annahm. Ich hätte es einfach nicht tun sollen. Und jetzt, jetzt wartet der Coltello in den Bergen auf mich. Es macht mir kaum noch Angst, die junge Stute zu nehmen und hinaufzureiten, denn ich weiß, wo Wittig ist, wo der Kunz ist und wo Bruno ist. Bruno sagt es mir. Er sagt mir, wenn sie weg sind und wann sie wiederkommen. Er denkt, ich will es wissen, weil ich ihn vermisse. Doch das stimmt nur zum Teil. Wenn sie weg sind, kann ich früher aufbrechen. Ich muss nicht warten, bis das ganze Haus schläft. Zia Anna und Maria haben sich daran gewöhnt, dass ich mit der Stute verschwinde. Manchmal um neun. Manchmal um zehn. Ich fühle mich sicher, die Berge gehören mir. Vielleicht folgen die Wölfe meinen Spuren, doch sie bleiben versteckt. Sie machen mir keine Angst.

Und dann reite ich einmal schon um sieben, weil es noch so schön hell ist und Bruno gesagt hat, sie sind in La Spezia bis übermorgen, treffen dort jemand Wichtigen. Es geht um eine wichtige bevorstehende Aktion, über die er mit mir nicht reden kann. Ein wenig drängle ich ihn, er soll es mir sagen, aber er lacht nur, nennt mich neugierig, bevor er mich küsst. Er sagt nichts, außer dass es mit den Partisanen zu tun hat. Umso besser. Ich will nichts wissen. Auch vom Coltello nicht. Schweig, sage ich zu ihm, schweig, deine dreckigen Geschäfte interessieren mich nicht. Ich tu es nur wegen dem da – dabei deute ich auf Mario –, damit er wieder heil zurückkommt. Wenn ich gehe, hält mich Mario am Arm fest. Franka, sagt er, das werde ich dir nie vergessen. Er ist abgemagert, und seinen Arm trägt er in der Schlinge – er hat Angst, dass er ihn verliert, wenn die Entzündung nicht bald besser wird –, aber ich könnte Maria erzählen, dass er noch lebt, was ich nicht tue. Sonst liegt sie mir stundenlang in den Ohren und will alles über ihn wissen. Und über mich. Doch ich erzähle nichts.

Wie gesagt. Ich ritt schon um sieben. Es war hell und deshalb ging mir alles schnell von der Hand. Die alte Riccarda verschnürte das Paket hinter meinem Sattel, ich sprengte den Berg hinauf, die Stute lief wie von alleine. Ihre Hufe fanden den Weg, sie wusste, wohin ich wollte. Auf dem Rückweg dachte ich daran, dass es vielleicht gut war, was ich tat. Dass ich Maria half und gleichzeitig den Partisanen. Wenn Gott wollen würde, dass ich ihnen nicht half, würde er mir doch mehr Steine in den Weg legen. Hatte er mir nicht vielleicht sogar Bruno geschickt, als heimlichen Verbündeten, der mich vor Gefahren warnte und gleichzeitig liebte?

Ich blickte über die Bergspitzen und ließ die Stute ein Weilchen grasen, es war ja noch so früh. Die Welt schien so friedlich, für einen kurzen Moment hielt sie inne. Ich atmete ein und aus, die sich langsam abkühlende Sommerluft, den Geruch nach trockenem Gras und Pferdeschweiß. Ich lauschte auf das Knacken der brüchigen Olivenstämme und auf den Schrei des Bussards über den Baumwipfeln.

Und dann, im Hof, stand Wittigs Auto. Ich sprang vom Pferd und ließ die Stute einfach mit hängenden Zügeln vor dem Brunnen stehen, rannte ins Haus. Hatte ich Marias Stimme gehört? War da ein leises Wimmern? Ein unterdrückter Schrei. Ich riss die Küchentür auf, da saß Zia Anna und weinte. In Zia Annas Schoß lag die Beretta. Ihre Finger umschlossen fest den Griff.

»Was ist passiert?«, wollte ich wissen.

»Wittig.« Zia Annas Augen waren starr vor Angst. »Maria.«

Mehr brauchte ich nicht zu wissen. Ich nahm ihr die Beretta aus der Hand und lud sie durch.

»Du rührst dich nicht von der Stelle.«

Sie nickte.

»Du kommst mir nicht nach. Verstanden?«

Wieder nickte sie. Ich drehte mich um und lief immer zwei Stufen auf einmal nehmend die Treppen hinauf und weiter zum oberen Wohnzimmer, in dem sich die Offiziere für gewöhnlich aufhielten. Mit dem Fuß stieß ich die Tür auf und hielt die Beretta mit gestreckten Armen vor mir.

Maria lag auf dem Sofa. Sie wimmerte, Wittig hatte mit einer Hand ihr Kleid hochgeschoben. Unsere Blicke trafen sich, und sie machte eine Kopfbewegung, die mir bedeutete, dass ich verschwinden sollte.

»Hände weg von ihr!«

Wittig drehte sich langsam zu mir um. Er lächelte kühl.

»Oh«, sagte er, »die junge Jeanne d'Arc.«

»Hände weg«, wiederholte ich. Meine Hände zitterten. Ich konnte die Beretta nicht ruhig halten. Ich hörte unten Schritte und vermutete, dass Giulia dort zugange war. »Ich will, dass Sie Maria loslassen. Jetzt.«

»Du hast ja gar keine Ahnung, in welchen Schlamassel du dich gerade reitest«, sagte Wittig. Seine Hände glitten auf Marias nacktem Schenkel nach oben.

»Ich habe keine Ahnung, wovon Sie reden.«

»Nicht? Dann werde ich es dir erzählen. Während deine Cousine hier treu dem Vaterland ergeben ist, hast du ganz andere Dinge vor.«

Mein Herz setzte mehrere Schläge aus.

»Ich bin nicht blind. Mir entgeht nichts, was hier in den Bergen passiert. Siehst du das?« Er deutete auf die silbernen Runen am Kragen seiner Uniformjacke. »Nicht umsonst bin ich so weit gekommen.«

»Ich weiß nicht, was Sie meinen«, flüsterte ich.

»Ich kann dir Dinge erzählen, die würdest du nicht glauben, wenn du sie nicht selbst getan hättest. Von Botenritten in die Berge. Von Proviantübergaben. Von Medikamenten, die auf unerklärliche Weise den Weg in die Hände der Widerständler finden.«

»Woher wollen Sie so etwas wissen?«

»Ah. Alle erzählen von dem tapferen Mädchen, das die Männer in den Bergen unterstützt.«

Meine Augen huschten zu Maria. Sie starrte mich ungläubig an.

»Der Coltello hält große Stücke auf dich. Sagt man. Nicht, dass ich ihn selbst gesprochen hätte. Der feige Hund verkriecht sich ja in den schmutzigen Winkeln des Apennin. Er muss nicht hierherkommen. Er hat ja offensichtlich dich. Franka.«

»Das ist alles nicht wahr«, sagte Maria fest. »Wenn jemand die Resistenza unterstützt, dann bin ich es.«

»Halt den Mund, Maria!«, fuhr ich sie an.

»Franka wollte nie für die Resistenza arbeiten, aber ich …«

»Halt den Mund!«, schrie ich sie nun wütend an.

Wittig lächelte nur. Ich spürte, wie mir der Schweiß ausbrach. Meine Hände zitterten so stark, dass ich meinte, mir würde die Beretta aus den Fingern gleiten. In Sekundenschnelle liefen die Bilder durch meinen Kopf. Meine nächtlichen Ausritte in die Berge, der Coltello, Emilia Angelotti, die Frau in Sant'Anna, die behauptet hatte, ich sei eine Heilige, und dann immer wieder Bruno. Wusste auch er davon?

»Aber keine Sorge, Bruno Nehrlich weiß davon nichts«, sagte Wittig, als könnte er meine Gedanken lesen, »er muss auch nichts davon erfahren. Vorläufig zumindest. Schließlich gibt es ja sogar noch ein Geheimnis.«

»Sie wollen, dass ich Ihnen Maria verkaufe.«

»Was für eine böse Unterstellung.« Er ließ von Maria ab, stand auf und kam zwei Schritte auf mich zu. »Ich würde eher sagen, wir drücken beide ein Auge zu.«

Mein Verstand arbeitete nicht mehr. In meinem Kopf herrschte nur noch Leere. Hatte Bruno ihm von uns erzählt? Das wollte ich mir nicht vorstellen. Sonst hatte ich immer Lösungen für alles. Diesmal nicht. Diesmal saß ich in der Falle. Überdeutlich sah ich Wittigs Gesicht, dieses Gesicht mit den kleinen, tiefliegenden Augen. Das blonde Haar, das er mit Pomade auf die Seite gekämmt hatte, die breite Nase, seine Uniform mit dem bis zum Hosenbund aufgeknöpften Hemd.

»Sie wissen, dass ich Ihnen Maria nicht ausliefere.«

»Dann wirst du wohl tatsächlich als tragische Legende enden«, seine Stimme klang plötzlich gelangweilt, »und nun verschwinde aus meinem Sichtfeld.«

Ich sah auch Maria, immer noch auf dem Sofa, dem Sofa, das ich früher so gemocht hatte, mit den blassrosa Blütenstickereien auf hellgrünem Grund. Hinter dem wir uns früher versteckt hatten, Maria und ich, wenn Zia Anna nach uns rief, dass wir die Wäsche aufhängen sollten oder Wasser vom Brunnen holen. Da waren wir noch Kinder gewesen. Jetzt nicht mehr. Der offene Kamin daneben, die Limoncelloflaschen darauf und darüber das Bild von Zia Annas Großmutter, streng, mit harten Gesichtszügen.

Ich sah Wittigs Lächeln und das, was aus diesem Lächeln entstehen würde. Und dann schoss ich. Ich traf den Mann mitten in die Stirn, sein Kopf wurde nach hinten gerissen, und Wittig knallte auf den Dielenboden. Das waren die einzigen Geräusche. Der Schuss und der Aufprall eines Körpers. Ich schrie nicht. Auch Maria nicht. Und ich dachte, dieser Schuss und dieser Knall, Wittigs Körper, wie er auf den Boden sackte, das ist das Letzte, was du je gehört hast.

Zia Anna war in der Küche geblieben, wie ich es befohlen hatte. Das Pferd, draußen im Hof, wanderte mit schleifenden Zügeln umher und graste. Auf dem Herd köchelte eine Minestrone. Ich sagte, Wittig liege oben, tot, und legte die Beretta zurück in Zia Annas Schoß. Ich sagte, sie solle Giulia ins Dorf schicken, sie solle Emilia Angelotti holen. Dann sagte ich nichts mehr. Ich setzte mich an den Tisch und stützte meinen Kopf in die Hände.

Maria flüsterte mir zu: »Es war richtig, du hast das Richtige getan.« Und das dachte ich auch. Ich hatte doch keine Wahl gehabt. Oder?

Giulia kam herein und schnürte sich, ohne zu fragen warum, die Stiefel zu, und die Stute trat draußen auf ihren Zaum und zerriss die Zügel. Die Suppe kochte über und verdampfte zischend auf dem Herd, bis Zia Anna den Topf zur Seite schob, darin rührte, als würde es nichts Wichtigeres geben, und sich am heißen Löffel die Lippen verbrannte. Das alles passierte, während Wittig tot über uns lag und wir unten wie in einer luftleeren Blase beieinander waren, wie Schauspieler in einem grausamen, unabänderlichen Theaterstück.

Marielle
Farnocchia, August 2003

Wenn ich unglücklich war, malte ich. Wenn ich mich einsam fühlte, nahm ich mir ein Blatt Papier, setzte mich in die Speisekammer und malte. In die Speisekammer, weil Mutter nicht mochte, dass ich zeichnete. Sie sagte, ich solle etwas Vernünftiges tun. Ich solle Sprachen lernen und Mathematik. Ihretwegen könne ich auch Klavier spielen. Oder Geige. Ich mochte nicht. Ich versteckte mich zwischen den Holzregalen, nahe beim Fenster, zwischen Tüten mit Reis und Mehl, und zeichnete. Die Bilder knüllte ich anschließend zusammen. Manchmal warf ich sie aus dem Fenster. Manchmal verbrannte ich sie im Kamin. Ich wollte sie gar nicht aufheben, sondern stellte mir vor, dass sie irgendjemand fand und in ledernen Mappen sammelte, sie jeden Tag durchblätterte und sagte, sieh her, so gut zeichnen kann dieses Mädchen. Vielleicht würde derjenige sie auch rahmen lassen und über sein Bett hängen und über den Tisch im Esszimmer.

Aus der Zeit, als ich ein Kind war und dann ein junges Mädchen, gibt es kaum Bilder. Vielleicht drei oder vier. Den Papagei aus der New Yorker Wohnung. Martha, wie sie in ihrem Zimmer sitzt und Zeitung liest – was sie leidenschaftlich gern tat, vor allem die Hochzeits- und Todesanzeigen. Dabei war sie so in die Lektüre versunken, dass sie alles um sich herum vergaß. Den Blick hinunter zu den Isarauen malte ich. Mich selbst mit Augenklappe, wie eine Piratin. Daran musste ich nun denken, als ich in der Remise stand, todmüde, aber nicht in der Lage zu schlafen. Hatte ich mich damals als Piratin gemalt, weil ich wusste, dass ich mich später einmal mit einem Seemann einlassen würde? Ich rieb mir mit beiden Händen übers Gesicht und stellte eine neue Leinwand vor mich hin.

Meine Mutter lag mit Fieber im Bett. Ich hatte Zia Maria dazu gedrängt, doch einen Arzt zu rufen. Während wir sprachen, stahlen sich meine Gedanken immer wieder zu Rocco, und ich schämte mich dafür, dass ich an ihn dachte und dass es meiner Mutter gleichzeitig so schlechtging. Aber ich konnte nicht anders, wenn ich kurz die Augen schloss, sah ich seine Augen und seinen weichen Mund und spürte seinen kräftigen Körper auf mir. Dann riss ich die Augen auf, und die gleißende Helligkeit des Morgens vertrieb sein Gesicht. Stattdessen stand da Zia Maria, seltsam klein und hilflos.

Ich musste eine halbe Ewigkeit telefonieren, bis ich einen Arzt auftrieb. Zia Maria stand neben mir und behauptete, das wäre ein Zeichen, dass es keine gute Idee war. Schließlich fand ich einen Allgemeinarzt, der sich bereit erklärte, zu uns heraufzukommen. Er hieß Dottore Maggiore. Er kam aus Pomezzana angefahren, in einem rostigen alten Fiat, und ich hatte das Gefühl, dass er sogar noch weniger Ahnung hatte als Zia Maria und ich. Eine Weile stand er unschlüssig im Hof herum, als könne er sich nicht entscheiden, ob er ins Haus oder in die Stallungen gehen sollte. Er sah sich meine Mutter flüchtig an, die trotz ihres Fiebers die Kraft aufbrachte, wütend auf uns zu sein, und sich weigerte, auch nur ein Wort mit dem Arzt zu sprechen. Sie wollte sich auch nicht aufsetzen und sich abhören lassen.

»Das wird alles nichts nützen«, sagte sie barsch und drehte sich zur Wand.

Der Dottore, ein älterer Mann mit randloser Brille und angezogen wie ein Tierarzt, mit groben Stiefeln und fleckiger brauner Hose, zuckte mit den Schultern und fragte uns nach irgendwelchen Arztbriefen, die wir nicht hatten. Er empfahl uns, sie ins nächste Krankenhaus zu bringen. Er sprach sehr leise mit uns, flüsterte, dass es sehr schwierig werden würde, sie hier zu pflegen, dass sie eventuell starke Schmerzmittel brauchen werde und dass wir das hier alleine niemals schaffen würden.

Das erboste meine Mutter so, dass sie sich unter größter Mühe aufsetzte, die Beine aus dem Bett schwang und das Zimmer verließ.

»Vielleicht erholt sie sich ja wieder«, sagte ich vorsichtig.

»Sie ist zäh«, meinte Zia Maria und seufzte.

Der Arzt schüttelte den Kopf. »Es ist ein wirklich gutes Krankenhaus«, sagte er und klappte seine Arzttasche zu. »Sie haben dort sogar eine Palliativstation. Sie sind sehr freundlich, und es gibt auch Zimmer für die Angehörigen.«

Als er weg war, kam meine Mutter zurück ins Zimmer. Sie war kalkweiß im Gesicht. Obwohl sie schwankte, traute sich keine von uns, nach ihrem Arm zu fassen.

»Ich habe genau gehört, was ihr gesagt habt«, fauchte sie uns an, »ich hab es genau gehört. Bevor ich dort hingehe, schneide ich mir die Pulsadern auf.«

»Mutter …«

»Das ist mein Ernst. Das habt ihr euch gut ausgedacht. Aber ich gehe nirgendwohin. Wenn es euch zu viel wird, schieße ich mir mit Zia Annas Beretta in den Kopf.«

»Die Beretta ist nicht für alles eine Lösung«, sagte ich böse.

Zia Maria und meine Mutter sahen mich schweigend an, dann verengte meine Mutter die Augen.

»Du hast ja keine Ahnung, was eine Beretta alles lösen kann«, sagte sie.

»Abgesehen davon, ist sie nicht mehr da«, gab Zia Maria zu.

»Was? Sie ist nicht mehr da? Was hast du mit ihr gemacht?«

»Ich habe sie irgendwann in den Fluss geworfen. Ich wollte sie nicht mehr im Haus haben.« Meine Mutter sah aus, als würde diese Eröffnung sie umbringen. Sie setzte sich auf die Bettkante, und für einen Moment dachte ich, sie würde zu weinen anfangen.

»Wann war das?«, fragte sie.

»Das ist bestimmt schon zwanzig Jahre her. Es war Zeit, sie loszuwerden. Ich hab mich auf die kleine Brücke gestellt und so weit geworfen, wie ich nur konnte.«

»Warum sagst du das erst jetzt?«

»Wir haben uns nichts ausgedacht, Mutter«, versuchte ich das Gespräch wieder auf das eigentliche Thema zu lenken, »wir wollen nur nichts falsch machen. Das ist alles.«

»Dann lasst mich in Ruhe. Lasst mich hier und in Ruhe. Und bringt mich nicht ins Krankenhaus. Auf irgendwelche Stationen, wo ich mit alten, kranken, senilen …« Sie suchte nach Worten und begann zu husten. Es klang qualvoll und rasselnd.

»Keiner von uns will dich irgendwohin bringen«, sagte Zia Maria sanft, »komm. Leg dich etwas hin. Schlaf ein bisschen. Du siehst so erschöpft aus.«

Widerstrebend sank Mutter zurück auf das Bett, Zia Maria schlug die Decke zurück und breitete sie über Mutters Beine.

»Der Arzt war ein Idiot«, sagte ich. »Es war eine dumme Idee, ihn kommen zu lassen.«

»Ein Idiot«, wiederholte Mutter, »er war ein Tierarzt. Er hat gerochen wie ein Tierarzt. Nach Ziege. Und er meinte, wir würden das nicht merken.«

»Wahrscheinlich fährt er weiter zu den Ziegen von den Contes. Ich habe gehört, dass sie Probleme mit der Räude haben. So hat er ausgesehen, als würde er die Ziegen der Contes behandeln«, meinte Zia Maria.

»Genau so. Soll er die Räude behandeln. Das kann er hoffentlich besser.«

»Wahrscheinlich kann er das auch nicht besser. Es ist heutzutage so schwer, einen guten Tierarzt zu bekommen.«

»Er hat nicht einmal ausgesehen wie ein guter Tierarzt. Und er will mir sagen, wo ich hingehöre.« Mutter setzte sich auf ihr Bett und lächelte zum ersten Mal. »Das habe ich mir noch nie von jemanden sagen lassen.«

»Wirst du auch nicht, Franka, das wirst du auch nicht.«

Die beiden alten Frauen umarmten sich, und ich verließ leise das Zimmer. Mir sank der Mut. Die Erschöpfung hing an mir wie ein lästiges Kind. Ich mochte nicht daran denken, wie das weitergehen sollte.

Ich malte mich mit Augenklappe. Wie damals. Als ich noch klein und dumm war. Wie eine Piratin. Mein Gesichtsausdruck war stolz, das Kinn erhoben. Auf meiner Schulter saß ein kleiner Affe mit uraltem Gesicht und in meinen Ohren hingen riesige goldene Ohrringe. Ich malte mich so, wie ich nie war und vermutlich nie sein würde. Aber ich stellte fest, dass ich mich so mochte. Ich mochte das Gefühl, kämpferisch zu sein, auch wenn ich es in Wirklichkeit nicht war. Nach etwa einer Stunde fühlte ich mich etwas besser. In meine Hand legte ich die Weltkugel, die dann irgendwie wie die goldene Kugel der Prinzessin des Froschkönigs aussah.

Es klopfte an der Tür und ich erschrak so sehr, dass ich mit dem Pinsel abrutschte und einen Strich quer über das Bild zog, aber ich war zu ausgelaugt, um mich zu ärgern. Als ich die Tür der Remise öffnete, stand Rocco davor.

»Ich wollte dich sehen«, sagte er.

Franka
Farnocchia, Juli 1944

Ich war gerade einen halben Meter weit gekommen, als Giulia mit Emilia Angelotti zurückkam. Wir hatten uns entschieden, ihn im Kräutergarten neben dem Brunnen zu begraben, weil es der einzige Ort war, wo die Erde so locker war, dass man überhaupt ein Loch graben konnte. Zia Anna hatte befürchtet, dass er das Wasser verseuchen würde, aber wir hatten ja nicht nur diesen Brunnen. Und in ein paar Jahren würde der Kerl verfault sein und von den Würmern aufgefressen. Jetzt musste er erst einmal verschwinden. Und er verschwand nicht einfach so.

Maria hatte versucht, ihn wieder lebendig zu machen. Mit Zauberei, die sie von ihrer Großtante gelernt hatte. Natürlich hatte es nicht funktioniert. Der ganze Hokuspokus hatte uns mindestens eine Stunde gekostet und noch eine halbe, in der wir versuchten, Maria von ihrem Vorhaben abzubringen. Sie hatte es mit Räucherwerk und Salbei versucht. Mit Spucke und Brot. Mit Honig und der Milch der alten Stute. Irgendwann schüttelte ich sie, schrie sie an und hätte sie fast geschlagen, damit sie zur Vernunft kam. Ich glaube nicht an Zauberei. Ich glaube an Tatsachen. An die Gesetze der Natur. Tot ist tot.

Ich stand mit dem Spaten in dem rechteckigen Loch,

meine Arme und mein Rücken schmerzten vom Graben. Trotzdem schlug ich Marias Angebot aus, mir zu helfen. Ich wollte diese Arbeit selber tun. Ich hatte Wittig umgebracht. Ich wollte ihn auch begraben. Maria hatte auf mich eingeredet, bis ich ihr über den Mund fuhr. Sie sagte, sie sei an allem schuld. Daran, dass sie Wittig gefiel. Daran, dass ich die Sachen in die Berge brachte. Dass sie mich dazu überredet hatte. An allem sei sie schuld. Sie allein. Und ich, ich war die Gute, die sie gerettet hatte. Die beste Freundin, die beste Schwester, die beste Cousine. Ich hielt ihr Gerede kaum aus, trotzdem sagte ich nichts, sondern schaufelte und schaufelte, stieß den Spaten in die steinige Erde, bis meine Hände bluteten.

Dann kam Emilia Angelotti. Sie stellte sich breitbeinig vor das Loch und grinste zu mir hinunter. Sie grinste so breit, dass ich selbst im Licht der Öllampe ihre Zahnlücke neben dem rechten Schneidezahn sehen konnte.

»Und du hast den Kerl umgebracht«, sagte sie zu mir.

»Sieht so aus.«

»Das hätte ich dir gar nicht zugetraut.«

»Du musst das Auto wegbringen.« Ich hätte sie am liebsten angeschrien.

»Du weißt schon, dass der Nehrlich und der Kunz unten in Farnocchia sitzen«, sagte sie, und ich spürte, wie mein Herz einen Schlag aussetzte. »Sie trinken Wein. Aber sie könnten jederzeit …«

»Oh mein Gott.« Maria griff sich eine Hacke und sprang zu mir in die Grube. »Wir müssen zusehen, dass das Loch tief genug wird.«

Sie begann, mit der Hacke auf die Steine einzuschlagen.

Ich wusste, dass sie das nicht lange durchhalten würde. Trotzdem ließ ich sie weiterhacken. Ihre Locken hingen wirr um ihr Gesicht, sie weinte nicht, als ob alle Tränen schon in ihrer Brust vertrocknet wären.

»Emilia«, sagte ich ruhig, »du musst das Auto in die Berge fahren. Du kennst die Stelle, die Schlucht, du weißt, was ich meine …«

»Ich soll das Auto in die Schlucht stürzen lassen«, unterbrach sie mich, »und wie komme ich wieder nach Hause?«

Als ob das wichtig gewesen wäre.

»Ich weiß es nicht.«

»Und was bekomme ich dafür?«

Ich hasste Emilia Angelotti mehr als je zuvor. Ich verabscheute sie. Am liebsten hätte ich sie samt dem Toten im Kräutergarten begraben. Und sie vorher erwürgt. Sie beide zusammen in diesem schrecklichen Grab. Aber wer hätte sich dann um das Auto gekümmert?

»Was du willst«, sagte ich knapp.

»Was ich will? Na gut. Ich denke darüber nach, während ich das Auto wegschaffe.« Sie drehte sich um und ging. Wenige Minuten später hörten wir einen Motor anspringen.

»Wenn wir es nicht schaffen?«, flüsterte ich.

Maria fiel mir um den Hals. Ihr Körper bebte.

»Doch«, sagte sie, und ich spürte ihren Atem an meinem Schlüsselbein, »doch, wir schaffen das. Wenn er hier drin liegt, pflanzen wir Rosmarin darauf. Richtig großen Rosmarin. Der wächst hier fantastisch. Ich gieß den jeden Tag, bis er so groß ist wie ein Baum. Wir werden nach und nach vergessen, dass er hier liegt und nur den Rosmarin ernten.«

»Rosmarin wird nicht so groß wie ein Baum.« Ich vermutete, dass wir immer an ihn denken würden. Bei jeder Rosmarinkartoffel. Bei jedem Schluck dieser köstlichen Rosmarinlimonade, die Zia Anna im Sommer immer in die großen Krüge füllte. Und dann der Rindereintopf. Mit Zitrone und gehacktem Rosmarin. Alles würde uns an Wittig erinnern. Jeder Bissen.

»Dieser schon«, entgegnete sie.

»Und wenn sie ihn finden?« Ich schob Maria von mir. »Wenn sie ihn finden?«

»Werden sie nicht. Wieso sollte er hier sein? Ausgerechnet hier? In den Bergen wimmelt es von Partisanen.«

»Wenn sie sein Auto finden, werden sie denken, Coltellos Männer haben ihn umgebracht«, sagte ich.

Maria nickte, und wir fuhren fort, das Grab auszuschachten. Es war eine mondhelle Nacht. Es war still. Man hörte nur das gleichmäßige Treffen der Schaufel auf Erde und Gesteinsbrocken. Wir redeten nicht mehr, arbeiteten verbissen, und ich erlaubte mir keine Gedanken an später, an Bruno Nehrlich oder den leblosen Körper, der immer noch im oberen Stockwerk lag. Ich versuchte auch, nicht an Emilia Angelotti zu denken, die gerade durch die Dunkelheit fuhr, zu der Stelle, an der der schmale Feldweg einen gefährlichen Knick machte. Ich versuchte, nicht daran zu denken, wie das Auto über die Kante glitt und Teile der Felsen mit sich hinunter in die Tiefe riss. Felsen und Strauchwerk und kleine Bäume, wie es ächzte und donnernd auf den Stein schlug, wieder und wieder, bis Ruhe einkehrte, der Geruch nach Benzin verflog und irgendwo ein Reh schrie oder ein Käuzchen.

Es passierte das, was passieren musste. Wir schleppten Wittig nach unten. Zia Anna, Maria und ich. Er war schwer. Schwerer, als wir ihn uns vorgestellt hatten, und bei jeder Stufe schlug sein Kopf hart auf das Holz, weil wir ihn nicht höher anheben konnten. Immer wieder setzten wir kurz ab, um neue Kraft zu schöpfen. Zia Anna bekreuzigte sich.

»Gott wird uns strafen«, sagte sie.

»Wir durften ihn nicht töten.«

»Zia Anna«, sagte ich, »ich habe ihn getötet. Alleine. Wenn, dann wird Gott mich alleine strafen. Nicht euch.«

»Unsinn, *mia cara*, Unsinn. Wenn du es nicht getan hättest, hätte ich es getan.«

Wir wussten alle, dass sie ihn niemals getötet hätte. Sie hätte es nicht fertiggebracht. Keiner von uns. Außer mir. Oben wischte Giulia den Boden. Das Blut war getrocknet und hinterließ dunkle Flecken auf dem Holzboden. Nicht viel, aber gerade so, dass man es sehen konnte. Sie verschob den Teppich. Betete den Rosenkranz und stellte das Sofa etwas weiter nach vorne. Nur ein paar Zentimeter, keiner würde es merken. Wir hatten Wittigs Leiche gerade zur Hintertür hinausgeschafft, da hörten wir Bruno Nehrlichs Motorrad vorne auf den Hof fahren. Zia Anna breitete ein Tuch über den Toten, dann huschten sie eilig nach oben, nur ich blieb unten. Ich konnte kaum atmen, als ich durch die Küche zur Haustür ging. Bruno stellte sein Motorrad ab und nahm den Helm ab.

»Du bist noch wach«, stellte er überrascht fest.

»Ich konnte nicht schlafen.«

Er kam zu mir, legte den Helm auf die Stufen und umarmte mich in der Dunkelheit. Ich konnte seinen Waffengürtel spüren, die kratzige Uniformjacke, seine rauen Hände.

»Wo sind Kunz und Wittig?«, fragte ich.

Gott. Ich fühlte mich so schlecht. Eine schlechte Betrügerin. Eine Mörderin, die ihren Liebsten belügt.

»Kunz ist in Farnocchia vor der Taverne eingeschlafen. Und Wittig? Ich dachte, er ist längst hier?« Er küsste mich auf den Scheitel und blickte sich suchend nach Wittigs Auto um. »Er müsste doch eigentlich hier sein. Er ist doch schon nachmittags zurück.«

»Hier ist er nicht«, flüsterte ich und zog seinen Kopf zu mir herunter, um ihn zu küssen. Wir küssten uns lange und zärtlich. Er drückte mich gegen die Wand, schob seine Hände unter meine Bluse und strich über meine verschwitzte Haut.

»Du schmeckst nach Erde«, sagte er.

»Du schmeckst nach Wein«, gab ich zurück.

»Was ist da auf deiner Stirn?« Er strich über meine Stirn und den Haaransatz.

»Erde. Ich war den ganzen Tag im Kräutergarten.«

»Und ich war nicht hier, um dir zu helfen.«

Zum Glück, dachte ich, zum Glück. Meine Knie fühlten sich so schwach an, so schwach, dass ich Angst hatte, einzuknicken.

»Jetzt bist du ja hier.«

»Und Wittig war den ganzen Tag nicht auf dem Hof?«, hakte Bruno nach.

»Ich hab ihn nicht gesehen. Und ich bin froh, wenn ich ihn nicht sehe.«

Bruno lachte und zog mich noch enger an sich. Er roch so gut. So gern hätte ich alles vergessen, doch die Angst klammerte sich an mich und drückte meine Kehle zu.

»Magst du mir den Garten zeigen?«, flüsterte er in mein Ohr, und mir wurde kalt. »Wir könnten uns zwischen die Kräuter legen. Bis der Morgentau ihre Blätter benetzt.«

»Lass uns lieber hineingehen. Alle schlafen. Und Kunz und Wittig sind nicht da.«

»Du meinst, in mein Zimmer?«

»Vielleicht?«

»Das willst du wirklich?«

»Ich weiß es nicht, Bruno.«

Er nahm meine Hand und führte mich leise die Treppe hinauf. Hinein in sein Zimmer. Der Mond schien durchs Fenster, während wir uns auszogen, und ich zitterte, obwohl die Nacht warm war, zu warm zum Schlafen. Zu warm, um Ruhe zu finden. Ich kniete mich auf sein Bett, und Bruno legte seinen Kopf in meinen Schoß, küsste meine Schenkel und meinen Bauch, umschlang mich mit seinen Armen, so fest, als wolle er in mich hineinkriechen. Und ich dachte nur an Wittig.

»Franka«, sagte er in meinen Schoß hinein, »ich muss dir etwas zeigen.«

Er stützte sich auf und küsste die feine Linie zwischen meinen Brüsten und meinem Nabel.

»Ich will es dir schon lange zeigen. Aber ich habe Angst.«

»Warum?«, fragte ich.

»Ich habe Angst, dass du mich nicht mehr …«

»Liebst?«

Er nickte.

»Ich habe Angst, dass du mich verabscheust.«

Ich war mir sicher, dass er mir das Bild seiner Familie zeigen wollte, und ich wollte sagen, dass ich schon davon wusste und dass es mir egal war. Es war mir wirklich egal. Dass ich Wittig getötet hatte. Meine eigene Angst war so groß, dass mir alles andere unwichtig und klein erschien.

»Aber ich muss es dir zeigen.« Ich sah ihm zu, wie er aufstand und zu dem kleinen Holzschrank ging, in dem seine Kleidung war. Noch nie hatte ich ihn nackt gesehen. Noch nie hatte ich irgendeinen Mann nackt gesehen. Und obwohl es dunkel war, konnte ich seinen kräftigen Rücken erkennen und die muskulösen Schultern und Oberarme. Und alles andere auch. Er öffnete den Schrank und holte die braune Ledermappe hervor.

»Du kannst gehen, ich bin dir nicht böse, wenn du gehst«, sagte er und legte die Mappe vor mich auf das Bett. »Ich will, dass du weißt, wer ich bin. Ich will, dass du weißt, wie schlecht ich bin.«

Er schüttete die Mappe aus, und das Papier glitt raschelnd zwischen uns. Es mussten an die hundert Skizzen sein. Bleistiftzeichnungen, perfekt mit feinen Linien, Schraffierungen. Er hatte großes Talent, er war ein Künstler, doch alle Bilder zeigten nur eines. Menschen, die auf grausame Art zu Tode gekommen waren. Zerfetzte Körper. Erhängte Körper. Schlaffe Glieder. Gesichter mit Augen, die ins Leere blickten.

»Mein Gott«, flüsterte ich, »mein Gott.«

Bruno schwieg. Er sah mich nur an.

»Warum hast du das getan?«

»Derart schreckliche Dinge getan? Oder den Schrecken auch noch gezeichnet?«

Ich spürte, wie mir Tränen über die Wangen liefen, obwohl ich nicht weinen wollte, kein Laut kam über meine Lippen. Ich schob die Bilder zu einem sauberen Stapel zusammen und steckte sie zurück in die Ledermappe. Meine Brust war wie ausgehöhlt. Mein Kopf war wie ausgehöhlt. Ich ließ die Mappe vom Bett fallen. Weg, nur weg. Ich umarmte Bruno, weinte an seiner Brust und wusste nicht mehr, weswegen.

»Der Krieg ist furchtbar«, sagte ich, und Bruno streichelte über meinen Rücken, über mein Haar, meine Schultern. Er küsste meine Wangen und meine Augen und zusammen kauerten wir uns auf das Bett, ich umschlang ihn mit meinen Beinen, und Bruno sagte, von jetzt an zeichne er nur noch mich. Nur noch mich. Hell wie die Sonne. Mein blondes Haar, leuchtend, meine lachenden Augen, meinen Mund, der Liebesworte flüstert. Er zeichnet nur noch mich, weil ich rein und gut bin und alles Schlechte aus ihm vertreibe. Jedes Bild von mir werde ihn heilen, wieder ganz machen und vergessen lassen, was geschehen war.

Ich dachte, dass ich wohl nie mehr lachen konnte. Dass ich nie mehr hell und strahlend sein konnte, nie mehr. Und das mit siebzehn Jahren. Wie soll so ein Leben enden, wenn es im Dunkel beginnt.

Als Bruno schlief, erschöpft an meiner Brust, schlich ich mich leise aus dem Zimmer. Packte meine Bluse und meine Hose und schlüpfte hinein. Ich fand die anderen in Zia Annas Zimmer. Zusammen saßen sie auf dem Bett. Sogar Giulia war da. Sie starrten mich mit großen Augen an.

»Er schläft«, sagte ich, »alles ist gut.«

Wir schleppten den Toten zu der Grube und ließen ihn vorsichtig hinab. Dann schaufelten wir Erde auf ihn, das ging ganz schnell, viel schneller, als die Grube auszuheben. Maria teilte den Rosmarin geschickt mit dem Spaten, während Giulia Wasser aus dem Brunnen pumpte.

»Wir sollten ein Gebet sprechen«, meinte Zia Anna, als der Rosmarin gepflanzt und die Erde geharkt war.

»Ruhe in Frieden«, sagte Maria.

»Wir wollen nie wieder von ihm sprechen«, sagte ich.

»Und vergessen, dass er hier liegt«, fügte Zia Anna hinzu.

»Für alle Zeit«, flüsterte Maria.

Marielle
Farnocchia, August 2003

Zia Maria ließ Brühe kochen, und ich fütterte meine Mutter damit. Nach drei Löffeln drehte sie den Kopf zur Seite und presste die Lippen aufeinander. Es machte mich wütend und gleichzeitig verzweifelt. Ich musste mich zusammennehmen, dass ich sie nicht anherrschte, sie solle endlich etwas essen. Sie musste doch essen. Wie sollte sie leben, wenn sie nicht aß?

»Schmeckt die Suppe nicht?«, fragte ich.

»Doch. Doch.«

»Dann iss noch etwas. Nur noch ein paar Löffel.«

»Ich will hinaus.«

»Wie hinaus?«

»An die Luft.«

»Soll ich das Fenster öffnen?« Ich stand auf, stellte den vollen Teller auf das Nachttischchen und ging zum Fenster hinüber. Ich öffnete die Fensterflügel weit. Es war früher Abend, die Grillen zirpten und die Hitze lag noch schwer über den Bergen. Wenn ich zur Remise hinübersah, begann sich mein Magen zu drehen. Denn dann musste ich an Rocco denken, an den Blick, mit dem er mich angesehen hatte, als er die Tür zur Remise hinter sich zusperrte. Sein Blick, als er mich rückwärts zu der Carrozza schob und mich hinaufhob auf die Rückbank und mein Kleid zurückschob. Ich hatte die Leinwände umgedreht, damit er die Bilder nicht ansehen konnte, was er albern fand, aber respektierte. Er fragte nicht nach meiner Mutter. Was mir ganz recht war. Ich wollte nicht darüber sprechen. Ich wollte nur, dass er mich küsste und nicht mehr damit aufhörte. Und das tat er dann auch.

Als ich mich wieder zu meiner Mutter umdrehte, hatte sie sich aufgesetzt und die Füße auf den Boden gestellt. Wie sie so dasaß, so klein und gebeugt, das Gesicht so schmal, so ausgezehrt und das weiße Haar zerzaust, das war nicht mehr der Mensch, den ich mein Leben lang gekannt hatte.

»Ich will noch mal hinausgehen. Wer weiß, wie lange ich das noch kann.«

»Wenn du meinst.« Ich half ihr in ihren Morgenmantel und brachte ihr die Hausschuhe. Sie hakte sich bei mir ein, und langsam verließen wir das Zimmer und stiegen die Stufen hinunter. Zia Maria unterhielt sich in schnellem Italienisch in der Küche mit der Köchin. Sie gab Anweisungen für die nächsten Tage. Minestrone, sagte sie, Zuppa del Contadino. Polypo al Sugo. Es folgten noch weitere Gerichte, die anscheinend für meine Mutter gedacht waren. Wärmend. Stärkend. Leicht zu schlucken. Ihre Stimme klang aufgewühlt, als hätte sie geweint.

»Weißt du, Marielle«, sagte meine Mutter, »für Maria war es noch nie leicht, mit dem Tod umzugehen. Ich erinnere mich, dass sie ein Katzenjunges wieder lebendig machen wollte. Da war sie zehn oder elf Jahre alt. Das Junge war kurz nach der Geburt gestorben. Schwarz mit weißen Pfoten. Sie hat es mit Zauberei versucht. Hat nicht funktioniert. Wir haben es im Kräutergarten beerdigt, und Maria hat die ganze Nacht geweint.«

Wir gingen über die Hintertreppe nach draußen und dann den gepflasterten Weg entlang zum Kräutergarten. Ich wusste nicht, was ich sagen sollte. Ich hätte sie gerne so vieles gefragt, doch ich traute mich nicht. Ich hätte sie gerne gefragt, was sie empfand. Ob sie ängstlich war. Oder traurig. Ob sie an den Tod dachte oder noch Hoffnung hatte. Aber ich fragte nichts von alledem.

»Wo liegt denn das Kätzchen?«

»Beim Brunnen. Überall sonst ist der Boden steinhart. Lauter Felsen. Ein Wunder, dass hier überhaupt etwas wächst.«

Sie öffnete mit einer Hand das niedrige hölzerne Gartentor, und wir gingen hindurch. Hinter uns trotteten die Hunde, seit ich da war, folgten sie mir auf Schritt und Tritt. Das Zirpen der Grillen mischte sich mit dem Hecheln der Hunde und dann mit dem Scheppern einer Blechschüssel auf dem Steinboden, als sie gemeinsam aus dieser Schüssel vor dem Brunnen tranken. Der Himmel war blau, keine Wolke war zu sehen. Nur der nahe Abend machte seine intensive Farbe schon etwas milchig, ließ sein Leuchten verblassen. Gestern hatten Rocco und ich diesem Licht zugesehen, wie es fahler und fahler wurde und von der Dunkelheit schließlich geschluckt wurde. Wir hatten das Tuch, das sonst über der Carrozza lag, auf den Boden gebreitet, und ich hatte in seiner Armbeuge gelegen. Hatte vorsichtig über seine Brust gestrichen und über den Stumpf seines fehlenden Armes. Er hatte es zugelassen, die

Augen geschlossen, als müsste er mit sich kämpfen, damit er nicht zurückzuckte.

»Darf ich?«, fragte ich, und er nickte. »Wie ist das passiert?«

»Das Meer.«

»Hmm.«

Wir schwiegen, und ich küsste seinen Hals und das Grübchen auf seinem Kinn.

»Du willst es mir nicht sagen.«

»Nein.«

Ich setzte mich auf und griff nach meinem Skizzenblock. Im schwindenden Licht zeichnete ich Rocco genau so, wie er war. Nur mit wenigen Strichen. Von der Seite. Auf dem nächsten Blatt von vorne. Auch seine Brust. Auch seine Schulter. Auch das, was fehlte. Rocco rührte sich nicht.

»Es macht nichts«, sagte ich, »ich muss es nicht wissen.«

»Gut.«

»Dein Körper wird mir noch alles erzählen.«

Er lachte und zog mich an sich, sah sich die Zeichnungen an, die Blätter raschelten laut in der alten Remise, und ich hatte Angst, dass er etwas Schlechtes darüber sagen würde, doch er sagte nichts.

Ich pumpte frisches Wasser in die Hundeschüssel und sah Mutter zu, wie sie sich auf den Pflanztisch stützte, auf dem Zia Maria immer ihre Blumenkübel umtopfte, Kräuter zu Bündeln band oder die schlechten Tomaten aussortierte.

»Ah«, sagte Mutter, »was ist da?«

Sie deutete auf das Rosmarinbeet, genau vor dem Brunnen. Das Beet war Zia Marias Heiligtum. Niemand durfte die Büsche schneiden. Ausgenommen sie selbst. Und wenn es etwas Besonderes zu essen gab, einen Brasato al Chianti am Geburtstag meiner Mutter oder Carne Cruda mit weißen Trüffeln zu Weihnachten, betonte sie immer, woher die dazu benötigten Rosmarinzweige stammten. Der gute Rosmarin, der so prächtig wuchs, dank der Feuchtigkeit des Brunnens.

Die Erde im Beet schien frisch umgegraben zu sein.

»Wahrscheinlich die Hunde«, meinte ich und legte ihr meine Hand auf den Arm. Berührungen zwischen ihr und mir waren so selten, dass ich mir jede vorher überlegte.

»Nein. Da hat jemand gegraben.« Mutter machte sich von mir los und kniete sich mit einiger Mühe vor das Beet. Sie ließ die krümelige, dunkle Erde durch ihre Finger rieseln.

»Wer sollte hier denn graben?«

»Da. Dieser Rosmarinbusch ist locker. Und er ist vertrocknet. Er fällt um, wenn man ihn nur ansieht. Der ist mausetot. Kein Wunder. Jemand hat mit dem Spaten hineingestochen und seine Wurzeln gekappt.«

Ich wollte gar nicht wissen, was Zia Maria dazu sagen würde. Mutter griff nach dem Busch und zog ihn heraus.

»Lass doch gut sein. Wir sagen Zia Maria nichts davon, und ich besorge morgen einen neuen in Farnocchia. Ich habe einen kleinen Laden gesehen. Die verkaufen Rosmarin und Salbei und sogar Rosenstöcke.«

»Hab ich es mir doch gedacht.« Sie legte den Busch achtlos zur Seite und zog eine kleine, handliche Pistole aus dem Loch. »Zia Annas Beretta. Von wegen in den Fluss geworfen. Maria ist eine schlechte Lügnerin. War sie schon immer.«

»Vielleicht solltest du sie einfach wieder in das Loch zurücklegen«, sagte ich. Es machte mich nervös, die Waffe in der Hand meiner Mutter zu sehen.

»Maria dachte wohl, ich will mir in den Kopf schießen.«

»Das hast du zumindest gesagt.«

»Das würde sich nicht mehr lohnen.«

»Sag nicht so etwas.«

»Es wird sowieso bald vorbei sein.«

Wir sahen uns in die Augen, und ich konnte darauf nicht antworten, denn alles, was ich darauf hätte sagen können, wäre eine Lüge gewesen. Mutter streckte den Arm mit der Waffe in die Luft.

»Mal sehen, ob das alte Ding noch funktioniert«, sagte sie und drückte ab.

Der Knall zerriss die Stille und hallte zwischen den Bergen wider. Das Echo wurde wieder und wieder zurückgeworfen. Die Hunde flüchteten mit eingezogenem Schwanz, und ich fiel Mutter in den Arm, riss ihr die Pistole aus der Hand und warf sie zurück in das Loch. Ich sah, wie Zia Maria aus dem Haus stürzte und durch den Garten zu uns gelaufen kam.

»Franka!«, rief sie. »Franka!«

Sie hörte erst damit auf, als sie direkt vor uns stand. Sie und meine Mutter starrten sich an, ich wusste nicht, ob böse oder voller Entsetzen oder einfach nur fassungslos.

»Ich dachte, du hast dir eine Kugel in den Kopf geschossen!«

»Dummes Ding!«

»Das darfst du nicht tun!«

»Warum vergräbst du die Beretta unter dem Rosmarin?«

»Damit du dir nichts antust. Und weil sie hier hingehört.«

»Und warum versuchst du mich anzulügen?«

»Es ist mir nichts Besseres eingefallen. Ich traue dir alles zu. Du hast schon immer getan, was du wolltest.«

Ich lehnte mich gegen den Brunnen und presste die Hände auf mein Gesicht. Der Schuss schien sich in meinen Kopf zu graben, und ich spürte, wie mir Tränen in die Augen schossen.

»Kind«, hörte ich meine Mutter sagen, »aber Kind, warum weinst du denn?«

Franka
Farnocchia, August 1944

Maria weinte die ganze Nacht um den Toten. Dann hatte sie sich wieder gefasst, was gut war, denn Wittig war verschwunden. Was nicht nur Bruno und Kunz auffiel. Zwei Tage nach Wittigs Tod standen zwei Männer auf unserem Hof, die uns verhörten. Zuerst Zia Anna, dann Giulia. Die Vorgaben waren einfach. Wir hatten Wittig nicht gesehen. Bereits mehrere Tage nicht. Am Schluss verhörten sie Maria und mich. Gemeinsam, aus Rücksicht auf unser Alter. Ich hatte Angst, dass Maria das nicht durchstehen würde.

Wir saßen oben im Wohnzimmer der Deutschen auf dem Sofa, das auf dem Blutfleck stand, und die Männer erzählten, dass sie Wittigs Auto in der Schlucht gefunden hätten. Es sei vollkommen ausgebrannt gewesen. Vermutlich sei auch seine Leiche verbrannt. Sagten sie. Wir sahen sie betroffen an und schwiegen. Maria spielte nervös mit der Borte ihrer Schürze, bis ich ihr unter dem Wohnzimmertisch gegen das Schienbein trat.

Sie fragten auch nach den Partisanen. Ob wir welche kannten. Ob sie von den Bergen zu uns herunterkamen. Auch dazu schwiegen wir. Der Ältere ließ sich lange über die Partisanen aus und darüber, dass man härter gegen sie vorgehen müsse. Sie hätten Wittig auf dem Gewissen und noch viele andere. Er fragte uns, ob uns der Begriff Coltello etwas sagte, und Maria schüttelte den Kopf. Ich sagte, ich hätte den Namen schon einmal gehört, und als er fragte, wo, sagte ich, unten im Dorf, vielleicht in Farnocchia oder in Sant'Anna. Maria und ich waren froh, als sie uns gehen ließen. Wir trennten uns direkt vor der Tür zum Kaminzimmer und sprachen nicht mehr miteinander. Aus Angst, sie könnten uns belauschen.

Ich sah Bruno im Kräutergarten stehen und ging zu ihm hinüber. Mein Herz klopfte mehr, als es eben bei den beiden Männern von der Waffen-SS geklopft hatte. Er lehnte am Brunnen und blickte zu den Bergen hinüber. Als ich zu ihm trat, schreckte er auf und umarmte mich kurz und so fest, dass mir die Luft wegblieb.

»Sie haben das Auto gefunden«, sagte er.

»Ich weiß.«

»Franka. Es waren die Partisanen. Ich wusste das schon, als er nicht hierher zurückkam. In der Nacht, als …«

Er brach ab, aber ich wusste auch so, was er meinte. Wir haben in seinem Bett gelegen, als Wittig ermordet worden war. Dachte er. Dabei war er da schon lange tot gewesen.

»Es könnte auch ein Unfall gewesen sein.«

»Das glaube ich nicht. Es war ein gezielter Anschlag.«

Ich senkte den Blick auf meine Füße. Ich konnte ihm nicht in die Augen sehen. Vor allem hier nicht, wo Wittigs Leiche keinen Meter von uns entfernt unter der Erde lag.

»Ich hasse diese Menschen«, stieß Bruno hervor.

»Du kennst doch keinen von ihnen.«

»Das meine ich nicht. Ich hasse alle Menschen. Alle. Sie sind alle gleich.«

»Das ist doch nicht wahr.«

Ich fasste nach seiner Hand und drückte sie.

»Komm mit mir, Franka. Jetzt.«

Nun sah ich ihm doch in die Augen. Das helle Blau war wie von Nebel durchzogen. Gott, dachte ich, lass ihn nicht wissen, wie schlecht ich bin. Lass ihn nie erfahren, dass wir hier reden und Wittigs Leiche liegt genau unter uns. Man konnte die Stelle sehen, frisch umgegraben, mit den Rosmarinbüschen darauf.

»Wohin?«

»Komm. Komm einfach.«

Er zog mich mit sich, und ich traute mich nicht zu widersprechen. Seine Hand war heiß und feucht. Wir liefen um das Haus herum, und Bruno holte sein Motorrad aus der Remise und gab mir seinen Helm. Mir schossen hundert Gedanken durch den Kopf. Wollte er desertieren? Mit mir? Sollte ich mich von Zia Anna und Maria verabschieden? Ich zögerte, doch dann schwang ich mich hinter Bruno auf das Motorrad, schlang meine Arme um seinen Körper, schmiegte mich an seinen Rücken, und er ließ den Motor aufheulen.

Als Bruno das Motorrad vor der Kathedrale San Martino abstellte, konnte ich mir immer noch nicht vorstellen, was er vorhatte. Die ganze Fahrt nach Lucca über hatte ich hin und her überlegt, aufgeregt und aufgewühlt, ängstlich, was nun passieren würde, stolz, weil ich einfach so mitgekommen war, und gleichzeitig hätte ich mich dafür ohrfeigen können.

»Hier«, sagte Bruno und half mir von seinem Motorrad.

Wir gingen die Stufen hinauf und betraten die Kathedrale, tauchten unsere Finger in das Weihwasserbecken und bekreuzigten uns.

»Was tun wir hier?«, flüsterte ich.

Die Kathedrale war leer, wie ausgestorben. Oben im Gewölbe des Mittelschiffs flatterte eine Taube, die sich hier herein verirrt hatte. Das Schlagen ihrer Flügel und unsere Schritte auf dem Steinboden waren die einzigen Geräusche. Ich blieb zwischen den Säulen stehen und sah hinauf zu der blau-goldenen Decke, doch Bruno zog mich weiter, vor bis zum Altar, die wenigen Stufen hinauf.

»Warte hier. Versprich, dass du wartest.«

Ich versprach es und blickte ihm nach, bis er im Seitenschiff verschwunden war. Mein Körper vibrierte von der Fahrt. Mein Haar war zerzaust, ich fuhr mit den Fingern hindurch. Meine Augen brannten vom Wind und der Sonne. Wenige Augenblicke später kam Bruno zurück. Vor ihm ging ein Padre in einer braunen Kutte. Erst auf den zweiten Blick erkannte ich, dass Bruno eine Waffe in der Hand hielt, die sich in den Rücken des Padre bohrte.

»Franka«, sagte er. »Liebste.«

»Ich kann Sie nicht trauen«, sagte der Padre auf Italienisch. »Es ist unmöglich. Ich habe es ihm erklärt.«

»Schweig!«, fuhr ihn Bruno an, und der Priester zuckte zusammen. Duckte sich. Er hatte Angst, und er tat mir leid. »Du bist alles, was mir noch wichtig ist.«

»Wir kennen uns kaum.«

»Das ist nicht wichtig. Ich weiß, was für ein Mensch du bist.«

»Das weißt du nicht.«

Der Padre sah zwischen uns hin und her. Er verstand kein Wort.

»Du bist rein und gut«, sagte Bruno, »rein und gut.«

»Bitte lassen Sie mich gehen!«, bat mich der Padre eindringlich. »Ich kann nichts für Sie beide tun. Das müssen Sie verstehen.«

»Lass uns zusammen hinknien.«

Ich nickte, und wir knieten uns vor den Padre. Bruno hatte immer noch die Waffe auf ihn gerichtet.

»Sag ihm, dass er es tun muss. Sag ihm, ich bringe ihn um, wenn er es nicht tut.«

Ich übersetzte Brunos Worte, und der Padre wurde bleich. Ich wiederholte Brunos Worte, als der Mann nicht reagierte. Wie konnte ich das tun? Ich hätte Bruno aufhalten müssen. Stattdessen tat ich, was er sagte.

»So frage ich dich …«, begann er stotternd, »… wie ist sein Name?«

»Bruno. Bruno Nehrlich«, sagte ich.

»So frage ich dich, Bruno Nehrlich: Willst du mit deiner dir anvertrauten Ehefrau nach Gottes Ordnung ehelich leben? Willst du sie ehren, lieben, sie nie verlassen, weder in Glück noch Unglück, in Freud oder Leid, sondern ihr die eheliche Treue bewahren unverbrüchlich, bis der Tod euch scheidet? Ist dies dein fester Entschluss und Wille, so bekräftige dies vor dem allgegenwärtigen und allwissenden Gott durch ein vernehmliches Ja.«

»Du musst Ja sagen«, sagte ich zu Bruno. »*Sì*. Es heißt *sì*.«

»Ja.« Brunos Hand zitterte. Ich legte meine Finger in seine. Ich liebte ihn so sehr in diesem zerbrechlichen

Moment, in dem wir beide eins waren. Schlecht und verdorben. Ich liebte ihn, weil ich nicht allein war, weil er bei mir war und ich die Last dieser Schuld nicht alleine tragen musste. Auch wenn er davon nichts ahnte. Auch wenn er nie davon erfahren würde. Meine Schuld war seine. Wir hatten das Gleiche getan. Und er war da, er lebte mit diesem Wissen, so konnte ich auch mit diesem Wissen leben.

Der Priester wandte sich mir zu. Auf seiner Stirn glänzten Schweißperlen. Er hatte ein freundliches, einfältiges Gesicht mit tiefen Falten auf Stirn und Wangen. Es war nicht richtig, ihn so unter Druck zu setzen. Doch in diesem Moment war mir das egal.

»So frage ich auch dich …«

»Franka.«

»Als Ehefrau hier vor Gottes Angesicht, ob du mit diesem deinem Ehemanne nach Gottes Ordnung ehelich leben willst, ob du ihn ehren, lieben und ihn nie verlassen willst, weder in Glück noch im Unglück, in Freud oder Leid, sondern ihm die eheliche Treue bewahren unverbrüchlich, und dich nicht von ihm scheiden willst, bis der Tod euch scheidet? Ist dies dein fester Entschluss und Wille, so bekräftige dies vor dem allgegenwärtigen und allwissenden Gott durch ein vernehmliches Ja.«

»Ja. Ich will.«

»Der allmächtige Gott ist Zeuge! Wechselt jetzt eure Trauringe.«

»Wir haben keine.«

»Dann wechselt irgendetwas.«

Ich gab Bruno mein silbernes Armband, und Bruno gab mir seinen Siegelring. Er befestigte ihn an meinem Hemd.

»Was Gott zusammengefügt hat, das soll der Mensch nicht scheiden. Als ein von Gott verordneter Diener der Kirche Jesu Christi spreche ich euch hiermit als rechtskräftige christliche Eheleute zusammen.«

Wir fielen uns in die Arme, und während wir uns küssten, hörte ich die eiligen Schritte des Padre. Eine Kirchentür knallte zu, laut und dumpf, und eine Taube landete gurrend irgendwo in unserer Nähe auf dem Kreuz oder dem Taufbecken, und Bruno flüsterte, dass er mich immer lieben werde, egal was geschehe.

Marielle
Farnocchia, August 2003

Wir wussten alle, dass meine Mutter nach der Sache mit der Beretta das Haus wohl nicht mehr verlassen würde. Wir mussten Davide holen, der sie zurück in ihr Zimmer brachte, ihre Beine wollten sie nicht mehr tragen. Nichts war mehr, wie es vorher gewesen war, und plötzlich war das Vorher besser als das Jetzt, und selbst ich musste mir diese Tatsache eingestehen. Es gab keine Patiencen mehr vor dem Kamin, kein Frühstück auf der Terrasse. Ein für alle Mal sollte das vorbei sein. Es bedrückte mich, sie so zu sehen. Diese starke, unbeugsame Frau. Obwohl es irrational war, sehnte ich mich nach ihren scharfen Worten, nach ihrem Zynismus, ihren Bösartigkeiten, die für mich ihren Lebenswillen symbolisierten. Wie konnte sie plötzlich all das ablegen und zu einer Frau werden, die stumm erduldete, was wir von ihr verlangten? Die sich die Haare bürsten und den Rücken waschen ließ. Die trank, wenn wir ihr ein Glas reichten, und müde die Augen schloss, wenn wir ihr einen Teller Suppe brachten. Ein Stück Weißbrot, einen klein geschnittenen Apfel.

Zia Maria und mir setzte dies schwer zu. Wir wechselten uns ab, saßen an ihrem Bett, halfen ihr auf und versuchten sie zum Essen zu bewegen. Wenn wir uns vor ihrer

Zimmertür trafen, hielten wir uns kurz im Arm, und wenn wir uns ansahen, konnten wir nur hilflos mit den Schultern zucken. Wir wussten nicht, was wir reden sollten, wir wussten nicht, wie es weitergehen sollte und wie lange. Ich sehnte mich danach, dass uns jemand half, uns jemand sagte, was zu tun war, uns einen Plan in die Hand drückte, nach dem wir uns richten konnten. Stattdessen entschieden wir jeden Tag neu. Jede Stunde. Jede Minute, was zu tun war und was nicht.

Spätnachts nahm ich Davides Transporter und fuhr zu Rocco. Ich stahl mich davon, weil ich ohnehin nicht schlafen konnte. Rocco schlief auch nicht. Er hatte begonnen, das Dach neu zu decken, überall hingen Planen, es war staubig, und ich fragte ihn, was er tun würde, wenn es regnet, doch darauf meinte er nur, es werde nicht regnen. Nicht, solange er das Dach deckt. Wir lagen auf einer Matratze, über uns das Gerippe des Daches, die Sterne und bisweilen auch der Mond. Ich spürte, dass auch er unglücklich war und dass ihn die Sehnsucht nach dem Meer umtrieb.

»Auf dem Schiff«, sagte er, »ist es genauso. Wenn man auf Deck schläft. Es schaukelt, bis man schläft.«

»Du vermisst es«, stellte ich fest.

Ich rollte mich von ihm weg, stand auf und ging nackt durch den Raum, bis zu den freiliegenden Dachbalken. Ich lehnte mich dagegen und blickte ins Tal hinunter. Einzelne Lichter flimmerten in der Dunkelheit. Ich konnte nicht sagen, welches davon zu Zia Marias Hof gehörte. Vielleicht auch keines. Es war drei Uhr morgens. Die Welt schlief.

»Du bist schön«, sagte Rocco.

»Warum fährst du nicht wieder zur See?« Ich nahm das

Päckchen Zigaretten, das auf dem Balken lag, schüttelte eine heraus und zündete sie an. »Wenn du das Meer so sehr vermisst.«

»Dein Körper ist zart, aber nicht zerbrechlich.«

»Auch mit einem Arm kann man zur See fahren. Wenn du mit einem Arm ein Dach decken kannst, kannst du auch ein Schiff lenken.«

Ich konnte spüren, dass Rocco die Stirn runzelte.

»Und obwohl dein Körper so zart ist, fühlt er sich weich an.«

»Erzähl mir, wie das passiert ist«, bat ich ihn. Lauer Wind hüllte mich ein. Er kam vom Meer. Das konnte ich riechen. Er roch frisch und salzig, feucht und nicht nach den trockenen Kiefernnadeln, dem Laub der Kastanienbäume und den Geröllhängen, auf denen nur spärliche Flechten, Thymian und Enzian wuchsen.

»Ich will deinen Körper auf meinem spüren. Komm.«

»Ich werde dir sagen, was passiert ist.« Ich zog an der Zigarette, spürte den kalten Rauch auf meiner Zunge und die Bösartigkeit meiner Mutter in meiner Brust. Es war so einfach zu verletzen, wenn man vorher selbst so oft verletzt wurde. Es verschaffte mir eine gewisse Genugtuung.

»Komm zu mir. Du bist weich und schön und ich will dich festhalten.«

»Du warst betrunken«, sagte ich.

Rocco schwieg.

»Viel betrunkener als an dem Tag, als ich zum ersten Mal hierherkam. Du hast getrunken, weil du einsam warst. Frustriert. Nichts in deinem Leben funktioniert so, wie es soll.«

Ich musste husten und drückte die Zigarette an dem Balken aus. Ich wusste, dass ich besser nicht weiterreden sollte, doch ich tat es trotzdem.

»Du warst alleine an Deck und hast den leeren Flaschen zugesehen, die von vorne nach hinten rollten und wieder zurück. Das Meer ließ sie tanzen. Vielleicht war ein anderer Kerl da, unter Deck. Er schlief, während du nicht schlafen konntest. Wo soll das hinführen? Wo soll dich dein Leben hinführen? Es hatte sich doch irgendwie festgefahren. Dort auf dem Meer. Es ging weder rauf noch runter.«

Es verletzte mich, dass er ans Meer dachte, wenn er mit mir zusammen war. Ausschließlich ans Meer dachte, an etwas, zu dem ich keinen Zugang hatte. Ich fragte mich, warum er mir nicht wenigstens in den Stunden, in denen wir zusammen waren, das Gefühl geben konnte, dass ich wichtiger war. Er konnte nicht. Wenn er mich berührte, wenn ich in seine Augen blickte, sah ich immer nur den Schmerz darüber, dass er hier bei mir lag.

»Du bist alleine und machst noch eine Flasche Wein auf. Was macht das schon. Die Nacht ist noch lang und morgen wirst du vielleicht mit Kopfschmerzen aufwachen, aber das passiert doch öfter. Damit kommst du klar. Und als du die Flasche an deinen Mund führst, passiert etwas. Etwas gerät in die Schiffsschraube, sie blockiert und der Motor stoppt. Es gurgelt und quietscht, dann ist es still, und du hörst nur noch das Klatschen des Wassers gegen die Schiffswand. Was sollst du nun tun? Was kann das sein? Sollst du den Kerl wecken, der schläft? Oder sollst du selbst nachsehen?«

Ich konnte Roccos Gesicht nicht erkennen. Ich stieß mich vom Balken ab und ging zu ihm hinüber und kniete mich zu ihm auf die Matratze. Er sah meine Brüste an, bis ich die Arme verschränkte.

»Willst du mir nun sagen, was passiert ist?«, fragte ich.

Er schüttelte den Kopf. Weit entfernt heulte ein Wolf. Solange ich hier war, hatte ich keinen gehört, und sein Heulen machte mich seltsam froh.

»Du hast dir gedacht, siehst du eben selbst nach. Du kennst das Meer. Auch nachts ist es dein Element. Also ziehst du dein Hemd aus und springst hinein, schwimmst einmal um das Schiff herum nach hinten. Und was findest du? Ein Netz. Es hat sich in der Schiffsschraube verfangen. Du fluchst, aber irgendwie tut dir das kalte Wasser gut, es macht deinen Kopf wieder klar, und du denkst, das war das letzte Mal, das Trinken, das muss aufhören. Und du überlegst wieder, ob du den Kerl wecken sollst, aber dann lässt du es. So ist das, wenn man die falschen Entscheidungen trifft. Du zerrst an dem Netz. Du musst den Kerl wecken, denkst du. Aber er ist schon wach. Wach geworden durch das fehlende Zittern des Schiffsbauches. Schlaftrunken stolpert er über das Schiff zur Steuerkabine und fragt sich sogar noch, wo zum Teufel du bist. Die Flaschen rollen umher, das fällt ihm auf. Dein Hemd sieht er vielleicht, vielleicht auch nicht. Und dann startet er den Motor. Die Schiffsschraube macht einen Ruck, dreht sich, das Netz reißt, und das Einzige, an was du dich erinnern kannst …«

»Ich will, dass du gehst.« Roccos Stimme klang gepresst.

»Es tut mir leid.«

»Geh jetzt.«

Ich versuchte, seine Hand zu nehmen, doch er zog sie weg.

»Mein Körper ist immer noch weich«, sagte ich sanft.

»Du bist grausam.«

»Ich werde nicht mehr grausam sein.«

»Du bist wie deine Mutter.«

Er wusste nicht, dass sie nicht meine Mutter war, deswegen widersprach ich ihm nicht, sondern glitt zu ihm auf die Matratze, legte mich auf ihn und umschlang ihn mit meinen Beinen.

»Ich bin weich und zart. Das hast du gerade gesagt.«

Seine Hand strich versöhnlich über meinen Rücken, spielte mit meinem Haar, und ich küsste seine Mundwinkel, bis er meinen Kuss erwiderte.

»Vielleicht bist du eine Hexe.«

»Vielleicht bin ich eine Meerjungfrau.«

»Am Ende des Sommers werde ich dich hassen.«

»Am Ende des Sommers wirst du mich lieben.«

Er drehte mich herum und legte sich mit seinem ganzen Gewicht auf mich.

»Wer weiß«, sagte er.

Als ich am frühen Morgen nach Hause kam, wartete Zia Maria auf mich. Sie hatte Ringe unter den Augen.

»Es war keine gute Nacht«, sagte sie. »Sie wird Schmerzmittel brauchen.«

»Wann?«

»Bald. Jetzt. Was weiß ich.«

Ich ging zu Mutters Zimmer hinauf und setzte mich an ihr Bett.

»Da bist du ja«, sagte sie.

Franka
Farnocchia, 12. August 1944

Ich hatte gehofft, Emilia Angelotti nicht wiederzusehen. Ich hatte gehofft, dass sie irgendwie mit Wittigs Wagen in die Tiefe gestürzt war und nicht mehr zurückkommen würde. Dass es ein tragischer Unfall gewesen war, nicht meine Schuld, aber in meinem Sinne. Wenn ich nachts nicht schlafen konnte, stellte ich mir voller Genugtuung vor, wie sie den Wagen zum Abgrund rollen ließ und es dann nicht mehr schaffte, auf den sicheren Boden zu springen.

Dann kam sie doch wieder. Sie kam am 12. August 1944. Ich stand gerade am Torbogen, die Hände noch voller Erde, weil Zia Anna gemeint hatte, so könne man Wittigs Grab nicht lassen, nur fünf Rosmarinbüsche, das sei zu wenig, und deswegen teilte ich noch einmal Pflanzen, grub sie mit bloßen Händen ein und goss sie nachher mit dem Wasser aus dem Brunnen. Das Wasser roch gut. So wie immer. Aber Zia Anna sagte, das sei trügerisch. Bald würde man es nicht mehr trinken und auch nicht zum Gießen verwenden können. Maria schlug vor, zumindest die Blumen damit zu gießen, die Rosen vor dem Haus und dem Torbogen, und Zia Anna meinte, das könne nicht schaden.

Dann sah ich Emilia Angelotti auf dem Weg. Ich hätte ihre Gestalt kilometerweit erkannt. Sie war nicht allein, sie hatte ihren kleinen Bruder dabei und ihre kleine Schwester, sie lief, und als sie mich sah, schrie sie etwas, was ich zuerst nicht verstehen konnte. Der Sommerwind rauschte zu laut in den Kastanienblättern. Zauste mein Haar und ließ die Zipfel meiner Bluse flattern. Bis zu dem Moment, in dem ich Emilia Angelotti erkannte, war ich froh gewesen. Ich hatte bei der Arbeit gesummt. Vergnügt gesummt und immer wieder über den Zaun gesehen, zu Luz hinüber, die Runden im Galopp um ihre Mutter drehte.

Als Emilia Angelotti näher kam, konnte ich »Sant'Anna« verstehen. Ich wusste nicht, was sie damit meinte.

»Sie sind in Sant'Anna!«

Und es machte mich ärgerlich, dass sie nun auch noch ihre Geschwister zu uns heraufschleppte. Mir war Emilia Angelotti schon zu viel.

»Wer?«, fragte ich, als sie vor mir auf die Knie fiel und das Mädchen zu weinen anfing. Emilia atmete gepresst. Der Junge saß daneben, völlig still, mit dunklen Augen. Er griff neben sich und steckte sich einen Kiesel in den Mund. Ich beschattete meine Augen und entdeckte Rauchsäulen in der Ferne. Zwei. Drei. Sie stiegen über den Baumwipfeln auf und verloren sich dann im Blau des Himmels. Das musste nichts bedeuten.

»Wer zum Teufel ist in Sant'Anna?«, fragte ich noch einmal ungeduldig.

»Die Deutschen!«

Da hörte ich es. Die Maschinengewehrsalven. Sie hallten zwischen den Bergen, weit entfernt. Das Rauschen der Kastanien legte sich darüber und das eintönige Zirpen der Grillen. Zia Anna klopfte einen Teppich aus, und einer der Hunde bellte hinter dem Haus. Emilia schnappte nach Luft, sagte irgendetwas davon, dass alle tot seien. Alle, auch ihre Mutter, aber ich konnte ihr schon gar nicht mehr zuhören. Mein Kopf arbeitete so entsetzlich langsam. Bruchstücke setzten sich zusammen, Worte, die ich gehört hatte, Ahnungen, Ängste. Ich konnte nur an Bruno denken, der seit gestern Abend weg war.

Daran, wie er sich von mir verabschiedet hatte, oben im Trullo, wie er mich festgehalten hatte. Was er in mein Ohr geflüstert hatte. Hatte er nicht erwähnt, dass etwas bevorstand? Dass sie etwas tun würden gegen die Partisanen, und dass Wittigs Tod der Tropfen gewesen sei, der das Fass zum Überlaufen gebracht hatte. Was für ein Unsinn! Wittigs Tod war einer von vielen.

»Nun wird etwas passieren«, hatte er gesagt, »das werden sie nicht länger hinnehmen.«

Er sagte das so, als würde er nicht zu ihnen gehören, und ich sagte, lass uns nicht mehr reden.

Oder spielte mir meine Erinnerung einen Streich, und in Wirklichkeit waren wir träge nebeneinander im Trullo gelegen? Er spielte mit meinen Fingern, meinem Haar, küsste mich und sagte immer nur, dass er mich liebte.

Sein Zimmer war leer. Als ich hinaufkam, atemlos, war sein Zimmer leer. Ich schloss die Tür und lehnte mich zitternd dagegen, musste mich erst einige Sekunden sammeln, bevor ich die Türen des Schranks aufriss, mich auf die Knie warf, unter dem Bett nachsah, das Bettzeug durchwühlte, die Matratze umdrehte und doch nichts fand. Nichts. Er hatte alles mitgenommen. Ich suchte nach einem Brief, einem Zeichen, einer Botschaft, in der er mir mitteilte, wo wir uns treffen würden, wo er auf mich wartete, wenn das hier vorbei war. Er musste doch irgendwo sein und auf mich warten. Doch ich fand nichts. Keinen Schnipsel Papier, keine geheime Botschaft in der Innenseite des Schranks oder auf den Dielenbrettern des Bodens. Es war einfach nichts da, als hätte es Bruno nicht gegeben. Als hätte ich mir jeden Kuss, jedes Wort nur ausgedacht, mir jede Berührung bloß gewünscht.

Noch weniger begriff ich, was eigentlich geschah. Ich setzte mich auf sein Bett und hielt mir die Ohren zu, wie Maria noch vor wenigen Wochen, damit ich nichts hören konnte. Die Maschinengewehre nicht. Emilia Angelottis Weinen und nicht den Wind in den Bäumen.

Später, als ich hinunterkam, saßen alle in der Küche, die Fensterläden waren zu. Die Kinder schliefen auf der Bank vor dem Ofen. Ich blieb in der Küchentür stehen und blickte auf das Szenario. Wie konnten sie glauben, dass diese Fensterläden und eine lächerliche Beretta uns vor den Deutschen beschützen würden? Emilia Angelotti hatte ihren Kopf auf dem Küchentisch abgelegt. Durch die Fensterläden fielen dünne Lichtstreifen herein, in denen der Staub golden tanzte. Draußen war immer noch dieser leuchtende, heiße Sommertag. Während hier drinnen die Zeit stehen zu bleiben schien.

»Ich will, dass du gehst«, sagte ich zu Emilia Angelotti, »verschwinde von hier. Du hast uns das alles eingebrockt.«

Emilia Angelotti hob den Kopf, riss die Augen auf und stemmte ihre Hände in die Hüften. Ihr Haar hing wirr über ihre Schultern und ihre Bluse war an der Brust zerrissen.

»Du willst, dass ich hinausgehe und mich von den Deutschen erschießen lasse?«, fragte sie.

»Wahrscheinlich werden sie auch hierherkommen. Du kannst hier und dort erschossen werden.«

»Du warst nicht dabei, unten in Sant'Anna«, erwiderte sie, »sie haben nicht die Männer erschossen. Es waren kaum Männer da.«

»Feiglinge.«

»Das sagst du. Sie sahen die Deutschen über die Berge kommen. Sie hätten noch fliehen können, hatten ja genug Zeit. Keiner dachte jedoch daran, dass …« Ihre Stimme versagte, und Zia Anna strich ihr über den Rücken. »Keiner dachte jedoch daran, dass sie Kinder und Frauen töten würden. Alle warteten ab. Und dann … wir haben uns beruhigt. Gesagt, dass sie nur die Männer wollen. Doch nicht uns. Was nützen wir ihnen schon? Ob wir tot oder lebendig sind. Sag, Franka, sag es mir. Warum tun sie das? Warum?«

»Ich weiß es nicht.«

»Sie haben sogar die Leute in der Kirche … sie haben auf die Orgel geschossen. Diese Menschen sind keine Menschen mehr. Es sind Bestien. Ich kann unmöglich wieder da hinuntergehen.«

»Es ist mir egal, was du kannst.«

»Du bist der kälteste Mensch, den ich kenne. Gott wird dich dafür strafen.«

Ich ging zum Küchenschrank hinüber, nahm ein Glas und füllte Wasser hinein, trank es in einem Zug leer. Ich fühlte mich, als würde ich innerlich verbrennen. Zia Anna und Maria starrten mich entsetzt an. Als wäre ich eine völlig Fremde.

»Verschwinde einfach«, sagte ich, ohne mich zu den Frauen umzudrehen. Ich stützte mich auf das Spülbecken, füllte das Glas noch einmal. »Deinetwegen sind wir jetzt hier«, fuhr ich Emilia an. »Deinetwegen bin ich in die Berge zu den Partisanen. Deinetwegen habe ich Wittig umgebracht.«

»Was erzählst du da?«, erwiderte Emilia. »Wäre es vielleicht besser gewesen, mit den Deutschen gemeinsame Sache zu machen? Mit diesen Mördern?«

»Geh jetzt«, sagte ich. »Bevor ich etwas Unüberlegtes tue.«

»Franka. Das kannst du doch nicht verlangen«, mischte sich Zia Anna ein, »du kannst sie unmöglich dorthin zurückschicken. Das wäre ihr sicherer Tod.«

Ich drehte mich um, packte Emilia und riss sie von ihrem Stuhl. Der Stuhl kippte um und schlitterte scheppernd über den Boden.

»Raus!«, schrie ich sie an. »Raus hier!«

Ich zerrte sie bis zur Küchentür, doch Emilia stemmte sich dagegen. Wir rangen heftig miteinander, und ich wunderte mich, dass ich sie nicht in diesem Moment erwürgte. Ich hätte es schon viel früher tun sollen. Viel früher. Schon als wir sie mit der Carrozza in die Berge gebracht hatten. Schon damals hatte sie Unglück gesät. Das spuckte ich ihr auch ins Gesicht, dass sie Unglück über alles bringe. Was sie darauf antwortete, wollte ich nicht hören.

»Das Unglück seid ihr Deutschen«, schrie sie, »begreifst du das nicht? Begreifst du das immer noch nicht?«

Ich schleifte sie weiter, zur Tür hinaus in den Gang. Sie krallte sich an der Anrichte fest und am Türrahmen.

»Ich werde bleiben«, fauchte sie und kratzte mit ihren Fingernägeln einmal quer über mein Gesicht. »Ich bleibe. Du hast selbst gesagt, dass ich mir wünschen darf, was immer ich will.«

»Aber nicht das. Nicht das!«

»Alles! Du hast gesagt, alles, was ich will! Ich will für immer bleiben, weil ich das Auto zur Schlucht gebracht habe!«

Die Kinder wachten auf und klammerten sich ängstlich aneinander.

»Wir können sie nicht fortschicken!«, wiederholte Zia Anna.

»Dann soll sie sich im Wald verstecken«, sagte ich schwach, »soll sie zum Coltello gehen. Der wird sie schon aufnehmen.«

Emilia Angelotti blieb. Sie blieb, weil sie uns mit Wittigs Auto geholfen hatte. Sie blieb, weil ich sie nicht fortschicken konnte. Doch ich konnte nicht bleiben. Ich schickte einen Brief an Mutter, dass ich nach München zurückkehren würde. Die Alliierten waren auf dem Vormarsch. Man hörte es im Radio. Und ich war mir nicht sicher, was ich davon halten sollte. Sie hatten Cherbourg und Caen eingenommen und die Deutschen immer weiter zurückgedrängt. Von der Sache in Sant'Anna sagte ich Mutter nichts, das hätte sie zu sehr aufgeregt. Ich schrieb, dass ich mich sehr auf München freue. Auf Vater und sie und meine Schwestern. Ich schrieb, ich hätte gehört, der Krieg wäre bald vorbei, und dann würde das Leben anders werden. Ich freute mich auf meinen Verlobten Maximilian und die bevorstehende Hochzeit. Als ich mit der Zunge über den Rand des Kuverts leckte, schnitt ich mir mit dem Papier in den Mundwinkel, es blutete und ich weinte eine Weile, weil es wehtat. Dann wischte ich das Blut und die Tränen mit dem Ärmel weg. Richtete mich auf und begann meinen Koffer zu packen. Ganz unten kamen Brunos Siegelring hinein und das Bild, das er von mir gezeichnet hat. Genauso gut hätte ich ganz unten mein Herz hineinlegen können und alles andere daraufstapeln. Tags darauf wollte ich aufbrechen, frühmorgens wollte ich Luz zum letzten Mal streicheln und ein letztes Mal zum Tal hinuntersehen.

Marielle
Amsterdam, April 2004

Ich erinnere mich an Sommertage in Farnocchia. Mutter kam tagelang nicht aus ihrem Zimmer, und Martha und ich vertrieben uns die Zeit. Zia Maria bestand jedes Jahr darauf, am 12. August nach Sant'Anna zu wandern. Wir brachen frühmorgens auf, wegen der Feierlichkeiten, die dort stattfanden. Zia Maria wollte vorher dort sein und vorher wieder gehen. Wir fuhren mit dem Auto ein Stück, die letzten Kilometer aber gingen wir zu Fuß. Zia Maria, Martha, Zia Emilia, die Kinder und ich. Zia Emilia erzählte vom 12. August, dem Tag, an dem ihre Mutter starb. Von dem Tag, an dem die Deutschen in Sant'Anna einmarschiert waren und alle umbrachten, alle, auch die Kinder. Das jüngste war wenige Wochen alt gewesen.

Ich lief mal voraus, mal hinterher. Pflückte Blumen am Wegesrand oder versuchte die Ziegen zu fangen, die an den Berghängen weideten. Wir kamen an einzelnen Gehöften vorbei, und Zia Emilia erzählte uns, wer früher hier gewohnt hatte. Wer überlebt hatte. Meistens schüttelte sie aber den Kopf.

»Alle tot«, sagte sie dann, und wir Kinder blieben ehrfürchtig stehen. Starrten mit offenen Mündern auf die Häuserfronten, an den meisten konnte man noch die Spuren des Feuers sehen und Einschusslöcher in den Mauern.

»Möge Gott verhindern, dass so etwas wieder passiert«, sagte Zia Maria dann, und ich fasste nach Marthas Hand, die sich beruhigend und warm anfühlte. Martha sagte, ich solle nicht zu viel darüber nachdenken. Sie zeigte mir Blumen, die am Wegesrand wuchsen, und sammelte mit mir Kastanien, die zu unseren Füßen lagen. Es sei nicht gut, so viel an schlechte Dinge zu denken, sagte sie, worüber Zia Emilia jedes Mal sehr wütend wurde und ihre Erzählungen noch farbiger ausschmückte, die Grausamkeiten bis ins Detail schilderte, bis wir wirklich Angst bekamen.

In Sant'Anna warfen wir Kinder Geld in die Kollekte und drückten uns unbehaglich in den Kirchenbänken herum. Wir lauschten Zia Emilias Erzählungen von den vielen Toten, und später konnte ich nicht schlafen, sondern kroch zu Martha ins Bett und schmiegte mich an ihren warmen weichen Körper.

Sant'Anna war ein grausames Märchen für mich gewesen. Ein Märchen, das ich schnell vergessen wollte. Am nächsten Tag war dieses Märchen wieder weit weg. Aufgelöst in der heißen Sommerluft, den Fahrten ans Meer und den Spaziergängen mit Martha in die Berge.

Mutters Einträge aus dem Jahr 1944 enden hier. Die letzten Seiten des Notizbuches blieben weiß, ich streiche mit der Hand darüber. Von draußen höre ich das Klackern von Absätzen auf dem Pflaster, das Lachen von Feierlustigen, Stimmen, die sich etwas zurufen. Und in mir flüstert Mutters Stimme. Ich vermisse sie so heftig wie noch nie in meinem Leben. Wie gerne hätte ich über diese Erlebnisse mit ihr gesprochen, darüber, wie sie die Dinge heute sieht. Vielleicht sollte ich Zia Maria anrufen.

»Mutter war eine Mörderin«, würde ich sagen und mir dann mehrere Minuten Zia Marias Plädoyer für ihre beste Freundin, Cousine und Schwester im Herzen anhören. Ich rufe sie nicht an. Du warst nicht dabei, würde sie sagen, du weißt nicht, wie die Zeiten waren …

Die nächsten Bücher beginnen viel später. Ich lege sie mir auf die Knie und blättere die Seiten durch. Mutters enge, schräg geneigte Schrift ist an manchen Stellen verblasst, das Papier gelblich gewellt, abgegriffen, als wäre es wieder und wieder durchgeblättert worden. Das Baby stemmt seine Fersen in meinen Bauch. Ich wollte nicht wissen, ob es ein Junge oder ein Mädchen wird, denn obwohl ich mir ein Mädchen wünsche, sagt meine Vernunft, dass es ein Junge einfacher hätte. Wäre es nicht Zeit für einen Jungen, der dieses seltsame Band durchtrennt, das die Frauen in dieser Familie verbindet? Oder soll es ein Mädchen sein? Ein wildes kleines Mädchen, das unbeschwert groß werden darf.

München, November 1963, lese ich, *man trifft sich im Leben immer zweimal. Und meistens, wenn man es am wenigsten erwartet.*

Franka
München, November 1963

Man trifft sich im Leben immer zweimal. Und meistens, wenn man es am wenigsten erwartet. Es gibt Menschen, da wäre es besser, man hätte sie nie getroffen. Nicht einmal. Aber schon gar nicht zweimal. Es gibt Menschen, die würden am besten über den Rand der Welt verschwinden.

Ich hatte oft darüber nachgedacht, wie es wäre, Bruno Nehrlich wiederzusehen. In den ersten Jahren stellte ich mir vor, dass er mich suchte, aber da er im Untergrund lebte, sich mir nicht zeigen konnte. Ich hoffte darauf, dass er plötzlich auftauchte. Unvermutet an dem Tag, an dem ich Maximilian heiraten würde, gerade als wir vor dem Altar niederknieten, gerade da sollte er plötzlich hinter mir stehen und mich mitnehmen. Er kam nicht. An jedem Geburtstag dachte ich an ihn, riss jedes Briefkuvert auf und war bitter enttäuscht, dass mich nie ein Brief von Bruno erreichte, keine Zeile, nichts. Ich war lange verletzt, verbittert, wütend, niedergeschlagen, ich glaube, genau in dieser Reihenfolge. Dann war ich auf einmal nichts mehr. Und gerade da.

Ich saß im Restaurant des Hotels Vier Jahreszeiten. Es regnete in Strömen. Ich trank ein Glas Sekt und starrte in den Regen. Wegen des schlechten Wetters war das Lokal sehr voll. Das Stimmengewirr, das Klirren der Gläser, die Kellner, die zwischen den Tischen umhereilten. Ich dachte darüber nach, noch im November nach Italien zu reisen, um dem furchtbaren Wetter zu entfliehen. Der Regen klatschte gegen das Fenster. Was hält mich schon hier, dachte ich. Und dann hörte ich jemanden sagen:

»Marlene, hier ist noch ein Tisch frei.«

Ich erkannte seine Stimme sofort. Und ich drehte mich um. Die Frau – ich erkannte sie, sie sah aus wie auf dem Foto – setzte sich hinter den kleinen Nierentisch, er sich mir gegenüber. Ich konnte nicht wegsehen. Es wäre vernünftiger gewesen, mich wegzudrehen, die Rechnung zu bestellen und zu gehen. Aber ich konnte nicht. Ich konnte ihn nur ansehen. Wie er seiner Frau die Getränkekarte reichte, ihr die Hand auf den Unterarm legte, über etwas lachte, was sie sagte. Dann hob er den Kopf und fing meinen Blick.

Er war älter geworden. Sein Haar graumeliert, die Falten um die Augen tiefer, aber die Augen. Die Augen hatten immer noch dasselbe helle Blau.

»Franka«, formten seine Lippen. Dann stand er auf, beugte sich vor und reichte mir die Hand.

»Wie schön, dich hier zu treffen«, sagte er nun laut, und seine Frau sah mich überrascht an. »Marlene, darf ich dir Franka Fellner vorstellen? Franka, das ist meine Frau Marlene.«

Ich nickte, wir reichten uns auch die Hände, und die Frau stotterte etwas wie, es freut mich sehr, wie wunderbar, hier in einer fremden Stadt Bekannte, was für eine Freude.

Meine Kehle war wie ausgetrocknet. Ich nahm einen Schluck Sekt.

»Wir kennen uns aus Kriegszeiten, aus Italien«, wandte er sich wieder an seine Frau, »aus Farnocchia.«

»Oh.« Sie lächelte mich freundlich an. »Wollen Sie sich nicht zu uns setzen?«

»Ich weiß nicht.«

»Sie müssen sich zu uns setzen. Mein Mann erzählt so wenig von dieser Zeit. Es wäre schön …«

»Ja, setz dich doch zu uns, Franka. Wir sind in München wegen unserer Tochter. Sie studiert Jura an der LMU. Wir haben sie besucht. So groß sind die Kinder nun schon.«

Die Frau zog einige Bilder aus der Tasche und hielt sie mir hin. Ein Mädchen Anfang zwanzig. Zögernd stand ich auf und setzte mich auf den Stuhl, den Bruno mir zurechtrückte. Ich drehte mein Sektglas zwischen den Fingern. Der Kellner kam und nahm die Bestellung auf, sie nahmen beide einen Tee mit Rum.

»Wie lange ist das nun her? Italien …«, wandte sich Bruno an mich. »Das müssen doch fast zwanzig Jahre sein.«

»Neunzehn.«

»Was hast du so getrieben in dieser langen Zeit? Hast du geheiratet?«

Ich bin verheiratet. Schon lange, schon neunzehn lange Jahre. Und zwar mit dir! Ich schluckte und versuchte zu lächeln.

»Ich war verheiratet. Es hat nicht gepasst. Das passiert.« Wir haben uns nicht geliebt. Keine Sekunde lang. Wir wurden uns vorgestellt an einem kalten Winternachmittag, und ich willigte ein, weil ich zu traurig war, um eine andere Entscheidung zu treffen. Wir haben geheiratet und zusammengelebt, und jeder Moment, den ich mit Maximilian verbringen musste, ekelte mich an. Vielleicht, weil ich einen anderen liebte. Vielleicht auch nicht.

»Oh, das tut mir leid«, sagte Marlene Nehrlich teilnahmsvoll zu mir, »es ist solch ein Glück, wenn man den richtigen Menschen findet. Wir sind nun schon siebenundzwanzig Jahre verheiratet. Immer noch glücklich verheiratet. Aber Sie sind ja noch jung.«

»Ich habe nicht vor, noch einmal zu heiraten.« Ich blickte Bruno in die Augen, doch er lächelte mich nur nichtssagend an. »Ich bin zu sehr enttäuscht worden.«

Der Kellner servierte den Tee mit Rum, und ich bestellte noch ein Glas Sekt.

»Man soll niemals nie sagen.« Marlene Nehrlich lachte hell und melodisch. »Nicht wahr, Bruno?«

»Meine Frau hat meistens recht«, sagte er und zwinkerte mir zu, »aber abgesehen von der Liebe. Du lebst hier in München?«

»Ich verwalte die Fabrik unserer Familie.«

»Das ist interessant.«

»Ist es das? Vermutlich ist es das.«

»Und Sie haben keine Kinder?«, fragte Marlene Nehrlich. »Dann haben Sie natürlich Zeit für solche Dinge. Erzählen Sie von der Zeit in Italien. Wir waren erst diesen Sommer in Italien. In der Nähe von … Schatz, ich vergesse es jedes Mal. Diesen putzigen Namen.«

»Lucca, wir waren in der Nähe von Lucca.«

»Ein bezaubernder Ort. Und so wundervolles Wetter.

Wir hatten eine kleine Pension. Zauberhaft. Ich sagte zu Bruno, wir sollten jedes Jahr dorthin reisen.«

»Was Sie nicht sagen.«

»Und Sie? Sind Sie auch oft in Italien?«

»Jedes Jahr.« Und glauben Sie mir, jedes Mal denke ich an Ihren Mann. Jedes Mal, wenn ich zu dem verfallenen Trullo hinaufwandere. Jedes Mal, wenn ich die Tür zu dem kleinen Zimmer öffne, in dem wir uns zum ersten Mal geküsst haben. Jedes Mal, wenn ich den Kräutergarten betrete und den Dom von Lucca. Den Padre, der uns getraut hat, den gibt es immer noch, das ist lustig, finden Sie nicht? Aber er erkennt mich nicht. Oder er tut so, als würde er mich nicht kennen. Erst letztes Jahr hat er mir die Hand geschüttelt und sich überschwänglich für die großzügige Spende bedankt.

»Wie hieß gleich wieder deine Cousine«, mischte sich Bruno ein. »Magdalena? Sie war erst sechzehn oder vielleicht erst fünfzehn.«

»Maria.«

»Genau. Maria. Sie war so bildhübsch, dass sich alle in sie verliebten. Auch der unglückselige Wittig.«

Ich zuckte zusammen. Der Kellner stellte den Sekt vor mich. Meine Ohren begannen zu dröhnen. Ich hätte gehen sollen. Vorher schon. Vorher, als ich mich zu ihnen umdrehte, zu der Frau in dem adretten türkisfarbenen Kleid mit Pelzbesatz am Kragen. Zu dem Herrn, graumeliert und gutaussehend in dem Hahnentrittanzug. Da hätte ich gehen sollen. Und zu Hause weinen, bitterlich weinen, und dann vergessen, für immer vergessen.

»Du kannst dich doch noch an Wittig erinnern?«, fragte

mich Bruno. Er beugte sich vertraulich über den Tisch, und ich konnte nur seine Augen ansehen. Diese Augen, die mir alles versprochen hatten. Dieser Mund, der mich geküsst hatte. Die Hände, die mich festgehalten und gezeichnet hatten. Jetzt klappten sie ein silbernes Zigarettenetui auf, er bot mir eine an und nahm sich dann selbst eine. Er reichte mir Feuer. Ließ das Feuerzeug aufschnippen. Ich zitterte, als ich an der Zigarette zog, doch er merkte es nicht.

»Marlene raucht nicht«, erklärte er. »Und? Erinnerst du dich noch an die Sache mit Wittig?«

»Ich erinnere mich.«

»Wusstest du, dass sie herausgefunden haben, dass es gar nicht die Partisanen waren, die ihn umgebracht haben?«

»Wer soll es dann gewesen sein?« Meine Zunge schien am Gaumen zu kleben. Mehrere Frauen drückten sich an mir vorbei, sie lachten und streiften mich mit ihren Kleidern. Mir wurde übel von ihrem starken Parfümgeruch.

»Das weiß man bis heute nicht. Sie haben seine Leiche nie gefunden. Sie denken, es war Mord aus Eifersucht, aus Liebe. Was weiß ich. Jedenfalls nicht die Partisanen.«

»Schatz, langweile Fräulein Fellner doch nicht mit deinen alten Gruselgeschichten.«

»Aber Franka kannte den Wittig auch gut. Ich dachte, es interessiert sie.«

»Erzählen Sie von Italien«, bat mich Marlene Nehrlich wieder, »das war bestimmt eine aufregende Zeit.«

»Da gibt es nicht viel zu erzählen«, sagte ich.

»Schließlich war dieser kleine Ort so abgeschieden, dass lange Zeit kein Kriegsgeschehen dort hinkam. Sie begreift bis heute nicht, wie wir dort gelebt haben. Fernab von allem. Diese Natur. Natürlich gab es die Partisanen. Aber sonst? Nicht wahr, Franka?«

»Es war trotzdem eine schlimme Zeit«, seufzte Marlene Nehrlich.

»Die heutige Zeit ist genauso schlimm. Ich finde sie genauso schlimm wie damals. Was mit dem amerikanischen Präsidenten passiert ist. Wird von einem Verrückten erschossen. Ständig wird jemand umgebracht. Die ganze Welt spielt doch verrückt.« Bruno nippte an seinem Tee und sah dann verdrossen zum Fenster hinaus, als würde sich das Unglück dieser Welt hier genau vor seinen Augen abspielen und als wäre dort draußen nicht die Maximilianstraße mit ihren Autos, den vorüberhetzenden Menschen mit Regenschirmen in der Hand, die Bäume ohne Laub, das graue, winterliche München.

»Ich muss gehen«, sagte ich, drückte die Zigarette aus und stand auf, »ich wünsche Ihnen beiden noch eine schöne Zeit in München.«

Ich wartete ihre Antwort nicht ab, sondern nahm meinen Mantel und meinen Schirm und lief hinaus. Meine Rechnung beglich ich an der Rezeption und verließ dann das Hotel Vier Jahreszeiten. Mein Herz raste. Ich drückte meine Hand darauf, die andere an die Kehle, ich hatte Angst, ohnmächtig zu werden. Draußen regnete es immer noch. Feiner Münchner Sprühregen. Er benetzte mein Gesicht und mein Haar, der Taxifahrer öffnete den Wagenschlag. Ich hörte Schritte hinter mir, und zum zweiten Mal beging ich den Fehler, mich umzudrehen.

»Franka.« Bruno blieb vor mir stehen. »Es tut mir leid.«

»Was genau?«

»Dass wir uns hier so wiedersehen. Unter diesen Umständen.«

»Ach so. Ich dachte, es tut dir leid, dass du damals gegangen bist, ohne mir zu sagen, warum und wohin.«

»Das auch.«

Kurz sahen wir uns nur an. Ich spürte meinen Pulsschlag an den Schläfen.

»Wir sollten reden«, schlug Bruno vor.

»Es gibt nichts mehr zu reden. Das ist lange vorbei.«

Wärst du vor zehn Jahren gekommen. Vielleicht auch vor fünf. Aber nun. Nun gibt es wirklich nichts mehr zu reden.

»Ich werde länger in München bleiben. Marlene fährt noch heute Abend nach Hause zurück. Aber ich habe geschäftlich hier zu tun. Ich bin noch drei Tage in München. Genug Zeit, um sich zu treffen. Was meinst du?«

Er streckte seine Hand nach mir aus, doch ich wich zurück.

»Es gibt nichts zu reden.«

»Ich würde dich gerne wiedersehen.«

»Wozu?«

»Um zu erklären. Um dich zu sehen.«

Ohne zu antworten stieg ich in das Taxi. Bruno klopfte gegen die Scheibe. Er holte ein kleines Notizbuch aus seiner Jacke, riss einen Zettel heraus und drückte ihn gegen das Glas, während er etwas daraufkritzelte. Dann bedeutete er, ich solle das Fenster öffnen, und ich tat es. Er ließ den Zettel in meinen Schoß fallen, der Taxifahrer startete den Wagen und fuhr los. Eiskalter Wind trieb mir den Sprühregen ins Gesicht, der Zettel flatterte durch das Wageninnere, gegen den Himmel, schließlich blieb er am Sitz vor mir hängen. Ich kurbelte das Fenster langsam wieder hinauf. Vor uns schalteten Ampeln auf rot, dann wieder auf grün. Autos hupten, und ich zitterte vor Kälte.

Marielle
Farnocchia, August 2003

Mehrere Tage hörte und sah ich nichts von Rocco. Es beunruhigte mich zum einen, dass er sich so still verhielt. Zum anderen war ich auch froh, denn mir blieb neben Mutter nicht viel Zeit. Ich ließ mir einen Termin bei einem Onkologen im Ospedale Campo di Marte in Lucca geben. Er hatte nicht viel Zeit, gab mir trotzdem das Gefühl, dass er mir zuhörte, was am Ende aber doch nicht viel nützte. Es gab nur zwei Möglichkeiten. Sie zu Hause zu behalten oder sie einliefern zu lassen. Er riet mir zu Letzterem. Er schrieb mir mehrere Rezepte für Schmerzmittel und Mittel gegen Übelkeit auf und gab mir die Telefonnummer eines örtlichen Pflegedienstes. Ich knüllte den Zettel erst zusammen, dann steckte ich ihn trotzdem in meine Handtasche. Sie würde keinen Pflegedienst akzeptieren. Ich fühlte mich schlecht nach diesem Gespräch. Als hätte ich meine Mutter hintergangen.

Auf dem Heimweg hörte ich Musik in ohrenbetäubender Lautstärke. Ich musste in einer Haltebucht stehen bleiben, weil mein Herz so raste, ich rauchte mehrere Zigaretten, was das Herzrasen noch schlimmer machte. Als ich später nach Hause kam, wartete Rocco vor dem Haus auf mich.

»Deine Zia hat dir heute freigegeben«, sagte er, »sie sagt, sie mache sich Sorgen um dich.«

»Das muss sie nicht.«

»Du siehst aus, als hättest du geweint.«

»Das ist nur der Fahrtwind.«

Ich presste kurz meine Hände auf die Augen und stieg von Davides Transporter in Roccos Auto.

»Du bist keine gute Lügnerin«, sagte Rocco.

Wir fuhren ans Meer. Meine Sehnsucht, mich einfach normal zu fühlen, war riesig. Meine Sehnsucht, nie wieder zurückzukommen und einfach zu verschwinden, noch riesiger. Wir unterhielten uns über Nebensächlichkeiten, wie es mit Roccos Dach voranging, über das Wetter, das umzuschlagen drohte, die Olivenernte und einen Käfer, der das Holz von den Kastanienbäumen fraß. Ich war plötzlich aufgedreht und redete viel zu viel, erzählte von Amsterdam. Dass ich es liebte, wenn das Wasser in den Grachten gluckerte, von den Sandstränden der Nordsee, die breit und weit waren, von meiner Katze und Roos, der geliebten Roos. Ich behauptete, dass Rocco Amsterdam, Roos und meine Katze genauso lieben würde wie ich, obwohl ich im selben Moment dachte, dass er vermutlich weder Roos noch Amsterdam und die Katze jemals sehen würde.

Ich erzählte auch von den Stunden, die ich an Mutters Bett gesessen hatte, und versuchte, die Sache zu verharmlosen. Mehr meinetwegen als seinetwegen. Ich gestand, dass ich sie zeichnete, so wie sie da lag, zwischen den Laken, kaum atmend. Ich zeichnete ihre Silhouette, gegen das Licht des Fensters, ihre Hände, die schlaff auf dem Laken lagen. Ich versuchte die Stimmung einzufangen, wenn sie die Augen öffnete und mich dasitzen sah. Dann lächelte sie. Ich zeichnete dieses Lächeln, um mich zu erinnern. Obwohl ich wusste, dass ich es ohnehin nicht vergessen würde. Sie lächelte mich an und sagte so etwas wie, was tust du denn hier. Vorwurfsvoll sagte sie das. »Was tust du denn hier, draußen ist es schön. Geh zu den Pferden.«

»Zu den Pferden?«

»Die junge Stute muss bewegt werden. Fahr mit ihr in die Berge. Die steile Strecke hinauf, bis sie müde wird. Und wenn du zurückkommst …«

»Ist gut. Ist gut.«

»Dann kommst du wieder zu mir und erzählst mir davon.«

Sie würgte erbärmlich, ich setzte sie auf, hielt ihren mageren Körper und sagte wieder, ist ja gut, ist ja gut, und Mutter sagte, rede nicht mit mir, als wäre ich senil, was mich seltsam froh machte. War es doch so, als würde ihre Seele ab und zu durch diese Schwere der Krankheit dringen.

»Nichts ist gut«, sagte sie, »nichts war jemals gut. Glaub mir das, Marielle.«

Sie schlief ein, so schnell, so tief, dass sie nicht merkte, dass ich ihre Hand hielt. Mich zu ihr ins Bett legte, was ich noch nie zuvor getan hatte. In all den Jahren nicht. Wie vertraut war mir trotzdem ihr Atem. Ihr Geruch. Ihre Haut, wenn ich mit den Fingern vorsichtig darüberstrich. Ich weinte an ihrem Rücken, verzweifelt und tonlos, weinte die ganzen Tränen, die ich Jahre nicht geweint hatte, ich schlief ein, wachte wieder auf, weckte auch sie und zwang sie, etwas zu trinken. Sie schüttelte den Kopf, würgte, wehrte sich gegen meine Hände, die ihr das Glas an die Lippen hielten.

»Ich habe keinen Durst.«

»Du musst trinken.«

»Ich hasse dich.«

»Ich weiß.«

Das erzählte ich Rocco, und er lenkte das Auto mit einer Hand durch die Serpentinen, blickte mich ab und zu an, bis ich meinen Kopf auf seinen Schoß legte, so wie er in meinen, vor wenigen Wochen. Ich sah ihm zu, wie er das Auto mit einer Hand lenkte, und konnte plötzlich nicht mehr reden, jedes Wort hätte den Kloß in meinem Hals losgetreten. So schwieg ich den Rest der Fahrt und Rocco summte zur Musik im Radio.

Er war bester Laune, um nicht zu sagen vergnügt. Er fuhr nach Lerici mit seiner wunderschönen Burg auf den jäh abfallenden Felsen, und als ich ihn fragte, was wir hier tun wollen, sagte er, ein Freund habe ein Segelboot im Hafen liegen.

»Sag dazu jetzt nichts«, unterbrach er mich, als ich nur den Mund aufmachte, »es ist nur ein Versuch.«

»Ein Versuch.«

»Naja, wenn ich das Boot nicht lenken kann, kommen wir nie wieder zurück.«

»Davor hast du doch keine Angst, oder?«

Er zuckte mit den Schultern. Wir fuhren hinaus, und ich neckte ihn, dass er mich angelogen hatte, dass er vermutlich täglich mit dem Boot draußen ist. Er sah mich ernst an, und da wusste ich, dass er dies hier nur meinetwegen tat, dass er mir das Meer zeigen wollte, so wie er es kannte.

Wir ankerten mit Blick auf Lerici, auf die verschachtelten pastellfarbenen Häuser, ich konnte mich kaum daran sattsehen. Verwunschen sah dieses Lerici aus, wie eine andere Welt. Ich winkte den Touristen in den Ausflugsbooten, bis Rocco mich küsste, mich zwang, ihn anzusehen, nicht die Küste, die Burg auf dem Hügel, die jäh abfallenden Felsen, die Brandung, die beständig und sanft dagegenschlug, und die Sonne, die die Küstenlinie erst golden und dann gegen Abend in einem warmen Rot färbte. Ich wollte nicht mehr zurück. Nie mehr wollte ich zurück, und das sagte ich Rocco auch. Der lachte und küsste mich auf die Nasenspitze.

»Komm mit mir schwimmen«, sagte ich.

»Mit einem Arm kann man nicht schwimmen.«

»Ich halte dich.«

Er lachte wieder, während ich mein Kleid auszog, es zu seinen Füßen fallen ließ.

»Wir werden beide ertrinken.«

»Ich helfe dir.«

»Das wirst du nicht.«

»Du musst doch schwimmen können. Wenn man am Meer lebt, muss man schwimmen können.«

»Ich konnte mal schwimmen. Ich konnte ewig weit tauchen, ohne Luft zu holen. Ich war der Junge, der sein Leben im Salzwasser verbrachte. Sie nannten mich *pesciolino*. Der kleine Fisch.«

Ich zog als Letztes meinen Slip aus und sprang kopfüber ins Meer, tauchte lange, spürte das Wasser, das meinen Körper kalt umschlang, sah die Luftblasen, die aus meinem Mund kamen, und mein Haar wie Meerjungfrauenhaar. Als ich auftauchte, stand Rocco an der Reling. Er zögerte.

»Willst du wissen, wie es passiert ist?«

»Nein.«

Ich schwamm zum Boot zurück, ließ mich dort auf dem Rücken treiben. Ich wollte es nicht wissen. Es war plötzlich unwichtig. Rocco runzelte die Stirn.

»Ich will dich so, wie du bist«, sagte ich und Rocco antwortete etwas, was ich nicht hören konnte, weil meine Ohren unter Wasser waren, und als ich auftauchte, mir das Haar aus dem Gesicht strich und ihn fragte, was er gesagt habe, meinte er nur »nichts, nichts«.

Und ich sagte: »Du hast ›ich liebe dich‹ gesagt«, was er heftig abstritt. Er sagte, es wäre nichts gewesen, nichts, was im Moment wichtig wäre, und ich dachte, vielleicht ist es weder wichtig, dass er nur einen Arm hatte, noch dass er mich liebt.

Dann sprang er zu mir ins Wasser, tauchte neben mir ein und versank. Ich tauchte ihm nach durch das klare, stille Wasser und umfing ihn mit meinen Armen. Unser Haar war wie federleichte Wasserpflanzen, und über uns schaukelte sanft der Bauch des Schiffes. Wir schlugen mit den Beinen, und ich presste meinen Mund fest auf seinen. Salzig schmeckte das, weich und salzig. Wir tauchten gemeinsam auf und Rocco sagte, er habe Angst. Ich wusste nicht, was er meinte. Mich, die Liebe oder Angst zu ertrinken. Aber ich wollte nicht fragen. Ich sagte nur, er müsse keine Angst haben, und dann musste ich lachen, weil es so seltsam war, diese Worte aus meinem Mund. Hatte ich doch immer am meisten Angst. Gemeinsam drehten wir uns auf den Rücken, er legte seinen Kopf auf meine Brust, und so trieben wir neben dem Schiff, das Segel flatterte im Wind, doch das konnte ich nicht hören, ich hörte nur das Gluckern des Wassers in meinen Ohren und meinen eigenen Atem. Ich spürte Roccos warmen Körper auf meinem und seine Hand, die über meine Hüfte strich.

Franka
München, November 1963

Ich traf die Entscheidung, Bruno noch einmal zu sehen, mitten in der Nacht. Ich hatte lange mit Maria telefoniert, Bruno aber nicht erwähnt. Sie erzählte von den Kindern, Mario, der sich ein Bein gebrochen hatte, und von Emilia, die wieder heiraten wollte, nachdem Silvio erst drei Monate unter der Erde war.

»Was willst du von Emilia erwarten«, sagte sie mit einem angedeuteten Seufzen in der Stimme.

Ich antwortete nur einsilbig und dachte dabei an Bruno, holte mir während des Gesprächs die Flasche Savoy Gin aus der Bar und schenkte mir ein Glas voll. Ich schleppte das Telefonkabel hinter mir her, von Zimmer zu Zimmer, es rauschte in der Leitung, manchmal konnte ich Maria kaum verstehen. Unsere Straße war wie ausgestorben. Am Fenster stehend sah ich hinunter, ab und zu hastete jemand vorbei, mit Regenschirm und hochgeschlagenem Mantelkragen. Einer blieb genau unter meiner Fensterfront stehen und blickte kurz hinauf, da setzte mein Herz einen Schlag aus, und ich dachte schon, es wäre Bruno, doch der Mann lief weiter, verschwand, ohne sich noch einmal umzudrehen. Maria sagte, vielleicht wäre es besser, ich würde zurück nach Farnocchia kommen, aber ich lehnte ab.

Schließlich war mein Leben hier. Ich gehörte nach München. Schon seit so vielen Jahren. Und wenn ich dann doch Zeit in Farnocchia verbrachte, wühlte es mich auf, die Erinnerungen stürzten auf mich ein, und wenn ich abreiste, war es wie eine Flucht.

»Es ist wegen Wittig«, sagte Maria leise.

»Vergiss doch Wittig.« Ich schwenkte das Glas und nippte daran, »von dem findet man keinen Krümel mehr.«

»Vielleicht hätte ich es Mario damals sagen sollen«, meinte Maria, »so oft denke ich daran. Oft will ich es ihm heute noch sagen. Vor kurzem, als wir nebeneinander im Kräutergarten standen ...«

»Untersteh dich.«

»Ja. Ja. Ich erzähl schon nichts.«

»Es ist nie etwas passiert.«

Ich verschwieg auch, was Bruno gesagt hatte. Dass sie wussten, dass es nicht die Partisanen waren.

»Nie. Der Rosmarin hütet das Geheimnis.«

»Und wird es nicht preisgeben.«

»Dafür spricht jeder Zweig zu uns.«

»Zu mir nicht.«

»Doch. Doch. Er sagt: Ihr kleinen Mörderinnen. Irgendwann werden sie euch finden. Und wenn nicht, dann wird euch Gott richten. Wenn ihr tot seid.«

Ich musste lachen, und Maria sagte, das sei nicht lustig, das sei bitterer Ernst.

Sooft wir davon sprachen, musste ich sie beruhigen. Als hätte sie Wittig umgebracht und nicht ich. Ich sagte ihr nicht, dass auch ich noch oft davon träumte, von der Erde, die an meinen Fingern klebte, und der schweren Leiche, die wir durch das trockene Gras schleiften. Ich sagte ihr, dass ich nie an Wittig dachte. Und nie an Bruno. Der Krieg hatte beide geschluckt. Ausgelöscht.

Ich glaubte, es sei besser, Maria anzulügen, als sie auch noch mit meinen Gedanken zu beunruhigen. Am Ende sprach sie doch noch mit Mario darüber, mit dem gutherzigen Mario, für den würde eine Welt zusammenbrechen, wenn er wüsste, dass ich eine Mörderin bin und Maria die Mitwisserin eines Verbrechens. Ich selbst wusste nur zu gut, dass die Last der Schuld mit den Jahren nicht leichter wurde. Nur undeutlicher. Verwischter. Und irgendwann würde ich nicht mehr wissen, an was ich so schwer trug, ich würde nur das Gewicht auf meinen Schultern spüren und mich darüber wundern.

Es war schon nach Mitternacht, als ich endlich den Hörer auf die Gabel legte und begann, unruhig in der Wohnung umherzuwandern. Ich schenkte mir noch ein Glas Gin ein und stellte fest, dass ich die Wirkung kaum spürte. In meinem Arbeitszimmer versuchte ich noch Unterlagen vom letzten Jahr durchzusehen, aber ich musste jedes Blatt dreimal lesen. Ich sah ein, dass ich unmöglich noch etwas geschafft bekam – und genauso unmöglich Schlaf finden würde. Den Zettel, den mir Bruno gegeben hatte, hatte ich zuunterst in meine Schreibtischschublade gelegt. Ich holte ihn hervor. Stellte das halbleere Glas Gin darauf und betrachtete seine Schrift durch die Wölbung des Glases.

An der Tür seines Zimmers fielen wir uns in die Arme. Den Bruchteil einer Schrecksekunde hatte Bruno mich angestarrt wie einen Geist. Er rieb sich den Schlaf aus den

Augen. Er roch nach Kissen und kalten Zigaretten, und er fragte nicht, warum ich nun doch gekommen sei. Er fragte nicht nach dem Portier, der mir mit strafendem Blick die Tür der Pension geöffnet hatte, nicht nach der Zeit, die ich im Gang vor seiner Zimmertür verbracht hatte, mit flauem Magen, die Hand flach an das Holz gelegt, unfähig zu klopfen. Er fragte gar nichts, er zog mich an sich und hielt mich so fest, dass mir die Luft wegblieb. Als er mich zu sich ins Zimmer zog – die Nachttischlampe brannte und warf gelbliches Licht auf das schmale Bett, den hellblauen Sessel am Fenster, den kleinen Tisch und den Kleiderständer in der Ecke –, war ich nicht mehr wütend und nicht mehr traurig. Es war, als wäre ich nach all den Jahren endlich wieder zu Hause angekommen.

»Du bist doch gekommen«, sagte er, »ich dachte schon, du kommst nicht. Lässt mich einfach hier sitzen.«

Ich küsste ihn, damit er nicht weiterreden konnte, und er streifte mir den Mantel von den Schultern, mein Hut glitt achtlos zu Boden, mein Kleid, meine Unterwäsche. Ich war kurz etwas verlegen, weil neunzehn Jahre vergangen waren und mein Körper nicht mehr der eines jungen Mädchens war, sondern der einer erwachsenen Frau. Bruno hob mich hoch und legte mich auf sein Bett.

»Sieh mich nicht an«, flüsterte ich.

»Von jetzt an werde ich dich immerzu ansehen.«

»Ich bin nicht mehr die, die du in Farnocchia verlassen hast.«

»Du bist noch schöner geworden.«

Natürlich wusste ich, dass er log, doch in diesem Moment wollte ich ihm glauben. Ich zog ihn auf mich und umschlang ihn mit den Beinen, und es fühlte sich an wie damals. Ich schloss die Augen und konnte das Rauschen der Kastanienbäume hören und die kleine Luz, die über die Hänge galoppierte. Ich konnte die Grillen zirpen hören und das Rascheln des Heus, wenn wir uns darauf bewegten. Wir klammerten uns aneinander und Bruno sagte irgendetwas, das ich nicht verstand, weil mein Herzschlag zu laut in meinen Ohren dröhnte.

Wir liebten uns die ganze Nacht. Immer wieder. Hungrig. Wütend. Zärtlich und voller Liebe. Wir liebten uns, bis die Leuchtreklamen vor dem Hotelfenster aufhörten zu blinken und der Morgen kam. Blass und grau. Da schliefen wir ineinander verschlungen ein, als wollten wir nicht, dass uns der neue Tag findet, als könnten wir damit das Leben aufhalten. Kurz bevor ich einschlief, dachte ich, ich wünschte, ich wäre Dornröschen und könnte nun hundert Jahre schlafen. Ich wünschte, um uns herum würde eine Dornenhecke wachsen.

Ich schreibe dies, während Bruno neben mir liegt und mit den Fingerspitzen meinen Rücken streichelt. Ich schreibe dies, während er sanft an meinen Haarspitzen zieht, damit ich mich zu ihm umdrehe und ihn küsse. Ich bin ein realistischer Mensch. Ich habe alles durchdacht. Vielleicht muss ich nie wieder zurück. Ist dies vielleicht der Moment, um abzuspringen und ein anderes Leben zu leben? Was hält mich denn noch? Was hält mich in diesem Leben voller nicht enden wollender Verpflichtungen? Mutter, mit der ich immer mittwochvormittags spazieren gehe, seit Vater tot ist. Meine Schwestern, die sich an mich hängen, weil ich die Einzige ohne Kinder bin, mit der man noch sprechen kann. Die Verwaltung der Firma. Die ermüdenden Termine mit der Verwandtschaft. Die einsamen Nächte in dem großen Haus im Herzogpark. Ich hab dies alles so satt. So satt.

»Was ist nun mit Süditalien?«, flüsterte ich.

Er hörte es nicht, sondern schwang seine Beine aus dem Bett. Ich musste lächeln, weil auch er älter geworden war, die Haut auf seiner Brust schlaff, das Haar grau. Es störte mich nicht. Das Telefon auf dem Tisch unter dem Fenster klingelte, er nahm ab, und ich ging ins Badezimmer, schleifte das Leintuch hinter mir her, ließ es dann auf der Schwelle liegen und stellte mich unter die Dusche. Das Wasser wurde nur lauwarm, trotzdem ließ ich es über meinen Kopf und die Schultern laufen, ein dünn rieselnder Strahl.

»Ja«, hörte ich Bruno sagen, »... übermorgen, Liebes.«

Ich nahm die Seife und rieb sie langsam über meinen Bauch, die Brust, den Hals.

»Es ist dieser Termin mit dem Autor aus Friedrichshafen. Von dem ich dir erzählt habe ... der hat sich verschoben.«

Die Wand hinter mir war kalt und trotzdem lehnte ich mich dagegen und sah den Wassertropfen zu, die über meinen Körper perlten. Natürlich musste er seiner Frau etwas erzählen. Natürlich. Es war nicht schlimm, diese Lüge. Hatten wir nicht schon so oft gelogen? Gelogen und betrogen?

»Ich wünschte auch, ich wäre schon zurück ... Liebes ... nein, hab ich nicht ... es war ein nostalgischer Moment.

Mehr nicht. Nein… eine Erinnerung an eine schlimme Zeit…«

Ich fröstelte, als Bruno ins Badezimmer kam. Wir umarmten uns unter dem laufenden Wasser. Seine Brust klebte an meiner, und ich dachte, es fühlt sich an wie der Regen in Farnocchia an einem kühlen Tag im Mai. Man ist bis auf die Haut durchnässt, friert, läuft nach Hause, treibt die Pferde vor sich her mit dieser langen Gerte, mit der man so gut in der Luft knallen kann. Man treibt sie in den Stall und reibt ihre dampfenden Leiber mit Stroh trocken, bis man selbst schweißgebadet ist.

Bruno hob mich hoch und drückte mich gegen die Wand. Er sah in meine Augen, doch ich drehte den Kopf weg und legte ihn auf seine Schultern, klammerte mich an seine Wärme, an seinen Körper, an das, was er vor so vielen Jahren gesagt hatte, woran er sich vielleicht gar nicht mehr erinnerte.

Wir verbrachten die Tage in diesem Zimmer in der Isarvorstadt. Zum Essen gingen wir hinaus, in ein Restaurant um die Ecke, in dem das Essen schlecht und teuer war. Aber woandershin trauten wir uns nicht zu gehen. Konnte uns doch seine Tochter sehen, jemand, den er aus dem Verlag kannte, jemand, der seine Frau Marlene kannte. Mir war es egal, ob uns jemand sah. Mir war egal, was geschehen war. Mir war egal, warum er gegangen war. In meinem Gedächtnis wird für immer dieses Zimmer sein.

Der Weg hinunter in die Rezeption mit dem schlecht gelaunten Alten, der uns jedes Mal den Zimmerschlüssel abnahm, bevor wir hinausgingen. Die Grastapeten im Flur, der schäbige Holzboden und der kurze Weg die Straße hinunter zum Restaurant, vorbei an einer Herrenschneiderei, einem Laden für Kurzwaren und einem winzigen Lebensmittelgeschäft mit so stark beschlagenen Scheiben, dass man nicht hineinblicken konnte. Der Kellner, der uns mit Herr und Frau Nehrlich begrüßte, und der Geschmack des Rinderbratens in Rotweinsoße. Aber dann. Dann liefen wir zurück. Hand in Hand, und entrissen dem Alten unsere Schlüssel, liefen die Treppen hinauf, und oben, kaum dass die Tür hinter uns zufiel, rissen wir uns die Kleider vom Leib und Bruno küsste meinen Bauch, meinen Nabel, meine Schenkel, meine Brüste. Er sagte, er habe aufgehört zu zeichnen, und ich fragte, warum. Er antwortete nicht, sondern drehte mich auf den Bauch.

Warum, fragte ich wieder und Bruno hielt in seiner Bewegung inne, vielleicht, weil ich nichts Schönes mehr gesehen habe. Vielleicht, weil ich zu viel Schlechtes gemalt habe. Vielleicht, weil ich nicht mehr konnte, nie mehr malen konnte, nach Italien, weil meine Hand gezittert hat, weil ich keinen Stift mehr halten konnte.

Da fragte ich ihn, warum er gegangen ist. Und dann war es still.

Er ließ sich von mir gleiten und drehte sich auf den Rücken, seine Hand tastete nach seiner Zigarettenschachtel. Er fand sie und zündete sich eine Zigarette an.

»Warum?«, fragte ich wieder.

Ich hörte ihn atmen, den Rauch inhalieren, ausatmen, einatmen, die Zigarette zischte, er klopfte sie am Rand der Kaffeetasse ab, die neben dem Bett stand, und ich schloss die Augen. Ich fragte mich, warum ich darauf überhaupt eine Antwort haben wollte. Es war doch nicht mehr wichtig. Jetzt, wo er wieder da war.

»Das ist so lange her.«

»Mir kommt es vor, als wäre es gestern gewesen.«

»Es ist neunzehn Jahre her. Fast zwei Jahrzehnte.«

»Kannst du dich an unseren Abschied erinnern?«

Wieder Stille. Vor dem Hotel fuhren Autos durch den Regen. Ihre Reifen surrten auf dem Asphalt. Im Zimmer neben uns lief ein Radio in voller Lautstärke. Andy Williams' »Can't get used to losing you«. Ich hätte am liebsten mit der Hand gegen die Wand geschlagen.

»Wir waren oben im Trullo. Du hast gesagt, wenn du wiederkommst, gehen wir zusammen weg. Du hast gesagt, es wird nicht lange dauern. Dann holst du mich. Ich war mir unsicher, ob ich mit dir gehen soll. Mir war übel vor Unsicherheit. Später übergab ich mich unten auf der Toilette. Vor Angst, was alles noch passieren würde.«

Stille.

Ich verschwieg, dass ich mich auch vor Angst übergab, dass man Wittig finden würde, dass sie seine Leiche ausgraben und dann Maria und mich an die Wand stellen und erschießen würden. Die Angst hielt mich so fest, dass ich kaum mehr atmen konnte.

»Alles wird gut, hast du gesagt. Und dann bist du nie wiedergekommen. Aber weißt du, vielleicht wäre ich gar nicht mit dir gegangen.«

Dann schlug ich doch mit der Hand gegen die Wand. Ich werde mich an der Rezeption beschweren, brüllte ich. Wenn das Radio nicht leiser gestellt wird, sofort. Ich brüllte so laut, dass ich mich verschluckte und husten musste. Qualvoll husten. So wie früher. Bei einem Asthmaanfall. Auf der anderen Seite wurde das Radio abgestellt, und man hörte nur noch die Autos und den Regen am Fenster.

»Wenn ich es mir recht überlege, wäre ich dageblieben«, sagte ich.

Ich stand auf und suchte meine Sachen zusammen, schlüpfte in meine Unterwäsche und die Strümpfe.

»Was soll das? Wo willst du hin?«, wollte Bruno wissen.

»Nach Hause.«

»Ich lass dich jetzt nicht fort.«

»Ich hätte alles genauso gemacht. Wäre zurück nach München. Hätte Maximilian geheiratet. Alles genauso. Ich wäre nie mit dir gekommen«, sagte ich, während ich meinen Rock unter dem Bett hervorfischte und ihn glattstrich. »Das hätte doch niemals funktioniert. Niemals.«

»Jetzt beruhige dich. Komm her und beruhige dich.«

Ich hatte nicht bemerkt, dass ich weinte.

»Du wärst sowieso zurück zu deiner Frau. Und ich …«

Er sah mich fragend an, streckte seine Hände nach mir aus, und ich musste nun fast lachen, so jämmerlich, wie er dastand. Nackt und faltig, mit ausgestreckten Armen.

»Und ich hätte geheiratet, und du wärst mir zu alt gewesen, und der Krieg, als der Krieg vorbei war, hätten wir uns sowieso verloren.«

»Ich kann mich nicht mehr erinnern, warum ich nicht zurückgekommen bin.«

»Du lügst. Du musst mich jetzt nicht mehr anlügen.«

»Ich weiß es wirklich nicht mehr.«

»Du bist ein Lügner. Bist du immer gewesen.«

»Die Zeit ist wie ein schwarzes Loch.«

Langsam kam er zu mir und umarmte mich vorsichtig. Ich lehnte mich an ihn, an den alten, nackten Bruno, ich mit Unterwäsche und Strümpfen und im Zimmer neben uns wurde das Radio wieder angestellt, leiser jetzt, Frank Sinatras »Strangers in the Night«, und dazu wiegten wir uns sanft, im Licht der Leuchtreklamen, leise und traurig, und ich wollte nun keine Fragen mehr stellen und auch keine Antworten mehr hören.

Marielle
Farnocchia, August 2003

Ich hatte gehört, dass in Amsterdam schon Herbst war. Mit Stürmen und Regen und Kälte. In Farnocchia hielt uns der Sommer in seiner verschwitzten, sehnigen Hand, ließ uns nachts kaum mehr schlafen, und wenn, dann unter dem geöffneten Fenster, ohne Decke, ohne Pyjama. Es war August und ich dachte, diese Zeit würde niemals enden. So fühlte es sich jedenfalls an. Ich brachte die Wochentage durcheinander, fuhr sonntags zum Markt statt donnerstags, stand dann verloren auf dem Platz, wo die Tauben in der Morgensonne Brotkrumen pickten und junge Katzen im Schatten des Brunnens spielten. Ich fütterte Mutter mit geschnittener Wassermelone, das Einzige, was sie noch zu sich nahm, und auch die nur, wenn ich sie so lange nicht in Ruhe ließ, bis sie einknickte und tat, was ich wollte. Es war ermüdend und traurig. Sie rollte sich auf der Seite liegend ein und drehte den Kopf weg. Zia Maria und ich waren uns einig, dass sie etwas essen und trinken musste. Wie sollte sie bei Kräften bleiben, wenn sie nichts zu sich nahm?

An einem Freitagabend rief mich ein Galerist aus Amsterdam an, er habe meine Werke gesehen und überlege, einige davon in seiner Galerie auszustellen. Aber er wolle nur Bilder, keine Skulpturen. Ich überlegte und sagte dann, ich werde ihm etwas schicken, tat so, als wäre es normal, dass ich meine Kunstwerke von Italien nach Amsterdam schickte, dabei war es das erste Mal, dass jemand etwas von mir ausstellen wollte. Nach dem Gespräch rannte ich hinüber in die Remise und stellte die Bilder vor mir auf und fand sie alle miteinander schrecklich, zu schlecht, um sie jemandem zu zeigen. Waren es doch nur Arbeiten, die ich nebenher gemacht hatte, nichts Ernsthaftes, nichts wirklich Künstlerisches. Dann dachte ich, dass ich keine andere Wahl hatte. Ich verpackte die Ölbilder und einige der Kohlestudien. Ich erzählte sogar Mutter davon, was ich vorher niemals getan hätte.

»Mich willst du in Amsterdam ausstellen lassen?« Sie setzte sich ruckartig auf und sah mich böse an.

»Man wird dich nicht erkennen«, sagte ich.

»Jeder kennt mich.«

»Unsinn.«

Ich legte ihr meine Hand auf den Arm. Er fühlte sich an wie ein zerbrechlicher dünner Zweig. Sie strich sich das Haar aus der Stirn, und ihre Augen waren plötzlich so klar wie seit Tagen nicht mehr.

»Vielleicht ist es gut so«, sagte sie resolut.

Dann wollte sie etwas trinken und dass ich sie ans Fenster bringe, damit sie hinaussehen konnte. Ich schob ihr den grünen Samtsessel vor das Fenster und legte ihre Füße auf einen Schemel. Sie wollte, dass ich die Fensterflügel weit öffne, damit sie die Pferde wiehern hören konnte und den Sommerwind spüren, der am Haus entlangstrich. Und ich dachte, vielleicht haben wir es geschafft und der Krebs gibt uns noch etwas Zeit, einen kleinen Aufschub, vielleicht wird sie den Herbst noch erleben und den Winter. Wenn wir sie nicht aufgeben und alles tun, damit es ihr gut geht. Ich überlegte, für einige Zeit zurück nach München zu gehen. Oder mit ihr hierzubleiben. Der Gedanke hinterließ ein warmes Gefühl in meiner Brust.

Später erzählte ich Rocco davon. Er wollte mit mir hinunter nach Farnocchia, doch ich bat ihn hierzubleiben, und so wanderten wir hinauf zu dem zerfallenen Trullo. Die Sonne stand tief über den Bergen, die zwischen Farnocchia und dem Meer lagen. Ich sagte, dass ich zuversichtlich sei, Mutter würde es noch eine Weile schaffen. Da legte er den Arm um mich und sagte, sie werde bald sterben.

»Ich weiß das«, sagte er, »alle, die sterben, wachen vorher noch einmal auf.«

»Erzähl mir nicht so etwas Dummes.« Ich machte mich von ihm los und ging auf dem schmalen Pfad vor ihm her. »Das sind doch Ammenmärchen.«

Er sagte darauf nichts, und als wir oben waren, uns in das trockene Gras setzten, in dem der wilde Thymian blühte, legte er nur seinen Arm um mich und küsste meinen Hals.

»Das glaubst du doch nicht wirklich?«, fragte ich ihn.

»Doch, das glaube ich.«

»Ich glaube, es war nur eine Phase, in der es ihr schlecht ging.«

»Warum willst du sie jetzt nicht gehen lassen?«

Ich überlegte einen Moment, in dem mein Hals wie zugeschnürt war und ich mich räuspern musste.

»Ich war ihr mein ganzes Leben nicht nahe«, sagte ich dann, »ich will nicht, dass sie gerade jetzt stirbt. Gerade jetzt.«

»Franka«, sagte Rocco sanft, und gemeinsam rollten wir ein Stück den Hang hinunter, bis wir aufeinander zum Liegen kamen und uns küssten, mit Gras und Thymian im Haar und Erde auf der Haut.

Er murmelte etwas in mein Ohr, etwas, das mit Liebe und für immer zu tun hatte und dass für alle die Zeit komme, wo man gehen müsse. Dass die Zeit immer die richtige sei und dass man niemanden halten könne. Ich wollte davon nichts hören. Ich hätte mir am liebsten die Ohren zugehalten. Oder geschrien. Am liebsten hätte ich so laut geschrien, dass die Grillen verstummten und der Wind aufhörte in den Zweigen zu rauschen.

»Und du«, fragte ich ihn, »wirst du bleiben?«

Auf eine Antwort musste ich lange warten. Schwalben flogen währenddessen ins Trullo und wieder hinaus, pfeilschnell hin und her, Zia Maria rief nach den Hunden, weit unter uns weideten Ziegen, langsam und bedächtig. Ich konnte sehen, wie der Mond blass am noch immer hellen Sommerhimmel stand.

»Ich bin noch nie geblieben«, sagte er schließlich, »bis jetzt noch nie.«

Als ich Stunden später wieder ins Haus kam, war es schon dunkel. Mutter saß immer noch am geöffneten Fenster. Zia Maria hatte sie mit einer Wolldecke zugedeckt, ihre Augen waren weit geöffnet.

»Ich habe dich mit Rocco Mantovani gesehen«, sagte sie.

Ihre Stimme war so leise, dass ich sie kaum verstand. »Ihr wart beim Trullo.«

Ich nickte und setzte mich neben den Sessel auf den Boden.

»Nimm die Decke weg. Mir ist heiß«, flüsterte sie.

Sie schwitzte, ihr Nachthemd war feucht, klebte an ihrem Körper, und ich konnte ihre Brust darunter erkennen, mager und eingefallen. Langsam legte ich die Decke zusammen, ich wusste nicht, was ich sagen sollte, meine Worte waren versiegt. Vielleicht vor Jahren schon.

»Der Trullo war schon immer ein guter Ort. Das Heu darin riecht gut. Auch wenn es alt ist. Die Schwalben bauen ihre Nester darin. Hast du sie gesehen? Oben in den Steinen? Wenn man darinliegt, kann man den Hof sehen und die Olivenbäume. Das ist gut. Und gibt es noch diese kleinen Käfer? Diese flinken Käfer in den Mauerritzen?«

Ihr Atem rasselte. Tief unten, ein dumpfes, brodelndes Geräusch. Ich dachte, wir sollten doch noch einmal den Arzt rufen.

»Ich glaube, es gibt kaum einen besseren Ort.«

»Ja. Vielleicht.«

»Wenn ich könnte, würde ich noch einmal hinaufgehen. Aber es macht nichts. Ich hab ihn hier drin. Diesen Ort. Schon immer. Schon so lange. Es macht nichts.«

»Das ist gut.«

»Hast du Emilia Angelotti gesehen, draußen? Auf dem Weg zum Trullo?«

»Emilia …«, ich überlegte, was ich ihr sagen sollte, denn Emilia war schon über zehn Jahre tot. »Nein, die habe ich nicht gesehen.«

»Sie ist eine Hexe. Geh ihr aus dem Weg. Sie wird Rocco Mantovani hassen. Weil er ist …« Sie suchte nach Worten, verstummte und sah mich dann nur an.

»Ja, das tu ich.«

»Vorhin hab ich sie gesehen. Erst vor wenigen Minuten.«

Ihr Kopf rutschte zur Seite. Es war seltsam, ihre Hand zu nehmen. Doch ich tat es und Mutter drückte sie. Ich dachte daran, was Rocco gesagt hatte, schüttelte aber den Gedanken ab. So blieben wir sitzen, und ich fühlte mich seltsam leicht und froh, weil ich ihre Hand halten konnte, sie meine Nähe wollte, die Dunkelheit uns verschluckte und alles einfacher machte.

»Wir könnten noch eine Weile hierbleiben«, schlug ich vor, »bis es dir besser geht. Wir könnten den Herbst hier verbringen. Das haben wir noch nie getan. Ich könnte malen, und du könntest mit Zia Maria auf der Terrasse sitzen.«

»Wenn du meinst.«

»Ich könnte Davide sagen, dass er den Trullo wieder aufbauen soll. Was hältst du davon?«

Mutter drückte wieder meine Hand, antwortete aber nicht. Sie lächelte und ihr Gesicht war plötzlich so weich, so ruhig, wie ich sie noch nie gesehen hatte.

»Nun geh zu Bett«, flüsterte sie, »es ist schon so spät. Ich sehe mir noch eine Weile die Nacht an.«

Vorsichtig stand ich auf, legte ihre Hand zurück in ihren Schoß und beugte mich zu ihr hinunter, um ihre Wange zu küssen.

»Mutter«, sagte ich, »ich …«

Ich stockte und konnte nicht mehr weitersprechen.
»Ich weiß«, sagte sie, »ich weiß das doch.«

Franka
München, November 1963

Es ist vorbei. Das Ende eines Intermezzos. Ich werde davon erzählen, wie es dazu kam, und irgendwann werde ich die Notizbücher nehmen und in den Kamin werfen. Jetzt kann ich es noch nicht. Ich kann es nicht. Wenn ich es einschließe, mit meiner Schrift verschließe, sitzt es nicht in meinem Herzen. Diese Geschichte. Diese traurige, schreckliche Geschichte.

Am Morgen des dritten Tages hatte es zu schneien begonnen. Wir wachten früh auf, weil das Zimmer so hell war, hell und licht. Das kam vom Schnee, der draußen vom Himmel fiel und alles zudeckte. Ich lag in Brunos Armen und lauschte seinem Herzschlag.

»Weißt du«, sagte er schläfrig, »ich konnte gestern lange nicht einschlafen. Ich dachte daran, wie viel Zeit vergangen ist und wie viel Zeit noch bleibt.«

»Und?«

»Es bleibt nicht mehr viel Zeit.«

Ich sagte nichts und wartete darauf, dass er weitersprach. In der Nacht habe ich lange wachgelegen, hatte an Mutter gedacht und an meine Schwestern, an meine Rolle in der Familie und an verschiedene Bankkonten, zu denen ich Zugriff habe.

»Wir sollten das tun, was wir 1944 tun wollten.«

»Was meinst du?«

»Wir ziehen uns an, bezahlen dieses schreckliche Zimmer, fahren zu dir nach Hause und holen ein paar Sachen.«

»Ein paar Sachen.«

»Was du brauchst. In den nächsten Jahren.«

Meine Hände wurden feucht, und ich wischte sie an der Bettdecke ab. Draußen verdüsterte sich der Himmel, und es begann stärker zu schneien.

»Was ist mit deiner Frau?«

»Ich verlasse sie.«

»Das sagst du einfach so?«

»Wie soll ich es sonst sagen?«, fragte Bruno und setzte sich auf. Er packte mich an den Schultern und sah mir in die Augen. »Sie wird es verstehen. Marlene wusste schon immer, was in Italien passiert ist.«

»Du hast es ihr erzählt?«

»Nein. Aber sie wusste es. Frauen spüren das. Ist es nicht so? Sie spüren es, aber reden nicht darüber. So ist es bei Marlene.«

Er ließ mich los, stieg aus dem Bett, um sich anzuziehen, und ich blieb im Bett sitzen, nackt und fröstelnd, und sah ihm zu, wie er dastand, seinen Koffer aufklappte und sich ein frisches Hemd überzog.

Zu Hause fand ich mehrere Nachrichten, die das Dienstmädchen aufgenommen hatte – von meiner Mutter, von einem Geschäftspartner aus Berlin, der Grundstücke im Münchner Osten kaufen wollte, von meinen Schwestern, die um Rückruf baten. Es war auch eine Nachricht von

Maria darunter, die mir ausrichten ließ, dass Emilias Hochzeit schon in vier Wochen sei. Sie wollte unbedingt, dass ich komme. Ich schob die Nachrichten auf einen Stapel und stellte einen Briefbeschwerer darauf. Bruno wanderte von einem Zimmer zum nächsten und sah sich die Bilder an den Wänden an, bewunderte den Blick auf den Herzogpark.

Was sollte ich mitnehmen? Ich legte einen kleinen ledernen Koffer auf mein Bett und packte Unterwäsche ein, eine Hose, einen Pullover. Dann stellte ich den Koffer in eine Ecke und nahm stattdessen eine Tasche, in die ich Bargeld packte und Schecks. Ich wusste doch nicht, was ich brauchen würde. Dann nahm ich doch den Koffer und kippte das Geld einfach hinein, fahrig, mit zitternden Händen, klappte ihn zu und erschrak, als Bruno hereinkam und mir die Hände auf die Schultern legte.

»Liebste«, sagte er. Ich lehnte mich mit dem Rücken gegen seine Brust. »Es wird alles gut. Wir werden in Italien leben, einsam in den Bergen, nur du und ich. Vielleicht werden wir ein Kind haben. Wie findest du das?«

»Schön. Ich würde es schön finden.«

»Wovor hast du dann Angst?«

»Ich weiß es nicht«, ich drehte mich zu ihm um und überlegte einen Moment, »doch, ich weiß es. Davor, dass alles schon einmal genauso war. Und du gegangen bist.«

»Ich hatte damals keine andere Wahl.«

»Was willst du mir damit sagen?«

»Die Sache mit Sant'Anna. Alle mussten gehen, die damit zu tun hatten. Zu unserer eigenen Sicherheit.«

Ich streifte seine Hände ab und trat einen Schritt zurück.

War das eine Frage gewesen, die ich ihm stellen wollte? Was ist mit Sant'Anna? Was hatte Bruno damit zu tun? Und warum habe ich diese Frage nicht gestellt?

»Es war verrückt damals.«

»Verrückt.«

»Gleich danach bin ich zurück nach Deutschland. Ich wurde beurlaubt. Wir sollten vergessen, was geschehen ist. Uns erholen. Wieder zu uns kommen. Glaub mir. Wäre Sant'Anna nicht gewesen ...«

»Also warst du dabei«, meine Stimme hörte sich so weit entfernt an. So weit. Als würde ich durch ein Sprachrohr sprechen. Dieses Loch, das diese Tage gerissen hatte. Dieses schreckliche Loch. Zia Anna, die mit uns ins Tal hinunterging. Fassungslos, wie gelähmt. Die Angst, dass sie auch uns töten würden und Emilia, die sich klagend in ihrem Zimmer einsperrte, nie wieder herauskommen wollte. Die Zeit, in der Emilia und ihre Geschwister zwischen uns schliefen. Schweißgebadet und nicht enden wollende Albträume durchleidend.

»Wir mussten«, sagte Bruno, »wir hatten doch keine andere Wahl.«

»Zia Anna ist mit uns in das Tal gegangen. Zum Helfen. Einen Tag später.«

»Das hättet ihr nicht tun dürfen.«

»Die vielen Toten. Diese vielen Kinder.«

»Warum habt ihr das nur getan? Warum nur?«

Ich wollte darauf nicht antworten.

»Ich habe mich gefragt, wie man so etwas nur tun kann. Ich frage mich das heute noch: Wie kann man das fertigbringen?«

»Man funktioniert.«

Ich starrte ihn an und dachte an Wittig. Dass auch ich getötet und keine gehabt Wahl hatte.

»Uns blieb nichts anderes übrig. Wir haben da alle …«

»Du hast also einfach unschuldige Menschen erschossen?« Meine Frage kam mir dumm vor, so dumm wie alles, was ich nun sagen konnte.

»Mein Gott. Es war Krieg. Der Krieg fragt nicht, wer schuldig ist und wer unschuldig«, sagte Bruno ärgerlich. »Ich hab mich das auch oft gefragt. Was denkst du denn, wie lange ich gewartet habe, dass etwas passiert, dass ich meine gerechte Strafe bekomme. Bei jedem Brief hab ich es mit der Angst zu tun bekommen. Jedes Mal, wenn das Telefon läutete. Immer dachte ich, es ist einer dran, der sagt: ›Bruno Nehrlich, wir haben herausgefunden, was in Sant'Anna passiert ist, dafür werden sie nun büßen. Ihr ganzes restliches Leben.‹ Ich sage dir eins. Das Schlimmste ist das eigene Gewissen.«

»Ich weiß.«

»Kunz hat sich aufgehängt. Erst letztes Jahr, das habe ich gehört. In einer kleinen Wohnung in der Nähe von Stuttgart. Seine Frau hat ihn gefunden und wusste nicht, warum. Das kann sich doch keiner vorstellen, nach der ganzen Zeit. Sie hat gedacht, die Frau, dass er Ärger bei der Arbeit hatte. Irgend so etwas.«

Es hatte aufgehört zu schneien. Ich stützte mich mit den Armen am Fensterbrett ab. Direkt unter mir lag eine große gefällte Tanne und Kinder liefen herum, bewarfen sich mit dem bisschen Schnee. Ich konnte sie lachen hören.

Lange hatte ich nicht mehr an die Kinder gedacht. Und

an Padre Innocenzo. Und an den Weg hinunter ins Tal, diesen steinigen Weg, die heiße Luft, die sich zwischen den Bergen staute, und den süßlichen Geruch der Verwesung. Die Leute wurden verbrannt. So schnell konnte doch kein Mensch Gräber ausheben. So viele Gräber.

Ich brachte immer noch kein Wort heraus. Bruno war ein Feigling, er machte es sich zu leicht. Er gestand sich nicht ein, wie viel Schuld er auf sich geladen hatte.

»Es gibt keinen Grund, sich damit zu zerfleischen. Was meinst du, Franka? Sag es mir.«

»Darüber kann ich nicht urteilen«, sagte ich. Doch ich wusste, dass ich damit nicht klarkommen würde, dass ich damit nicht leben könnte.

»Du musst mir verzeihen. Jetzt, wo du alles weißt. Marlene weiß nichts davon, und glaub mir, oft wünschte ich, ich hätte es ihr erzählt. Damit sie entscheiden kann, ob sie bleiben oder gehen will. Aber wenn ich es ihr jetzt sage, habe ich sie um ihr ganzes Leben betrogen.«

»Das hast du ohnehin«, sagte ich.

Ich ging zum Schrank und zog mir einen Mantel über. Einen Schal. Einen Hut aus Pelz.

»Wo gehst du nun hin?«

Er stellte sich mir nicht in den Weg, wollte mich nicht aufhalten, und ich wollte nicht bleiben. Niemals hätte ich noch bei ihm bleiben können.

»Hinaus«, sagte ich.

Ich ließ ihn einfach stehen. Den ganzen Tag blieb ich fort. Lief durch den tauenden Schnee, den Regen, der darauf folgte, durch das trübe Licht der untergehenden Sonne. Als ich zurückkam, war Bruno weg. Es roch noch ganz leicht nach den Zigaretten, die er geraucht hatte, und auf der Bar stand ein leeres Glas, aus dem Bruno getrunken hatte.

Ich setzte mich an den Schreibtisch und sah die Nachrichten durch, rief meine Mutter an. Sie hatte sich Sorgen gemacht, weil sie mich nicht erreichen konnte und war beleidigt, weil ich unseren Termin zum wöchentlichen Spaziergang nicht eingehalten hatte. Sie fragte nicht, wo ich gewesen war, und ich erzählte auch nichts.

Marielle
Farnocchia, August 2003

Ich wachte auf. Zia Maria saß an meinem Bett. Ich erschrak nicht, sondern sah sie nur an, der Schlaf hielt mich noch fest.

»Bist du wach, Marielle?«, fragte sie, und ich sagte, »ja, ja, ich bin wach.« Ich hatte von Luz geträumt, der alten Stute. Meine Mutter führte sie an einem langen Strick durch den Olivenhain und ich saß auf Luz' Rücken. Ich konnte ihren knochigen Widerrist spüren und ihre Flanken, die sich hoben und senkten. Seltsam friedlich war es unter den Olivenbäumen, und irgendwann blieb Mutter stehen, drehte sich um und sagte:

»Der Ritt ist nun zu Ende.«

Sie zog die Beretta aus der Tasche ihres Morgenmantels und schoss Luz zwischen die Augen, und während das Pferd unter mir zusammenbrach, dachte ich, das ist gar nicht so schlimm, es ist, wie es ist, wie es sein soll. Die Landung fühlte sich weich an. Luz seufzte noch einmal und legte den Kopf mit den trüben Augen zur Seite.

Ich wollte Zia Maria von dem Traum erzählen, doch noch während ich den Mund öffnete, flogen die Traumfetzen davon und lösten sich im dämmrigen Licht des Zimmers auf. Erst da bemerkte ich, dass Zia Maria geweint hatte.

»Bist du wach, Marielle?«, fragte sie noch einmal und ich nickte. »Sie ist gestorben.«

»Nein.«

»Es muss am frühen Morgen gewesen sein.«

Ich setzte mich langsam auf. Die Morgensonne erleuchtete zögernd eine Ecke des Zimmers und wanderte dann über die Bodendielen, über die Bilder an den Wänden und über Zia Marias Gesicht. Sie begann wieder zu weinen, leise und fassungslos, obwohl wir es doch hätten wissen können. Obwohl es sich doch angekündigt hatte und die letzten Wochen nur ein einziger langer Weg ins Tal hinunter gewesen waren. Ich fragte mich, wie ich schlafen konnte, während Mutter gestorben war. Wie ich ohne jegliches schlechte Gefühl aufwachen konnte, und Zia Maria nahm meine Hand und sagte: »Komm. Gehen wir zu ihr.«

Wir saßen den ganzen Tag an Mutters Bett, und als am Abend der Bestatter kam und sie abholte, ging ich hinaus, mit den Hunden hinüber zu Rocco. Wie an meinem ersten Tag in Farnocchia wanderte ich die Bergkuppen entlang, und die Hunde liefen mal vor mir, mal hinter mir. Aber als ich zu Roccos Hütte kam, stand kein Auto davor und die Tür war verriegelt. Ich suchte den Schlüssel und fand ihn auf dem Balken über der Tür. Innen roch es nach Staub und warmer, abgestandener Luft, als wäre schon wochenlang keiner mehr hier gewesen, und oben unter dem Dach lagen noch Roccos Werkzeuge. Das Dach war mit einer Plane abgedeckt. Natürlich konnte er nicht wissen, was passiert war. Ich beschloss, auf ihn zu warten, und legte mich mit den Hunden auf die Matratze, auf der ich davor mit Rocco gelegen hatte, fest umschlungen. Die ersten Minuten dachte ich, er würde bald wiederkommen, und ich legte mir Worte zurecht, wie ich es ihm sagen würde, ohne dass ich zusammenbrechen würde. Aber während die Stunden vergingen, wurde mir klar, dass er wegbleiben würde. Dass Rocco nicht zurückkäme.

Am Tag der Beerdigung war das gesamte Dorf gegen den Willen meiner Mutter auf dem Friedhof von Farnocchia versammelt. Davide nahm mich zur Seite und sagte, es tue ihm unendlich leid. Er meinte nicht meine Mutter, sondern Rocco, der in den letzten Tagen vor Mutters Tod die Hütte verkauft und für das Geld ein Schiff bekommen hatte. Ein kleines Schiff. Aber ein Schiff. Ohne ein Wort darüber zu verlieren.

Davide sagte, er solle mir ausrichten, dass mir Rocco sehr dankbar sei. Ohne mich wäre das alles nicht möglich gewesen.

Die Sonne brannte auf die Gräber, und ich trug das schwarze Kleid, das mir Rocco geschenkt hatte. Ich redete mir ein, es sei schon in Ordnung so. In Wirklichkeit hatte mir Zia Maria am Morgen eine von ihren Beruhigungstabletten gegeben, weil ich die letzten Tage nur geweint hatte, nicht schlafen konnte und nichts essen wollte. Davide fasste mich am Ellenbogen, und so standen wir vor der Wand aus weißem Marmor, der Priester sprach irgendwelche lateinischen Worte und mein Kopf war wie leergefegt, von der Sonne, vom Weinen, von Zia Marias Tabletten. Über den Bergen türmten sich die Wolken, doch regnen würde es nicht, der Sommer würde noch wochenlang bleiben. Mit Grillenzirpen, trockenem Gras und dem Knacken der Bäume. Mit dem salzigen Wind vom Meer, den heißen Nächten, in denen man Wassermelonen auf dem Küchentisch aufbrach, um die kalten Fruchtstücke zu essen.

Ich sah, wie der Priester die Urne mit Mutters Asche in die steinerne Wand schob, und dachte, das ist also alles, was bleibt. Alles, was am Ende von so einem ganzen Leben übrig bleibt.

Und draußen auf dem Meer schaukelte Rocco auf den Wellen. Was er dachte, wusste ich nicht. Was er fühlte, wusste ich nicht. Vielleicht dachte er an mich in diesem schwarzen Kleid am Strand von Forte dei Marmi.

Franka
München Dezember 1963

Es ist, wie es ist. Aber nicht, wie es sein soll. Ich wusste mir nicht anders zu helfen und besuchte meine Mutter in ihrer Wohnung in Nymphenburg. Sie hatte die Vorhänge zugezogen. Immer. Ich verabscheue diese Wohnung, vollgestopft mit den Erinnerungen eines erbärmlichen Lebens. Aber ich wusste nicht, mit wem ich sonst sprechen konnte. Nicht mit Maria. Noch nicht mit Maria. Ihre Hausdame öffnete mir die Tür, Mutter lag im Wohnzimmer auf der Chaiselongue aus bordeauxrotem Samt. Sie drückte sich beide Hände auf die Brust und erzählte mir von den vielen Medikamenten, die sie für ihr Herz einnehmen müsse, und dass unser Mittwochsspaziergang diese Woche wohl ausfallen müsse. Ich hörte ihr mehr oder weniger geduldig zu. Wir tranken den Tee, den uns die Hausdame brachte, süßen, schwarzen Tee mit Zitrone, und nach einer Tasse musste ich ins Badezimmer gehen und mich übergeben. Ich würgte eine gefühlte Ewigkeit, kniete vor der Toilette und würgte, legte schließlich sogar meine Stirn auf den Toilettenrand, so weit war ich gesunken. Ich hasste mich. Zum Glück war auch das Badezimmer dunkel, so dunkel, dass ich kaum die goldenen Armaturen des Waschbeckens sehen konnte, geschweige denn, mein eigenes, elendes

Gesicht im Spiegel. Es klopfte an der Tür. Ein besorgtes Klopfen, und ich sagte, ich würde sofort kommen.

Ich spritzte mir Wasser ins Gesicht, erbrach mich noch einmal, bis mein Magen schmerzte, dann spülte ich meinen Mund und ging zurück ins Wohnzimmer.

Mutter sagte mir auf den Kopf zu, dass ich schwanger sei, und ich widersprach nicht, war ich doch deswegen hier. Sie betrachtete mich interessiert, fragte aber nicht nach, wer der Vater sei. Darüber war ich unendlich froh. Denn Brunos Name sollte nie wieder über meine Lippen kommen. Nie wieder wollte ich von ihm sprechen, nie wieder an ihn denken, von ihm träumen, ihn begehren, mich nach ihm sehnen. Nie wieder.

Und das Kind musste weg.

Sie fragte, wie lange schon, und ich sagte, dass ich es nicht wisse. Sechs Wochen? Acht? Natürlich müsste ich es wissen, es waren ja nur drei Tage, die infrage kamen, natürlich wusste ich es, denn es war jetzt sechs Wochen her. Das Jahr bald um, in zwei Tagen schon Silvester.

»Dann wird man es bald sehen«, sagte Mutter. Was nicht stimmte. Sehen würde man es vielleicht im April. Im Mai vielleicht. Daran wollte ich nicht denken.

Die Hausdame brachte noch einmal Tee, den ich dankend ablehnte. Ich saß wie auf heißen Kohlen, ich wollte Mutter nicht um Hilfe bitten, nicht um Rat, um gar nichts, plötzlich wollte ich nur noch gehen und schlafen und vergessen, dass ich ein Kind von Bruno Nehrlich erwartete. Aber Mutter kam mir zuvor. Sie ließ mich die Schublade von ihrem Sekretär öffnen und einen Schlüsselbund herausnehmen.

Sie sagte, man müsste nun kein Drama daraus machen. Es ist, wie es ist, und es ist bestimmt nicht zum ersten Mal passiert. Wichtig sei nur, jetzt keinen Fehler zu begehen, und dann erzählte sie mir von der Wohnung in New York, vom Mount Sinai Hospital und davon, dass man das Kind dortlassen könne. Zur Adoption freigeben. Ich hatte daran natürlich schon vor unserem Gespräch gedacht. Aber dass Mutter es vorschlug, machte alles einfacher. Ich musste nur noch das tun, was sie sagte, ihren Ratschlägen folgen.

Es erleichterte mich ungemein. Der Schlüssel in meiner Hand, der Schlüssel zu der Wohnung und der Gedanke, dass dieses Kind vielleicht neun Monate in meinem Bauch war, aber danach mit meinem Leben nichts mehr zu tun hatte.

Würde ich doch sonst immer nur ihn in diesem Kind sehen. Ihn und mich. Ihn und mich.

Nun packe ich doch diesen kleinen Koffer. Die Dinge, die ich hineingetan hatte, damals, als Bruno hier neben mir stand, stopfe ich zuunterst in meinen Schrank. Vielleicht werde ich sie entsorgen, ich brauche sie nicht mehr, will sie nicht mehr sehen. Wenn ich zurückkomme, werde ich ein anderer Mensch sein. Ein Mensch ohne Kind und ohne verflossene Liebe. Ich werde alles vergessen, was geschehen ist.

Das Kind, das werde ich dortlassen. Ich werde alleine zurückkommen. Ohne Kind. Ohne mein altes Leben. Aber kann man nicht immer wieder neu anfangen? Habe ich das nicht oft genug getan? Schreckliche Dinge verschwiegen und weitergelebt. Warum sollte es diesmal anders sein?

Marielle
Amsterdam, April 2004

Die Fruchtblase ist geplatzt. Sie ist geplatzt, als ich im Schrank nach etwas suchte, das ich für Roos' Auftritt anziehen kann.

Ich will das jetzt noch nicht, denke ich und spüre, wie Angst meinen Rücken hinaufkriecht. Ohne nachzudenken, lasse ich mein Handtuch auf die Pfütze fallen und laufe zurück ins Badezimmer.

Ich muss zu Roos, denke ich. Roos weiß, was zu tun ist. Roos weiß immer, wie es weitergeht. Am Badewannenrand sitzend, horche in mich hinein, horche auf das Kind, meinen Bauch. Zieht er sich zusammen? Es passiert nichts. Es ist wie vorher.

Roos singt »Fields of Gold«, als ich die Bar betrete. Es ist eine kleine Bar, und alle stehen dicht gedrängt, trinken Bier und rauchen Gras. Sie sitzt vorne mit dem schwarzen Kleid auf einem Barhocker und der Gitarre auf dem Schoß. Als sie mich sieht, nickt sie mir zu und lächelt. Ich möchte ihr sagen, dass die Fruchtblase geplatzt ist und das Kind kommt, aber zuerst muss sie doch zu Ende singen. Denke ich jedenfalls. Doch dann kommt die erste Wehe, und ich kann mich nur noch mit aller Kraft am Tresen festhalten.

Der Mann neben mir rückt zur Seite und starrt mich entsetzt an, und Roos lässt die Gitarre sinken, die letzten Töne hängen noch zitternd in der Luft.

Sie kommt zu mir, schiebt die Leute einfach zur Seite und hält mich fest. Was sie sagt, kann ich nicht verstehen. Das Stimmengewirr ist zu laut und der Schmerz zu stark.

»Atmen«, verstehe ich dann, und ich atme mit Roos ein und aus, bis der Schmerz vorbei ist und sie mich vor sich her zur Tür hinausdrängt. Mit der Gitarre unter dem Arm, sie in Roccos Kleid und ich mit meinem Koffer für die Klinik, stehen wir auf der Straße und Roos hält ein Taxi an. Im Taxi kommt sofort die nächste Wehe, und der Taxifahrer befürchtet, dass das Baby im Wagen zur Welt kommt. Er drückt aufs Gas.

»Ich bin das Kind meiner Mutter«, presse ich zwischen den Zähnen hervor.

Roos sagt, sie verstehe nicht, was ich meine, und ich sage, das mache nichts. Ich verstehe es ja selbst nicht. Ich will sagen, dass ich das Kind zweier Mörder bin, dass ich weiß, wer mein Vater ist, und weiß, wer meine Mutter ist, und dass ich mir wünsche, es nicht zu wissen. Doch der Schmerz lässt mir nur Tränen über das Gesicht laufen. Ich kann nicht mehr sprechen, nur schreien, keine Sätze, nur noch Laute, undeutliche Laute.

»Tief ein- und ausatmen«, sagt Roos wieder beschwörend, »gleich ist es vorbei, ich verspreche es dir.«

Der Taxifahrer schimpft, in den Kurven werden wir gegeneinander geworfen, und Roos brüllt ihn an, er solle sich gefälligst zusammenreißen. Da fährt er langsamer, wirft nur ab und zu einen wütenden Blick in den Rückspiegel.

Wie Roos es versprochen hat, hört der Schmerz auf, aber ich weine trotzdem weiter. Wie soll das nur werden, weine ich, und Roos hält mich fest, sehr fest, bis wir beim Krankenhaus sind. Ich kann nicht aussteigen, weil der Schmerz sich wieder in meinen Rücken und meinen Bauch bohrt. Roos schickt den Taxifahrer vor, er soll jemanden holen, eine Krankenschwester, einen Arzt, irgendwen.

Dann spielt Roos wieder »Fields of Gold«. Ich will es so, der Klang der Gitarre und der dunkle Klang ihrer Stimme beruhigen mich, lösen den Knoten in meinem Kopf, ich denke nicht mehr an Mutter und an meinen Vater, von dem sie nicht wollte, dass ich ihn jemals treffe. Ich höre nur Roos singen und sehe die Hebamme und denke, dass es immer weitergeht, dass immer wieder ein Kind in diese Welt geboren wird, immer wieder, jung und ohne Schuld, und dass das Leben an diesem Kind reißt und man nichts dagegen tun kann.

Die Hebamme sagt, dass es gleich da ist, gleich wird mein Kind geboren.

»Many years have passed, since those summer days«, singt Roos, und ich schreie, weil der Schmerz mich sonst ohnmächtig machen würde. Ich will es nicht, schreie ich, ich will es nicht auf die Welt bringen, es tut zu sehr weh. Und dann ist der Schmerz weg, hört plötzlich auf und Roos singt nicht mehr, sie schluchzt, aufgewühlt, haltlos.

»Es ist ein Mädchen«, sagt die Hebamme, »ein wundervolles kleines Mädchen.«

Sie legt es mir in den Arm. Ganz viele schwarze Haare hat die Kleine, sie ringeln sich an der Kopfhaut, wie bei einem Lämmchen. Ihr Mund ist wie ein kleines rotes Herz und ihre Augen sind dunkel, ein tiefes, dunkles Blau. Sie ist das Schönste, was ich je gesehen habe. Sie weint und Roos weint, und ich halte dieses Mädchen in meinen Armen, spüre ihren kleinen, kräftigen Körper, ihren Lebenswillen, ihren Willen, alles zu verändern.

Ich sitze im Bett, das kleine Mädchen auf meinen Knien. Es schläft, die Wangen sind gerötet, und ich kann nicht aufhören, es anzusehen. Das Telefon klingelt. Es ist Roos.

»Da ist ein einarmiger Mann in deiner Wohnung«, sagt sie.

»Was tut er?«, frage ich.

»Er füttert die Katze.«

Ich lächle, und das kleine Mädchen lächelt im Schlaf, verzieht diesen winzigen, herzförmigen Mund.

»Gut«, sage ich, »dann ist ja alles gut.«

»Soll ich ihm sagen, dass er auf dich warten soll?«, fragt Roos.

»Ich weiß es noch nicht«, antworte ich.

Epilog

Margaret Jackson hatte schon viele Kinder auf die Welt geholt. Weiß Gott, wie sollte sie sich da an jedes einzelne erinnern! Aber dieses Mal war es anders gewesen. Die Frau hatte keinen Laut von sich gegeben. Sie hatte einen kleinen braunen Lederkoffer dabei und lag stumm auf der Seite in ihrem Bett, während eine Italoamerikanerin und ihre zahlreichen Tanten und Schwestern neben ihr die halbe Station zusammenbrüllten. Die Frau presste die Zähne aufeinander und krallte ihre Finger in das Leintuch, bis die Knöchel weiß hervortraten.

Margaret Jackson trat immer wieder zu ihr und sagte: »Sie geben Bescheid, wenn es so weit ist.«

Die Frau nickte, und Margaret Jackson war froh, denn sie hatte beide Hände voll zu tun mit der Italienerin, die sie in den Kreißsaal bringen musste und die ihr auf dem Weg dorthin dreimal zusammenbrach. Unter großem Gezeter ihrer weiblichen Angehörigen, bis Margaret Jackson ein Machtwort sprach und alle in die Cafeteria schickte, mit der harschen Anweisung, sich nicht mehr blicken zu lassen, bis alles vorbei war.

Die meisten Gebärenden mochte sie nicht. Sie heulten und schrien und verfluchten ihre Männer. Als ob daran allein die Männer schuld wären. Manchmal war sie kurz davor, alles hinzuschmeißen, weil sie die klagenden Frauen nicht mehr ertragen konnte. Wenn die Kinder nicht gewesen wären. Die Kinder, die sich ihre Mütter nicht ausgesucht hatten und mit solch einem erstaunten, manchmal verzweifelten Ausdruck zur Welt kamen, dass es Margaret fast das Herz zerriss.

Sie war noch jung, erst fünfundzwanzig, und hatte schon viele Kinder kommen und gehen sehen.

Die Italienerin brachte das Kind unter Schmerzen und Flüchen zur Welt, und als es da war, ein kleiner Junge, wollte sie es nicht halten und nicht an die Brust legen. Margaret Jackson musste eine gefühlte Ewigkeit auf sie einreden, bis sie den Jungen endlich in die Arme schloss.

Dann ging sie zu der Frau zurück, die immer noch klaglos in den Wehen lag. Holte sich davor noch eine Coke aus dem Kühlschrank, wusch und desinfizierte sich die Hände und dachte an den Abend, ob sie die Verabredung mit Gary Crocker noch schaffen würde. Er hatte sie ins Kino eingeladen und danach in den neuen Diner in der Siebenundfünfzigsten. Sie war sich nicht schlüssig, ob es sich lohnen würde, denn verliebt war sie nicht, aber Gary Crocker war der Sohn eines Autohändlers und würde bald anständig viel Geld verdienen.

Als sie zu der Frau ans Bett trat, stellte sie mit Entsetzen fest, dass die Geburt schon fortgeschrittener war als gedacht. Sie griff ihr zwischen die Beine und konnte das Köpfchen des Kindes spüren.

»Mein Gott«, fuhr sie die Frau an, »warum sagen sie denn nichts?«

Die Frau hatte die Augen geschlossen und antwortete nicht und so schob sie sie samt Bett in den Kreißsaal und dachte auch kurz daran, einen Arzt hinzuzuziehen. Doch das war nicht nötig. Mit wilder Entschlossenheit presste die Frau das Kind auf die Welt, hörte nicht auf das, was Margret Jackson ihr sagte, schrie nicht, war nicht wütend, weinte nicht vor Schmerz und gab immer noch keinen einzigen Laut von sich. Als es da war, ein Mädchen, klein, nur fünfundvierzig Zentimeter groß, zart, mit blondem Flaum auf dem winzigen Köpfchen, sackte die Frau erschöpft zusammen und presste sich die Hände auf die Augen.

Margaret Jackson durchtrennte die Nabelschnur.

»Ich werde sie jetzt mitnehmen«, sagte sie vorsichtig.

Es war nie eine schöne Angelegenheit, wenn sich die Frauen entschlossen hatten, ihr Kind zur Adoption freizugeben. Sie wickelte das Mädchen in ein weißes Tuch. Es schrie jämmerlich.

»Ich will sie sehen.« Es war das erste Mal, dass Margaret Jackson die Frau sprechen hörte. Sie sprach Englisch mit einem harten deutschen Akzent.

»Das ist nicht üblich. Und es ist auch nicht gut für sie.«

»Ich will sie sehen. Bringen Sie sie her.«

Zögernd machte Margaret Jackson einen Schritt auf das Bett zu und die Frau setzte sich auf. Ihr blondes Haar klebte dunkel an ihrem Kopf. Sie streckte die Arme nach dem kleinen Bündel aus und Margaret Jackson legte das Kind hinein, blieb abwartend stehen.

Die Frau blickte das weinende Mädchen an und strich ihm vorsichtig mit dem Zeigefinger über Stirn und Nase.

»Ich werde sie Marielle nennen«, sagte sie.

Danksagung

Ich danke herzlich meiner Lektorin Martina Klüver für ihre einfühlsame Arbeit am Text und meiner Agentin Andrea Wildgruber, die mich immer geduldig berät.

Außerdem danke ich sehr herzlich Jürgen Weber, dass er mir die bewegende Dokumentation »Das zweite Trauma«, die sich mit dem Massaker in Sant'Anna di Stazzema auseinandersetzt, zur Verfügung gestellt hat.

Sollte diese Publikation Links auf Webseiten Dritter enthalten,
so übernehmen wir für deren Inhalte keine Haftung,
da wir uns diese nicht zu eigen machen, sondern lediglich auf
deren Stand zum Zeitpunkt der Erstveröffentlichung verweisen.

FSC
www.fsc.org
MIX
Papier aus verantwortungsvollen Quellen
FSC® C014496

Verlagsgruppe Random House FSC® N001967

1. Auflage

in der Verlagsgruppe Random House GmbH
Neumarkter Str. 28, 81673 München
Umschlaggestaltung: semper smile, München
unter Verwendung eines Motivs von
© Getty Images/Fischer Floriane/EyeEm
Satz: Uhl + Massopust, Aalen
Druck und Einband: GGP Media GmbH, Pößneck

Printed in Germany
ISBN 978-3-442-75707-7

www.btb-verlag.de
www.facebook.com/btbverlag